체 게바라는
23살에 라틴아메리카를 여행하다 혁명가의 꿈을 품었고
26살에 제국주의와 싸우기 위해 과테말라에서 총을 들었고
28살에 쿠바로 떠나는 혁명가들의 배에 몸을 실었고
31살에 쿠바혁명을 성공시켰으며
그리고 39살,
볼리비아 밀림에서 외롭게 싸우다 장렬하게 전사한 그날까지
한 순간도 손에서 총을 놓지 않았다
그를 가리켜 세상은
'20세기 가장 완전한 인간' 이라고 부른다

20세기 가장 완전한 인간의 삶

체 게바라 자서전

20세기 가장 완전한 인간의 삶

체 게바라 자서전

체 게바라 지음 · 박지민 옮김

황매 BOOKS

SELF PORTRAIT CHE GUEVARA

Copyright ⓒ 2004 Ocean Press
Copyright ⓒ 2004 Che Guevara Studies Center and Aleida March
All Photograph Copyright ⓒ Che Guevara Studies Center and Aleida March
This English edition was first published by Ocean Press, Australia

Korean translation Copyright ⓒ 2004 Hwangmae Publisher, Co.
This Korean edition was published by arrangement with Ocean Press, Australia through Best Literary &Rights Agency, Korea.
All rights reserved.

이 책의 한국어판 저작권은 베스트에이전시를 통한 원저작권자와의 독점계약으로 도서출판 황매가 소유합니다.
신저작권법에 따라 한국내에서 보호를 받는 저작물이므로 무단전재와 무단복제를 금합니다.

■ 프롤로그

시작과 계속

'목격자, 체 게바라'는 우리가 이 책에 붙이고 싶었던 또 다른 제목이다.

잘 알려지진 않았지만 마찬가지로 중요한 체 게바라의 또 하나의 소명('역사에 대한 목격자'로서의 소명 – 옮긴이)을 부각시키기 위해서. 이는 방랑하던 젊은 시절부터 혁명가 시절에 이르기까지 그의 삶, 여행, 행위를 관통한다.

그가 얼마나 체계적으로 이 소명을 수행했으며, 그것을 자신의 존재에 통합하려고 했는지를 보면 기가 질릴 정도다. 이 책은 그가 했던 연구와 그의 꿈 그리고 전투와 도전의 흔적을 따라간다.

여기 실린 여행일기와 편지, 인터뷰, 신문기사 그리고 그가 직접 찍은 사진들은 그의 목격자로서의 소명을 여실히 드러내고 있다.

본문은 어느 정도 연대기적으로 구성됐다. 편지에서 편지로, 메모에서 메모로 이어지는 체 게바라의 소명에 대한 추구, 사상과 신념의 성장과정을 살펴볼 수 있도록 하기 위해서다. 이런 점에서 볼 때 이 책 또한 하나의 '목격자'라고 할 수 있다. 문학창작에 적용된 '게바라식 윤리'에 대한 목격자.

"나는 글쓰기가 구체적인 문제에 접근하는 하나의 방식이며, 자신의 감수성으로 인해 삶에 대해 취하는 태도라고 믿습니다."

1960년대에 쓴 어느 편지에서 체는 이렇게 답한다. 그 자신의 경험에서 가장 중요한 두 가지 요소(실천적인 행위와 인간적이고 예술적인 감수성)를 불러들이면서.

또 비슷한 시기에 어느 작가에게 보낸 편지에서는 이렇게 이야기하고 있다.

"글쓰기에서 나를 이끄는 유일한 열정은 진실을 전하는 것입니다(이렇게 말한다고 해서 나를 사회주의적 리얼리즘의 강경한 옹호자로 생각하지는 마십시오). 나는 모든 것을 이런 관점에서 바라봅니다."

괄호 안의 말(그의 에세이 '쿠바의 사회주의와 사람'에 나타나는 회상처럼)은 그의 주목을 끌고 그의 시간을 빼앗았던 당시의 이슈들에 의하여 각성되고 새롭게 형성된 한 지성을 보여준다.

목격자라고 할 수 있는 여느 책들처럼 이 책의 내용은 체 게바라의 개성을 여러 측면에서 보여준다. 이 책을 한 장씩 넘기는 동안 우리는 독서가이자 사진작가, 친구이자 역사가, 사람과 삶을 연구하는 한 사람을 만날 수 있다. 풍자, 유머, 비판, 힘, 진지함, 엄격한 자기 반성이 체의 탐구적인 말들에 녹아 있다. 현재와 미래를 위한 교훈으로 가득찬 그의 말들을 온전하게 다루기 위해, 이것들을 있었던 그대로, 있는 그대로 드러낼 것이다.

"나는 우리가 역사적 진실을 존중해야 한다고 생각합니다. 진실을 조작하는 행위는 결코 좋은 결과를 낳지 못합니다."

체 게바라는 거대한 불의와 정신을 마비시키는 독단에 맞서 역사적 관점과 참다운 언어로 진리를 수호하는 '공모자'였다.

1997년 체 게바라 연구센터와 오션출판사와 함께 펴낸 잡지 〈메모리아〉를 바탕으로 우리는 이 주제를 탐색하기 위한 실제적인 첫 시도가 되는 공동작업을 할 수 있었다. 이는 〈파블로 드 라 토리엔테 브라우 문화센터〉(기억과 논쟁, 상상과 아름다움을 위한 공간)로서는 영광스러운 일이다.

이상적이면서도 실천적인 이 사업은 이제 책으로 결실을 맺게 되었다. 이 책은 우리들이 살고 있는 이 불확실한 시대에 다면적이면서도 창조적인 한 인물의 단면을 보여주기 위해 체 게바라의 시대에 다이얼을 맞추어 엄격함과 애정 속에서 만들어졌다. 체 게바라는 새로운 윤리(우리가 당연하다고 여길 수 있고, 앞으로 우리의 것이 될 수 있는 윤리)가 통하는 세계를 창조하기 위해 이 윤리를 무기로 사용했다.

이 책은 젊은 체 게바라가 그랬던 것처럼 오늘날의 세계가 점점 이해할 수 없는 통제불능의 불평등한 사회가 되어가는 건 아닌가 하고 의문을 품는 전 세계의 젊은이를 위한 책이다.

지성, 연대, 정의를 옹호하는 이 책은 교양 있고 날카로우면서도 풍자적이고 열정적인, 세상 속의 체 게바라(살아 있는 체)를 우리에게 보다 더 가깝게 다가오게 한다.

과거 체 게바라의 모습과 현재의 모습 그리고 미래의 그의 모습(우리 모두가 함께 만들어갈)을 이 책을 읽는 독자들께 맡긴다.

쿠바 아바나에서
빅토르 카사우스*

* 빅토르 카사우스는 〈체 게바라 연구센터〉의 연구원이며 남미의 대표적인 시인이다 - 옮긴이

차례

프롤로그 · 7
체 게바라 연보 · 33
추천사 · 60

1 뿌리
068 | 만약 당신이 분노로 떨 수 있다면

2 여행: 아르헨티나 속으로
074 | 충동적인 시도
074 | 장대비를 비웃으며
084 | 산티아고 델 에스테로, 태양이 머리 위로 쏟아지다
086 | 투쿠만, 타이어에 바람을 넣기 위해 멈춘 동안
093 | 살타, 무리 속에 있던 가장 큰 암염소가 내 서투름을 비웃다
098 | 후후이, 한 도시를 이런 식으로는 알 수 없다

3 여행: 라틴아메리카를 처음으로 돌아보다
102 | 그렇게 우리는 서로를 이해한다
105 | 산 마르틴 데 로스 안데스
110 | 일곱 호수의 길
113 | 라 지오콘다의 미소
119 | 이번에는 실패
125 | 칠레를 회고하며
128 | 세계의 배꼽
132 | 지진의 신
134 | 성 게바라의 날
137 | 이 낯선 20세기
140 | 여백에 쓰는 이야기

4 여행: 두 번째로 라틴아메리카를 보다
148 | 라 파스, 순수하고 꾸밈없는
153 | 마추픽추, 돌에 새겨진 아메리카의 신비
164 | 과테말라의 딜레마

4-1 세 가지 보는 법
- 173 | 팔렌케
- 175 | 팔렌케, 당신의 돌 속에는 그 무엇이 살아 있다

4-2 멀리서 온 편지 그리고 끝나지 않은 일기(1953~1954)
- 180 | 공산주의 색채가 짙게 묻어나는 시 몇 편
- 184 | 나는 낙관적인 운명론자다
- 185 | 내 삶은 모순적인 결정들로 이루어진 바다이다
- 186 | 나처럼 회의적인 사람까지도
- 188 | 내 속에서 싸우는 두 명의 나, 사회개혁가와 여행자
- 189 | 최근의 사건들은 역사에 남을 것이다
- 192 | 저는 허풍으로 가득 찬 호사가가 아닙니다
- 195 | '체볼'이라는 새로운 이름을 얻다
- 196 | 초상이 있는 일기
- 198 | 아메리카 대륙은 제 모험의 무대가 될 것입니다

4-3 멀리서 온 편지 그리고 끝나지 않은 일기(멕시코 1954~1956)
- 202 | 나는 멕시코에 안착했다
- 202 | 미국에 대해서라면 나는 털끝만큼도 투쟁심을 잃지 않았어요
- 205 | 나의 프롤레타리아적 삶을 특징짓는 희망과 절망의 일상적 연속
- 206 | 여행은 꽤나 길었고 우리는 후퇴했습니다
- 207 | 우리는 서로를 좋아하는 것 같다
- 208 | 사건에 대해 말씀드릴게요
- 211 | 오늘은 좋은 할아버지가 된 듯한 기분이다
- 212 | 위대한 일에는 열정이 필요하다
- 217 | 나는 아버지가 되었다
- 217 | 이제 그 아이에 대해 말씀드릴게요
- 218 | 방패를 들고, 공상의 나래를 펴고
- 219 | 올해는 나의 미래를 위한 중요한 시간이 될 것이다

5 시에라 마에스트라에서 쓰는 이야기
- 222 | 신이 아르헨티나에 있다는 것을 믿으세요
- 224 | 우리의 영혼은 연민으로 가득 차 있다
- 225 | 시로에 관한 전기적 소묘
- 226 | 우리에게 세계는 얼마나 쿠바처럼 보이나
- 228 | 참으로 오랜만에 만난 동포
- 249 | 살해당한 강아지

6 렌즈 너머로 254

7 질문들에 재치 있게 대답하다
- 268 | 체와 만난 언론
- 270 | 어느 혁명가의 프로필
- 271 | 장 다니엘과의 인터뷰
- 273 | 미묘한 낱말
- 275 | 미국에서 온 학생들과의 인터뷰
- 276 | 큰 어려움은 행동원칙을 지키는 데 있다

8 무장한 동지들
- 286 | 그 거인은 잘 하고 있어요
- 288 | 카밀로에게
- 292 | 나를 지평선의 꿈으로 이끈 이 무정부주의적 정신
- 296 | 태양이 떠오르지 않는 전투의 날
- 311 | 엘 파토호

9 진솔한 편지들
- 323 | 파블로 디아즈 곤잘레스에게
- 324 | 발렌티나 곤잘레스 브라보에게
- 325 | 카를로스 프랑키에게
- 328 | 후안 앙헬 카르디에게
- 330 | 베르나베 오르다즈에게
- 332 | 〈보헤미아〉의 편집장 미구엘 케베도에게
- 335 | 아르만도 하르트에게
- 342 | 우네악에게
- 343 | 하이데 산타마리아에게
- 345 | 라울 로아로부터
- 345 | 라울 로아에게

10 시인들이 주고받은 편지
354 | 당신에게 바치는 나의 찬사
355 | 하루하루의 삶을 불꽃으로 타오르게 하고자
357 | 나는 무척이나 느릿느릿한 늙은이가 되어 당신에게 편지를 쓰고 있습니다

11 나의 아이들에게
360 | 아빠는 머나먼 곳에서 급하게 너희들에게 편지를 쓰고 있단다

12 아프리카 : 서쪽에서 불어오는 바람, 동쪽에서 불어오는 미풍
365 | 나의 꿈은 무한질주
365 | 토마스 로이그 씨에게
366 | 호세 마누엘 만레사에게
366 | 알베르토 그라나도에게
367 | 내 아이들에게 보내는 엽서
370 | 돌
380 | 의심

13 만족을 모르는 독서광 · 문학 비평
394 | 빈센테 사엔스의 《마르티 · 쿠바 혁명가의 뿌리와 날개》
397 | 카를로스 파야스의 《마미타 유나이》
400 | 세사르 바예호의 《1931년 러시아》
401 | 파블로 네루다의 《종합적 송가》

14 볼리비아 : 방패를 들고, 공상의 나래를 펴고
422 | 나의 도착은 평탄했다
423 | 따사로운 아침 햇살이 그 정경을 비추네
424 | 용감한 대위여, 그대의 작은 시신
427 | 롤란도에 대한 평가
428 | 우울한 날
430 | 투마에 대한 평가

15 기억 속의 이미지 432

역자후기 · 450

▼ 대인, 사춘기 때의 손이데츠오. 1951년

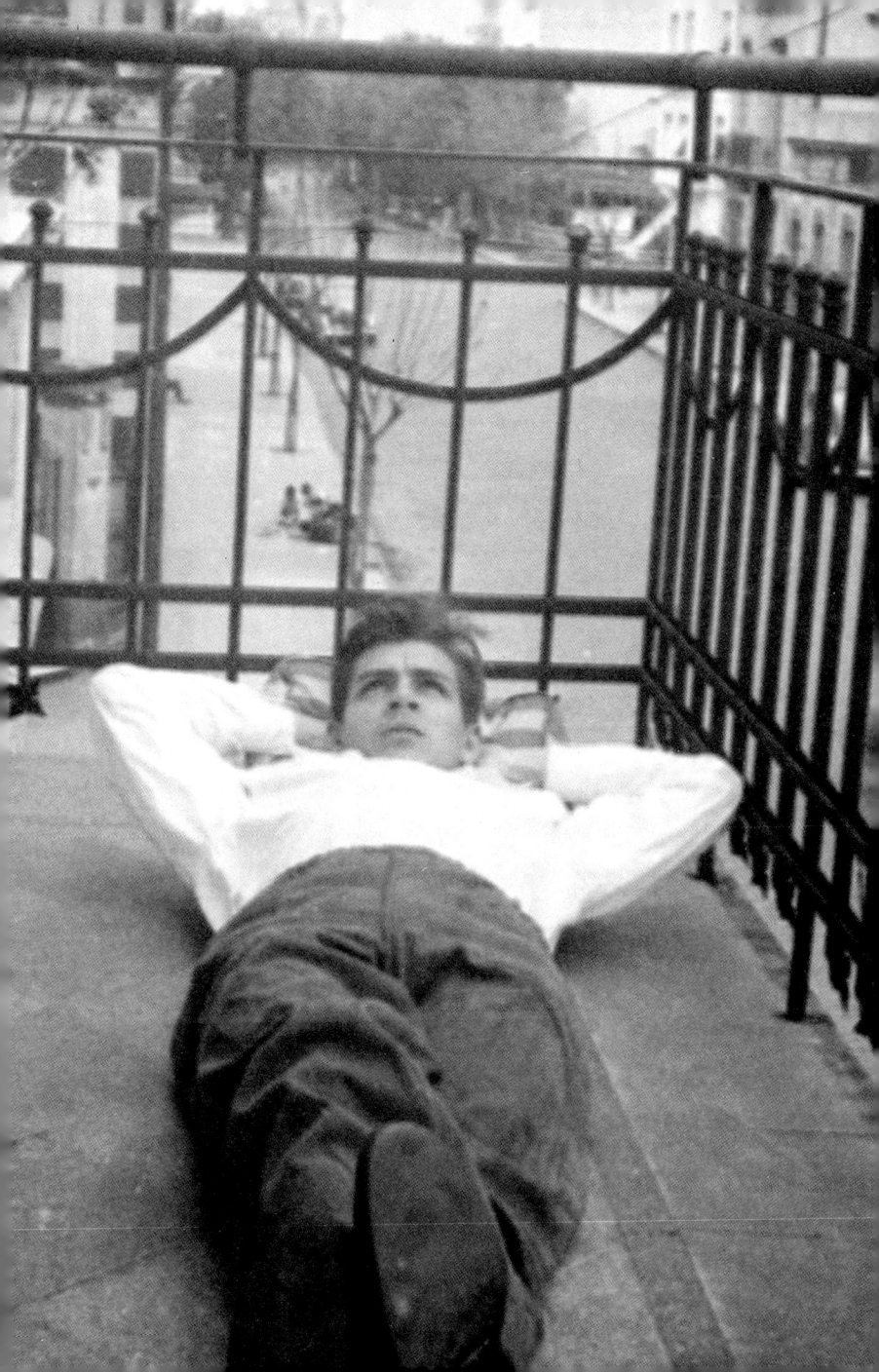

\ 게바라와 알베르토 그라나도

△ 피델과 함께, 멕시코의 미구엘 E. 슐츠 감옥, 1956년

▲ 시에라 마에스트라에서
▶ 먼저 보낸 동지 카밀로 시엔푸에고스와 함께

∧ 해방의 날에, 알레이다 마치와 함께, 산타클라라, 1958년

▶ 텔레비전 스튜디오에서, 아바나, 1960년
▼ 〈쿠바 노동조합중앙연합〉 집회에서의 연설, 아바나, 1962년

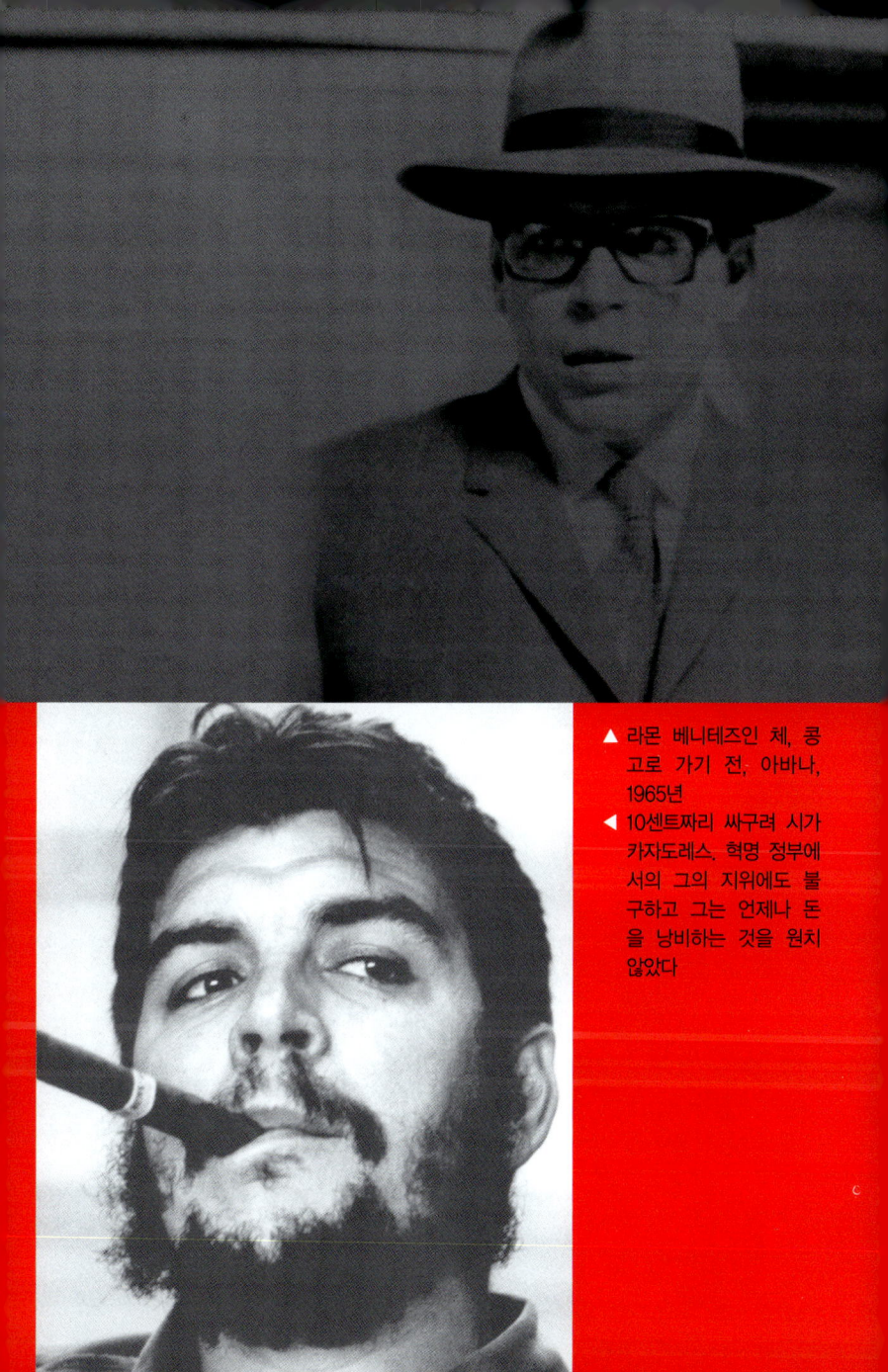

▲ 라몬 베니테즈인 체, 콩고로 가기 전; 아바나, 1965년

◀ 10센트짜리 싸구려 시가 카자도레스. 혁명 정부에서의 그의 지위에도 불구하고 그는 언제나 돈을 낭비하는 것을 원치 않았다

△ '7월 26일 운동' 기념연설을 준비하며, 산티아고 데 쿠바, 1964년

■체 게바라 연보/편집부 엮음

ernesto
cheguevara

1928년 6월 14일, 에르네스토 게바라는 아르헨티나 부에노스아이레스 북동쪽에 있는 로사리오에서 아버지 에르네스토 게바라 린치와 어머니 셀리아 데 라 세르나 사이에서 다섯 아이들 가운데 첫 번째 아이로 태어났다.

체의 부모는 아르헨티나의 상류계급 출신이었지만 결코 보수적인 사람들이 아니었다. 오히려 정치적으로 급진적인 쪽에 가까운 사람들이었다. 어머니 셀리아는 또한 의지가 강하고 사상과 문화에 대한 열정이 높은 여자였다. 그녀는 집을 책과 예술가, 보헤미안, 지식인들로 가득 채웠다. 체가 여행을 좋아했던 것은 아마도 어머니의 피를 이어받았기 때문일 것이다.

 아이들의 인생은 대부분 그 부모에게서 결정적인 영향을 받는다. 체는 부모로부터 많은 것을 받았다. 그러나 그가 받은 것은 재산이나 사회적 신분 같은 것이 아니다. 그가 받은 것은 사랑과 열정이었다. 훗날 그가 보여 준 라틴 민중에 대한 헌신적인 사랑과 아메리카 혁명에 대한 무한한 열정은 모두 그로부터 비롯된 것이었으리라.

 1929년에 체의 가족은 미시오네스 지방으로 이사한다. 이곳에서 체의 아버지는 아르헨티나의 국민 음료이며 녹차의 일종인 마테 차를 재배하는 대규모 농장을 시작했고, 같은 해에 여동생 셀리아가 태어났다. 그는 마테 차 농장을 하다가 선박을 건조하는 일을 했고, 나중에는 건축가 및 건설 청부업자로 일하면서 종종 경제적 곤경에 빠지기도 했지만 그럭저럭 가족들을 부양해 갔다.

 1932년 체의 천식이 심해지자 가족은 건조한 기후를 찾아 코르도바 지방에 있는 알타 그라시아로 이사했다. 그 해에 남동생인 로베르토가 태어났고 2년 후인 1934년에는 여동생 아나 마리아가 태어났다.

 체가 두 살 때 앓은 심한 천식은 평생 동안 그를 괴롭혔지만 천식과 싸워 이기려는 그의 노력은 내부에 강한 의지력을 심어주었으며, 오히려 그의 정신을 강하게 만들었다.

오랫동안 학교에 가지 못할 때도 있었지만, 체는 그 때문에 주눅이 들거나 하지 않았다. 어머니는 학교에 가지 못하는 아이를 위해 집에서 프랑스어를 가르쳤고 어린 체는 다양한 책을 열정적으로 소화했다. 그리고 열두 살에는 이미 프랑스 시를 원어로 읽을 수 있을 정도였다.

아버지는 아이의 건강을 위해 스포츠를 권했는데, 그 이후 그는 열정적으로 스포츠에 빠져들었다. 어린 시절과 사춘기 시절, 그는 수영과 승마, 축구, 럭비, 탁구, 사격, 비행, 골프에 뛰어난 솜씨를 보였고 체스에서도 남다른 솜씨를 발휘했다.

1943년에는 남동생 후안 마르틴이 태어났다. 체도 동생 로베르트와 테니스와 골프를 치면서 무럭무럭 자랐다. 비록 종종 천식이 발병하여 괴롭히기는 했지만 그럴수록 체의 의지와 열정은 더 커지는 것 같았다.

1945년 체의 가족은 부에노스아이레스로 이사했다. 1947년 열아홉이 된 체는 의학을 공부하기 위해 부에노스아이레스 의과대학에 입학했다. 의대생이 된 체는 학교 생활에 집중했다. 럭비와 축구, 수영을 즐겼고 제1회 유니버시아드 대회가 열릴 무렵에는 체스 선수권 대회와 장대높이뛰기 선수권 대회에도 참여했다. 운동을 하지 않을 때는 도서관에서 몇 시간씩 보내며 철학과 정치학, 심리학 같은 분야의 책을 폭넓게 읽었다. 그러면서도 그는 학업을 게을리하지 않고 학교의 시험을 전부 통과했다.

여행은 일상으로부터의 짧은 일탈에 불과하다. 하지만 때로 여행은 한 사람의 인생 전체를 바꾸어 놓기도 한다. 특히 젊은 날, 모험을 찾아 떠나는 여행은 더더욱 그러하다. 다윈이 그러했고 괴테가 그러했으며, 젊은 에르네스토 게바라 역시 그러했다. 그가 체라는 이름을 얻고 '20세기의 가장 완전한 인간'이 되는 계기도 바로 이 여행을 통해서라고 할 수 있다.

1951년이 저물어갈 무렵 기말 시험에 통과한 체는 이미 의사가 되어 있던 알베르토와 함께 여행을 떠날 계획을 세우고 12월에 칠레까지 이어지는 기나긴 여정을 시작했다. 장장 4,500킬로미터에 이르는 길이었다. 체와 알베르토는 라 포데로사(힘센 녀석)라고 이름 붙인 노턴 500cc 중고 오토바이를 타고 여행을 시작했지만 오토바이가 망가진 이후에는 차를 얻어 타면서 여행해야 했다.

체와 알베르토는 여행에서 많은 사람을 만나 많은 대화를 나누고 많은 일을 겪었다. 그들이 만난 사람들 가운데는 가난하고 억압받는 민중들도 있었고 상류사회의 대단한 인물들도 있었다. 그리고 그 만남들이 모두 체의 정신을 관통하고 있었다.

칠레에서 체는 구리 광산인 추키카마타에 들렀다가 커다란 충격을 받았다. 콜럼버스가 대륙에 발을 들이기 이전부터 존재했던 이 광산은 그들의 조상들에게는 거대한 태양의 사원이었지만, 새로운 정복자들이 밀고 들어온 후 그들의 후손들에게는 거대한 지옥으로 변해 있었다. 소작농과 노동자들은 빈곤 속에서 속수무책으로 착취당하고 있었다.

체는 이후 공산주의자인 칠레 노동자들과 친구가 되었는데, 그들은 1948년 봉기 때 투옥된 사람들이었다.

1952년 4월 3일, 체와 알베르토는 마침내 마추픽추에 올랐다. 남아메리카를 일주하는 첫 번째 여행길에서 그는 페루의 산꼭대기에 있는 이 도시에 남아 있는 고대 잉카문명의 유적을 보고 완전히 압도당했다.

이후 체와 알베르토는 한동안 페루의 나환자촌에서 일했다. 그곳에서 체는 성심껏 환자들을 돌보고 직접 수술을 하기도 하면서 의사로서의 직무를 다했다.

그리고 그들은 다시 콜롬비아의 보고타로 갔다. 그곳은 1948년 봉기 뒤에 일어난 내전이 아직 끝나지 않은 채 연기를 내뿜고 있었다. 이제 9개월에 걸친 긴 여행은 끝나가고 있었지만, 체의 내부에 꿈틀거리는 혁명에 대한 열정은 점점 더 강렬해지고 있었다.

베네수엘라의 카라카스에 도착했을 때, 알베르토는 실험실에서 일하기 위해 그곳에 머물렀고 체는 마이애미로 날아갔다가 마지막 의사시험을 치르기 위해 부에노스아이레스로 돌아왔다.

1952년 9월에 여행에서 돌아온 체는 이미 예전의 그가 아니었다. 그는 〈모터사이클 다이어리〉의 첫머리에서 다음과 같이 적고 있다.

"아르헨티나 땅에 발을 디뎠던 그 순간, 이 글을 쓴 사람은 사라지고 없는 셈이다. 이 글을 다시 구성하며 다듬는 나는 더 이상 예전의 내가 아니다. 우리의 위대한 아메리카 대륙을 방랑하는 동안 나는 생각보다 더 많이 변했다."

그는 남미대륙의 민중들과 접촉했고 라틴아메리카의 통일이라는 신념을 갖게 됨으로써 사람을 고치는 의사에서 사회를 고치는 혁명가로 한발자국 더 다가서고 있었다.

1953년 4월 11일, 여행에서 돌아온 체는 의사시험에 집중했고 마침내 열다섯 번째 과목을 통과함으로써 의학박사 학위를 취득했다. 스물다섯에 대학을 졸업하고 의사가 된 체는 다시 한

번 라틴아메리카 곳곳을 돌아다니는 여행을 꿈꾸고 있었다.

그즈음 멀리 쿠바의 정세는 심상치 않게 돌아가고 있었다. 1952년에는 바티스타가 쿠데타를 일으켜 쿠바의 정권을 잡았고, 다음해인 1953년에는 피델 카스트로가 산티아고 데 쿠바에 있는 몬카다 병영에 무장 공격을 개시했다. 이는 바티스타 정권을 무너뜨리기 위한 투쟁의 계기가 되었다. 하지만 그 공격은 실패했고 카스트로를 비롯한 생존자들은 감옥에 갇히게 되었다. 바티스타 정부는 마피아와 미국 대기업들과의 유착으로 악명이 높았으며, 그에 반대하는 조직적인 운동이 당시 몇 년 사이에 갈수록 크게 일어나고 있었다.

1953년 7월 7일 체는 두 번째 라틴아메리카 여행을 시작했다. 그의 두 번째 여행에는 친척인 카를로스 페레르(칼리카)가 동행했다. 그들은 가장 먼저 새로운 계급이 봉기하여 내전을 치르고 있는 격동의 볼리비아를 방문했다. 내전의 와중에 개혁 성향의 파즈 에르네스토 정부가 들어섰지만, 체가 보기에 이 혁명은 민중들이 아니라 소수의 유력자들을 위한 것이었다.

페루로 향한 체는 다시 한 번 마추픽추를 찾았다. 지난번 방문으로 고고학에 매혹을 느꼈던 체는 이 여행을 바탕으로 본문에 있는 '마추픽추, 돌에 새겨진 아메리카의 신비'라는 글을 쓰기도 했다.

볼리비아와 페루를 거쳐 에콰도르에 도착한 체는 이번 여행의 목적지를 혁명의 열기가 한창 달아오르고 있던 과테말라로 정했다. 사촌 칼리카는 에콰도르에서 알베르토 그라나도를 만나러 카라카스로 향했고 체는 배를 타고 파나마에 갔다가 코스타리카로 향했다.

호세 피게레스 정권이 들어선 코스타리카에는 라틴아메리카 각지에서 모여든 망명자들의 캠프가 있었다. 이곳에서 체는 많은 망명객들을 만나게 되는데, 12월 초에 몬카다 병영 습격 사건의 당사자들이었던 칼 릭스토 가르시아와 세베리노 로셀 등을 만난 것은 그의 인생에서 새로운 전환점이 될 만한 사건이었다.

또한 체는 엘 파소에서 유나이티드 프루트의 '영지'를 여행하며 문어발식 자본주의의 끔찍함을 다시 확인하고 이모에게 그때의 기분을 편지로 써서 전했다.

"저는 스탈린의 사진 앞에서 이 자본주의의 문어발을 쓸어 버리기 전까지는 쉬지 않겠다고 맹세했습니다. 과테말라에서 제 자신을 갈고 닦아 진정한 혁명가가 되기 위해 해야 할 일을 하려고 합니다."

1954년 체는 온두라스를 거쳐 곧장 과테말라로 향했다. 과테말라에서 체는 첫 번째 아내가 될 일다 가데아 아코스타를 만났다. 사회민주주의정당인 APRP(Alianza Popular Revolucionaria

Americana: 아메리카 혁명 인민 동맹)에 소속되어 있던 활동가 일다는 체보다 세 살이 많았고 정치 경험도 많았다. 인디오 혈통을 이어받은 페루 출신의 일다는 명석한 데다 빼어난 연설가였다. 페루에서 쿠데타를 피해 과테말라로 망명한 그녀는 라틴아메리카 좌익 인사들의 주요한 조언자였다.

일다는 체를 여러 망명객들을 만나는 자리에 소개했다. 체는 그곳에서 또 다른 몬카디스타(몬카다 병영을 습격한 사람들) 니코 로페스를 만났다. 로페스는 몬카다 병영 습격이 벌어졌을 때 동시에 바야모 병영을 습격했던 인물로 쿠바혁명에 대한 꺼지지 않는 신념을 간직하고 있었다. 로페스는 아르헨티나 사람들이 처음 대화를 시작할 때 체라고 말하는 습관이 있는 것을 보고 게바라에게 처음으로 체(Che-hey, man이라는 뜻)라는 별명을 붙여 준 인물이기도 했다.

당시 과테말라는 정치적으로 팽팽한 긴장감이 감돌고 있었다. 1951년 3월에 개혁의 기치를 내걸고 당선된 야코보 아르벤스 대통령은 라틴아메리카 전역에서 라 프루테라로 알려진 미국 유나이티드 프루트사의 막강한 경제력을 약화시키려 했다. 드디어 아르벤스가 유나이티드 프루트사의 땅 8만4000헥타르를 몰수하자 CIA는 과테말라 정부를 전복시킬 계획에 박차를 가했다. 그리하여 1954년 6월 17일에 그들은 온두라스의 침공을 공중 폭격으로 지원했다. 체는 의사와 소방대원으로서 정부군을 지원했지만 이 모든 것은 열흘 만에 막을 내리고 말았다.

CIA는 결국 뜻대로 그들의 꼭두각시 카를로스 카스티오 아르마스를 대통령 자리에 앉혔다. 이 과정에서 과테말라 인 9,000명이 죽거나 투옥되었다. 일다 가데아도 아르벤스 정부가 전복된 뒤 감옥에 갇혔지만 곧 풀려났다.

루스벨트가 씌워 준 '선한' 얼굴의 가면을 벗은 양키들의 만행을 목격한 과테말라에서의 경험으로 인해 체는 이미 정치적인 행동과 삶에 발을 내딛고 있었다. 게바라는 급진적인 정치적 견해를 가지고 멕시코로 탈출했다.

1955년 6월에 체는 또다시 쿠바의 몬카디스타들을 만났다. 니코 로페스가 몬카다 병영 습격 사건에 참여한 라울 카스트로를 소개했는데, 그는 바로 피델 카스트로의 동생이었다. 피델 카스트로는 5월 15일에 이미 다른 동지들과 석방된 상태였다. 쿠바의 감옥에서 풀려난 피델 카스트로는 7월 7일에 쿠바를 침투할 계획을 갖고 멕시코시티에 도착했고 이틀 뒤인 7월 9일 밤 10시경, 드디어 역사적인 만남이 이루어졌다. 장소는 쿠바 출신의 마리아 안토니아라는 여인의 비좁은 아파트였다.

피델 카스트로는 1m 90cm의 장신에다 검은 머리에 콧수염을 기른 강인한 외모를 하고 있었다. 체는 무장투쟁의 경력뿐만 아니라 라틴아메리카 사회 문제에 대한 카스트로의 분석력에도 강한 인상을 받았다. 두 사람은 10시간 동안이나 이야기를 나누었고, 긴 대화 끝에 카스트로는 요트를 무장시켜 쿠바에 재상륙하려는 자신의 계획을 들려주었다.

"나는 피델과 함께 이야기하며 하룻밤을 완전히 지새웠어요. 새벽녘에 나는 미래에 만들어질 그의 원정대에서 의사가 되기로 마음먹었지요."

체는 자신도 그 계획에 동참시켜 줄 것을 부탁했고, 카스트로는 상대를 꿰뚫는 듯한 시선을 가진 이 젊은이를 기꺼이 받아들였다.
마침내 체는 쿠바 인과 운명을 같이하기로 했다.
계획은 점점 구체적으로 짜여갔고 8월 8일 피델 카스트로는 쿠바 국민에게 고하는 제1차 성명서에 서명했다. 그러는 가운데 8월 18일 체와 일다는 라울 카스트로와 여러 쿠바 인들이 참석한 가운데 테포조틀란이라는 마을에서 결혼식을 올렸다. 그 뒤 몇 달 동안 일다와 체는 치아파스와 유카탄 반도에 있는 마야 문명의 유적지를 찾아다녔다. 이 뒤늦은 신혼여행은 일다가 진통을 느끼면서 끝났다.

1956년 2월 15일 체의 첫 번째 딸 일다 베아트리스가 태어났다.

그해 2월은 멕시코의 교외에 있는 사격훈련장에서 시작되었다. 체와 쿠바의 몬카디스타들은 사격을 연습하면서 맨몸으로 싸우는 법을 가르쳐 줄 강사를 물색했다. 피델 카스트로는 스페인 출신의 퇴역 군인 알베르토 바요 장군을 지휘자로 고용했다. 그는 스페인 외인부대와 싸운 적이 있고 스페인 내전에 참전하여 프랑코 장군에 대항해 싸운 용사였다. 피델은 체에게 좀 더 안전하고 넓은 훈련 장소를 물색하라고 지시했고, 그들은 멕시코시티 외곽의 한적한 농장을 빌려 훈련 기지로 이용할 수 있었다. 이곳에서 체는 훈련생도 대표라는 최초의 임무를 부여받았다.

바요 장군의 지휘 하에 몇 달 동안 쿠바에 침투하기 위한 훈련이 본격적으로 진행되었다. 그러나 5월에 피델 카스트로가 네 명의 쿠바 인들과 함께 체포되었고, 6월 24일에는 훈련장이 발각되어 포위당하는 처지에 이르렀다. 결국 게릴라 훈련생 서른 명은 경찰에 체포되어 외국인을 억류해 놓는 미겔-슐츠 수용소에 수감되었다. 피델은 특별한 혐의도 잡을 수 없었고 지지자들의 압력도 거셌기 때문에 7월 24일 석방되었지만, 아르헨티나 인 체는 불법체류자라는 신분 때문에 57일이 지난 뒤에야 풀려날 수 있었다.

더 이상 준비만 하고 있을 수 없었다. 바야흐로 행동을 시작할 시간이 다가왔다. 쿠바로 침투하기 위한 준비의 마지막 단계는 멕시코 만을 가로질러 쿠바 동쪽 해안까지 갈 배를 구하는 것이었다. 피델은 마침내 한 미국인에게서 그란마(할머니라는 뜻)라는 괴상한 이름을 가진 요트 한 척을 구했다. 13.25미터에 폭이 4.79미터로 선실이 7개 있었지만, 82명의 게릴라를 태우고 그들의 무기까지 싣기에는 좀 비좁았다.

1956년 11월 25일 오전 1시 30분, 체는 자신을 포함한 82명의 전사들과 함께 멕시코의 툭스판에서 그란마 호를 타고 쿠바로 향해 떠났다. 피델의 공언대로 '자유를 얻거나 순교자가 되기 위해'. 바티스타 정부도 이미 이 무모한 전사들이 접근해 온다는 사실을 알고 있었다. 피델은 바티스타 정부군의 주의를 돌리기 위해 11월 30일 산티아고 데 쿠바에서 소요가 일어나도록 조치해 놓았다.

피델은 쿠바 동부의 남서쪽 끝에 있는 라스 콜로라다스로 가는 그들의 여행이 닷새쯤 걸릴 거라고 예상했다. 하지만 그들의 항해는 순탄하지 않았다.

'우리는 폭풍 때문에 항로를 벗어났고, 대부분이 뱃멀미로 고생했어요. 물과 음식은 떨어졌고 엎친 데 덮친 격으로 우리가 섬에 닿았을 때 배가 갯벌에 좌초되었지만' 어쨌든 그들은 결국 12월 2일 목적지에 상륙할 수 있었다.

하지만 공중과 해안에서는 누그러지지 않을 기세로 총알이 날아왔고, 원정대의 반 정도만이 살아남았다. 그것도 온전치 못한 상태로. 상륙 사흘째가 되는 날 기진맥진한 대열은 카보크루스 산의 알레그리아 델피오라는 사탕수수농장 근처에서 휴식을 취하고 있었다. 그때 정부군의 기습 공격이 감행되었다. 이 습격으로 원정대는 뿔뿔이 흩어져 대부분이 죽거나 붙잡혀 처형되었고, 체도 역시 부상을 입었다.

12월 23일 쿠바 혁명의 상징 시에라 마에스트라 산악지대를 오를 때 원래 82명이었던 게릴라는 단 12명으로 줄어 있었다. 이것이 체가 표현한 대로 '야심 찬 7월 26일 운동에 참가한 침공부대의 모습'이었지만 그럼에도 불구하고 그들은 좌절하지 않았다.

이들의 짧은 행렬은 시에라의 가장 높고 가장 접근하기 어렵다는 투르키노 산을 향했고, 그곳에 첫 막사가 세워졌다. 오래지 않아 농민들은 이 수염 난 '반란자'들이 그들을 쫓고 있는 부대와는 정반대라는 것을 깨달아갔다. 2년 동안 이들 반군의 활동은 쿠바 동부의 밀림이 우거져서 다니기 힘든 산악지역에 한정되었다. '바르부도스'라고 불리는 수염이 덥수룩한 반군들의 숫자는 빠른 속도로 늘어났으며, 이들은 독재자의 권력을 침식해갔다. 반군들은 빈곤한 농촌 사람들 중에서 계속 신병을 보충했다. 당시에 바티스타 정부가 산속에 있는 혁명가들을 수색하면서 자행한 만행은 반군들의 가장 효과적인 '동맹자'였다.

반군들은 바티스타의 농촌 경비 거점을 물리치기 시작했다. 첫 번째는 1957년 1월 17일 라 플라타에서였고 두 번째는 5월 우베로의 철통 같은 요새였다. 체는 곧 뛰어난 군사적 능력을 발휘했고 7월에 두 번째로 창설된 게릴라 부대의 대장이 되었다. 피델은 무기 제작자인 오리스 발디바르에게 남몰래 작은 별 하나를 만들게 했다. 그리고 그 별을 쿠바의 다른 몬카디스타들보다 먼저 아르헨티나 출신의 외국인 체에게 달도록 했던 것이다. 체는 그 별을 매우 좋아하여 언제나 자신의 베레모 위에 자랑스럽게 달고 다녔다.

체는 게릴라 부대를 지휘하면서 낡은 타자기를 두 손가락으로 두드려가며 신문을 만들었고 12월에 〈엘 쿠라노 리브레(자유로운 쿠바 인)〉라는 지하신문의 창간호가 발행되었다. 체는 정치부 논설위원으로서 신문에 자신의 혁명사상과 신념을 마음껏 쏟아 부었다. 이 인쇄물이 아바나에 뿌려지자 사보타주가 급속히 증가했고 바티스타 정부 비밀경찰들의 분노는 극에 달하게 되었다.

1958년 2월에는 알토스 데 콘라도 봉우리에 라디오 방송국 '라디오 레벨레'가 세워졌다. 강력한 송신기를 갖춘 덕분에 마이애미에서도 그 방송을 들을 수 있을 정도였다. 이 방송국은 그해 5월 라 플라타에 있는 카스트로의 본부로 옮겨졌고, 피델은 이 방송국을 이용해 납세거부운동을 펼치기도 했다.

5월에 체는 미나스델프리오에 '군사학교'를 열었다. 부대원들은 이곳에서 군사 지식을 배우고 나무로 만든 총으로 전투 훈련을 받았다. 체는 이 군사학교에서 훌륭한 전사들을 키워내기 위해 교사로서의 역할도 다했다.

카스트로의 동생인 라울은 쿠바 북동부에 두 번째 전선을 형성했다. 또한 그들은 설탕 생산에 대한 효과적인 공격에 박차를 가하고 도심으로 들어가는 생필품의 보급선을 차단함으로써 정부에 극심한 타격을 줄 수 있었다.

1958년 여름, 카스트로를 중심으로 연합한 쿠바의 다양한 혁명 전선들은 '7월 26일 운동'의 후신인 시에라 마에스트라의 반군에게 공식적으로 반정부 공격을 대표하게 함으로써 혁명에 청신호가 켜졌다. 바티스타는 시에라 마에스트라 산맥에 전례 없는 폭격과 지상 공격을 퍼부으며 카스트로와 그의 군대를 토벌하기 위해 최후의 노력을 기울였지만 그 막대한 노력은 수포로 돌아갔다.

레닌은 혁명을 오케스트라에 비유했었다. 오케스트라는 각자 다른 악보에 따라 많은 악기들이 한꺼번에 연주되지만 전혀 시끄럽거나 혼란스럽지 않다. 오히려 통일된 선율이 주는 장중함과 아름다움은 감동을 느끼게 만든다. 그리고 이것은 오직 지휘자의 손에 달려 있는 것이다. 쿠바혁명의 지휘자는 피델이었고 오케스트라의 선봉에는 체가 있었다.

1958년 가을, 반군들은 쿠바의 동쪽 끝 시에라에서 나와 섬을 가로질러 천천히 서쪽으로 진격하기 시작했다. 반란군의 계획은 바티스타의 중추적 요새인 산타클라라를 점령해 나라를 두 동강 내는 것이었다.

1958년 8월 21일 총사령관 피델 카스트로는 체에게 142명으로 이루어진 제8대대를 이끌도록 했다. 22일 71명의 카밀로 부대가 전위로 출발했고 체의 제8대대는 8월 31일 시에라를 떠났다. 그들은 나흘이면 목적지에 도착할 수 있을 것이라고 생각했지만 타고 가려던 트럭의 연료가 떨어졌다. 이 여정은 47일 동안이나 계속되었고 그들은 행군하는 도로마저 휩쓸어 버리는 허리케인과 3번이나 부딪혔고, 굶주림과도 싸워야 했다.

10월 12일 새벽 제8부대는 마침내 라스비야스에 입성했다. 정부군의 비행기를 피해 그들은 산속으로 숨어들었다. 13일에는 자자 강을 건넜고 16일에는 마침내 에스캄브라이 산에 도착했다. 그들의 험난한 행군과 더불어 혁명도 점점 가속화되고 있었다. 체는 엘카바에트데카사라는 곳에 기지를 구축하려는 계획을 세웠다. 체의 두 번째 아내가 될 금발의 알레이다 마치를 만난 곳도 그곳이었다. 알레이다는 경찰에 쫓기다가 그 지방의 게릴라에 가담해 있었다.

11월 3일 실시한 대통령 선거에 대한 보이콧은 성공적으로 진행되었다. 전체 투표율은 30퍼센트를 넘지 못했고 카스트로가 영향력을 발휘하는 지역에서는 10퍼센트도 넘지 못했다. 12월 15일 체가 이끄는 제8대대는 팔콘 근처에 있는 사과라치 강을 가로지르는 교량을 점령하여 폭파시켰다. 그즈음 정부군은 확연히 수세에 몰리고 있었다. 곳곳에서 민간인들의 봉기가 일어났고 게릴라들을 지원했다.

반군들은 총 한 방 쏘지 않고도 정부군 진지들이 투항하는 것을 목격했고, 이제 반군은 10배로 늘었다. 체 게바라의 그 유명한 산타클라라 해방에 이르러서는 그 숫자가 5만에 달했다. 바야흐로 체는 체 라스비야스의 수도 산타클라라를 목전에 두고 있었다. 아바나로부터 정부 지원군이 당도하기 전에 모든 작전을 끝내야 했다. 체는 신속하게 참모회의를 소집했고 27일부터 산타클라라 전투가 시작되었다. 29일 새벽에 체는 더욱 적극적인 침투 작전을 추진했다. 그리고 30일에는 아바나에서 군인들과 무기를 가득 싣고 달려오는 완전무장한 장갑열차를 파괴하기 위한 전투에 나섰다.

1959년 1월 1일 드디어 산타클라라가 점령되었다. 혁명에서 영원히 기록될 한 해가 시작된 것이었다. 그리고 1월 2일 바티스타가 도미니카공화국으로 달아나자 카밀로와 함께 아바나로 진격하여 캠프 콜롬비아에 위치한 바티스타의 사령부를 장악했다. 아르헨티나 인 영웅은 당당히 도시의 요새인 라 카바나의 통제권을 장악했다.

혁명은 성취되었다. 여든두 명의 무모한 게릴라가 그란마 호를 타고 쿠바에 상륙한 지 25개월 만의 일이었다.

이제 게바라는 새로운 혁명 정부의 핵심 지도자가 되었으며, 1월 9일 새로 소집된 각료회의에서 쿠바 시민임을 선언했다. 그리고 혁명을 지키기 위해 일하기 시작했다.

카스트로는 5월 17일, 혁명이 성공한 후 4개월 만에 농업개혁안을 발효시켰다. 체는 공포된 최초의 토지개혁법을 추진하고, 사회개혁 프로그램을 더 완벽하게 만들기 위한 작업에 착수한다.

5월 22일 일다와 정식으로 이혼한 체는 6월 2일에는 알레이다 마치와 결혼했다. 결혼식은 아주 가까운 지인들과 친지들만 참석하여 조촐하게 치러졌다. 알레이다는 게릴라 활동에서 만난 체의 충실한 비서이자 한 사람의 전사로서 자기 역할을 다하는 여성이었다. 이후 체는 마치와의 사이에서 4명의 자녀를 낳는다.

6월 12일 결혼식을 막 올린 체는 전권대사가 되어 3세계의 비동맹 국가들과 외교 관계를 수립하기 위해 유럽과 아프리카, 아시아를 순방하는 긴 여행길에 올랐다. 이 여행은 3개월 동안이나 지속되었고 총 12개국을 방문했다.

10월에는 INRA(Instituto Nacional de la Reforma Agraria, 국가토지개혁위원회) 위원장에 임명됐고, 11월에는 국립은행 총재에 임명되었다. 쿠바는 토지개혁안을 완성할 혁명적 은행가가 필요했고, 이에 걸맞게 체는 다음 달 미국과의 긴장 상황에도 불구하고 400헥타르가 넘는 농장을 몰수하는 토지개혁법에 서명했다. 이는 유나이티드 프루트사와 같은 미국 기업들이 소유하고 있는 토지를 국유화한다는 것을 의미했다.

1960년 혁명 정부를 대표하여 체는 소비에트 연방과 독일민주주의공화국, 체코슬로바키아, 중국, 북한을 순방하고 여러 핵심적인 조약에 서명한다.

1961년 1월 3일, 미국이 정식으로 쿠바와 외교 관계를 단절했다. 미국은 이를 계기로 쿠바에 대해 더욱 적대적이고 노골적인 태도를 보이기 시작했다. 이해 2월, 체는 새로 설치된 산업부 장관으로 임명된다. 그에게는 미국 기업의 국유화와 소련과의 무역 개설 이후 새로운 임무가 놓여 있었다. 그것은 바로 산업의 효율성을 재고하고 쿠바에서 처음으로 중공업을 발전시키는 것이었다.

존 F. 케네디의 새로운 행정부는 아이젠하워 시절에 이미 계획되어 있던 쿠바 침공을 서둘렀고, 4월 17일 쿠바 인 용병들을 고용하여 피그만을 기습 공격했다. 쿠바는 5대의 군용기를 잃었지만 남은 8대는 피그만의 침략자들을 휩쓸어 버렸다. 피그만에서의 미국의 실책은 이어질 미사일 위기를 불렀다. 피그만 침공 후 소련은 쿠바에 무기를 공급하기 시작했고, 이에 대한 케네디의 초기 입장은 그 무기들이 '방어용'인 한 허용한다는 것이었다.

8월, 체는 쿠바 대표로 우루과이의 푼다 델 에스테에서 열린 미주기구(OAS) 회의에 참가해 케네디 미국 대통령이 제안한 '진보를 위한 동맹'을 맹렬히 비판한다.

12월에는 과테말라를 방문했다. 이즈음 아바나에는 라틴아메리카 좌파들이 속속 들어오고 있었다. 쿠바는 알제리, 니카라과, 페루, 과테말라, 베네수엘라, 아르헨티나에서의 운동을 지원했다. 체는 쿠바에서의 혁명이 아메리카의 다른 나라들로 확산되기를 바랐다. 특히 그가 태어난 아르헨티나에서는 어머니 셀리아가 사회주의에 적극 가담하여 3개월 동안 투옥되기도 했다. 체는 이 모든 상황들을 주의 깊게 바라보고 있었다.

1962년 3월 2일 미국과 쿠바의 냉전무드는 점점 깊어 갔고, 마침내 케네디 대통령은 쿠바에 전면적인 경제봉쇄를 가했다. 이 해에 쿠바 혁명기구들이 통합되고 체는 국가평의회 회장으로 선출된다. 체는 소비에트연방을 두 번째로 방문한다. 쿠바로서는 단지 경제적, 기술적 지원만이 아니라 CIA의 테러 공격에 대응하기 위한 무기를 지원받는 것이 시급한 과제였다.

9월 3일 공개된 체와 소비에트연방 공산당 서기장 흐루시초프가 서명한 조약은 농업과 기술, 수력발전, 철강 산업에 관한 협약임과 동시에 군사적 협력에 관한 내용까지 포함하고 있었다.

10월, 케네디는 항공 사진을 통해 쿠바에 소련제 핵미사일이 배치되어 있다는 증거를 포착했고, 그 이후 며칠 동안 '쿠바 미사일 위기'로 알려진 케네디와 흐루시초프의 힘 겨루기가 시작되었다. 세계는 핵전쟁 발발 직전으로 치닫는 듯했지만 결국 미국과 소련은 타협을 선택했다. 28일에 소련의 흐루시초프 서기장이 터키에서 미국의 핵미사일을 제거하는 대가로 쿠바에서 미사일을 제거하기로 결정했다. 이로써 '쿠바 미사일 위기'는 종지부를 찍었지만 피델과 체는 화가 나서 펄펄 뛰었다. 이 일을 계기로 체는 소련이 쿠바에 대해 어떠한 존재인지를 다시금 생각하게 되었다. 그들은 결코 쿠바의 영원한 동반자는 아니었던 것이다.

1963년 프랑스로부터 독립을 쟁취한 알제리를 방문해 아메드 벤 벨라 대통령을 만난다.

1964년 11월 4일, 체는 소비에트 10월혁명 47주년 기념축제에 초청을 받아 세 번째로 소련을 방문했다. 하지만 체는 이미 소련에 대해 크게 실망하고 있었고, 그해 여름부터 머릿속에는 게릴라로 돌아가겠다는 생각이 가득 차 있었다.

12월 9일, 체는 다시 해외순방 길에 올랐다. 뉴욕에서 열리는 유엔 총회에서 쿠바의 입장을 설명하고, 알제리와 말리, 콩고, 기니, 가나, 탄자니아, 이집트를 방문하는 3개월 간의 여행을 시작한 것이다. 유엔에서 체는 자신의 미래를 예언하듯 연설했다.

"나는 쿠바 인이자 아르헨티나 인입니다. 여기에 계신 친애하는 라틴아메리카의 대표 분들이 어떻게 여길지 모르겠지만 감히 얘기하건대 나는 라틴아메리카를 사랑하는 애국자입니다. 따라서 때가 오면 나는 라틴아메리카 어느 국가의 자유를 위해서라도 내 목숨을 기꺼이 바칠 것입니다. 어느 누구에게도 아무것도 요구하지 않고, 누구도 착취하지 않고, 어떤 대가도 요구하지 않고……."

1965년 2월 24일, 체가 알제리에서 열린 제2차 아프리카 아시아 세미나에서 행한 연설은 소련에 대한 전례 없는 비판이었다.

"(소련인들은) 전 세계 노동계급의 중요한 목표와는 거리가 먼 기묘하고 이기적인 정책을 이용하여 대중 혁명에 대한 지원을 아끼고 있습니다. 그들의 의식에서 인류애의 시각에 입각한 새로운 형제애를 도모

하는 변화가 이루어지지 않을 때 사회주의는 존재하지 않을 것입니다."

이 연설은 소련의 심기를 건드리기에 충분했다. 그리고 그 불똥은 곧장 쿠바를 향하게 될 것이었다. 체는 더 이상 쿠바에 머물 수 없었고, 머물고 싶지도 않았다.

4월 체는 콩고에서 파트리스 루뭄바가 조직한 해방운동을 지원하기 위해 국제적 게릴라 부대를 이끌고 쿠바를 떠난다. 체는 중년의 사업가로 변장하고 라몬이라는 암호명으로 비밀리에 쿠바를 떠나 탄자니아로 갔다가 거기서 다시 벨기에령인 콩고로 향했다. 그는 콩고에서 5명을 빼고는 모두 아프리카의 후손인 쿠바 전사 136명을 만났고, 여기서는 자신의 이름을 타투(스와질리어로 3을 의미)라고 했다. 그의 계획은 로망 카빌라(콩고의 반군 지도자)가 지휘하는 게릴라 군대를 지원하고 훈련시키는 것이었다.

체의 행방에 대한 추측이 난무하자, 피델 카스트로는 10월 3일 새로 창설된 쿠바공산당 중앙위원회에서 체가 콩고로 떠나면서 남긴 작별 편지를 낭독한다.

체가 콩고를 선택한 것은 제국주의 국가들이 막대한 콩고의 자원을 자신들의 통제 하에 두기 위해 극단적으로 민중의 권리를 유린하고 있었기 때문이다. 하지만 아프리카에서의 일기에서 체가 증언하고 있듯이, 콩고 인에게 규율을 가르치고 그들 사이에서 공통된 사상을 끌어내는 것은 매우 어려운 투쟁의 과정이었다.

혁명연합이 와해되면서, 체 일행으로 인해 정부의 탄압이 더 심해졌다고 생각한 자유전선은 쿠바 인들이 자기 나라로 돌아가야 한다고 결정했다. 체는 이번 계획이 실패했다고 생각하고 원정대를 쿠바로 철수시켰다.

12월, 체는 다시 쿠바로 돌아와 볼리비아에서의 새로운 게릴라전을 준비한다.

1966년 7월부터 9월까지 체는 쿠바의 피나르델리오 지역에서 볼리비아 원정대의 출정을 준비했다. 10월에는 코코 페레도의 어느 농가에 게릴라 기지를 만들고 여러 나라에서 온 신병들을 교육시키는 학교를 만들었다. 대략 250여 명이 참여했는데, 그 가운데 60여 명이 볼리비아 인이었다. 그들은 그곳에서 35일 동안 실전에 대비한 훈련을 했다.

11월, 체는 짧게 깎은 은발과 안경, 늙은 비즈니스맨의 복장으로 변장을 하고 볼리비아에 도착한다. 피델과 함께 계획한 이번 원정의 목적은 라틴아메리카의 심장부에 게릴라를 위한 훈련기지를 세우는 것이었다. 체는 붉은색의 일기장에 자신의 마지막 무용담을 기록했다. 그의 볼리비아 다이어리는 냥카우아수에 도착한 11월 7일부터 시작된다.

1967년 1월 8일과 10일에 열린 볼리비아 공산당 중앙위원회 총회는, 하지만 게릴라 투쟁에 대한 체의 지원을 거부했다. 이것은 체가 볼리비아 공산당으로부터 병참 지원을 받지 못한다는 것을 의미했다. 결국 체는 처음 3개월 동안 약 250명의 게릴라 전사를 모집할 계획이었지만 목표의 5분의 1밖에 달성하지 못했다. 이렇게 대중들에게 보호받지도 못하는 상황에서 체는 볼리비아 정부군과 전투를 벌여야 했다.

4월, '두 번째, 세 번째, 더 많은 베트남'을 창출하기를 촉구하는 〈세 대륙에 보내는 메시지〉가 출판된다. 같은 달 그의 게릴라 부대는 주력 부대에서 분리된다. 8월 4일에는 탈영병이 정부군에 붙잡혀 게릴라의 주요 무기 저장소에 볼리비아 군을 끌고 오는 사건이 발생했다. 동굴이 약탈당했고 서류와 사진도 빼앗겼다.

9월 26일, 체의 게릴라 전사들은 결국 정부군에게 포위당하고 말았다. 체의 부대는 계속 쫓기면서 행군했다. 결국 10월 7일, 볼리비아에서 절망적인 11개월을 보낸 남은 17명의 게릴라들은 볼리비아 정부군에게 매복 공격을 당하고 체는 왼쪽 종아리에 총상을 입은 채 생포된다.

10월 8일 생포된 다음날 체 게바라는 구금당했던 볼리비아의 폐교 건물 마루에서 미국의 지휘를 받던 볼리비아 군에 의해 살해당한다. "지금의 실패는 결코 혁명의 종말이 아니다."라는 유언을 남긴 채. 그의 나이 39세 때였다.

그의 유해는 아무 표시도 없는 무덤에 다른 게릴라 전사들과 함께 묻힌다.

그가 살해된 10월 8일은 쿠바에서 '영웅적인 게릴라의 날'로 지정되었다.

1997년 30년 후, 마침내 볼리비아에서 발견된 체의 유해는 성대한 의식과 함께 쿠바로 송환되었다. 그는 쿠바혁명의 그 유명한 전적지이자 쿠바의 주요 도시인 산타클라라에 안장되었다.

그 누구도, 카스트로 체제를 경멸하는 쿠바 망명자들조차도 게바라처럼 살았던 사람은 없다. 그는 자신의 원칙을 절대로 굽히지 않는 그런 사람이었다. 마지막으로 그가 어쩌면 전 세계인에게 보내고 싶었던 말이었을 1964년의 편지글을 인용한다.

"……내 생각에 당신과 내가 가까운 친척인 것 같지는 않습니다. 하지만 만일 당신이 이 세상에서 불의가 저질러질 때마다 분노로 떨 수 있다면 우리는 동지입니다. 이 점이 무엇보다 중요합니다."

* 체 게바라 연보는 독자들의 이해를 돕기 위해 본저 〈체 게바라 자서전〉과 〈모터사이클 다이어리〉 〈카스트로의 쿠바〉에서 그 내용을 간추린 것입니다.

■추천사

가장 훌륭한 자서전은
미래를 쓰는 것이다

우리가 위대하다고 생각하는 인물들의 자서전이나 평전을 읽는 가장 큰 이유 가운데 하나는 그들이 살아온 다양한 삶과 사상의 거울 속에 나의 삶을 비춰 현재의 자신을 반추해보려는 것이다. 때로는 그들의 도저한 삶 때문에 전율과 감동에 휩싸이기도 하고, 때로는 우리와 다를 바 없는 한 평범하고 나약한 인간으로서의 고통과 불행 때문에 한없는 슬픔과 연민에 젖어들기도 한다.

그들의 화려하고 영웅적인 모습 뒤에 가려진 짙은 고뇌의 그림자는 집필자의 시각과 애정에 따라 미화될 수도 있고 폄하될 수도 있다. 우리는 많은 일대기에서 그것을 보아왔다. 그런 점에서 전기와 평전이 인물의 재발견을 통한 재해석이라고 한다면 자서전과 회고록은 자신의 육성을 통한 진실의 실체를 보여주는 것이다.

이 〈체 게바라 자서전〉은 엄밀한 의미에서 '자서전'이나 '회고록'은 아니다.

널리 알려져 있듯이 체 게바라는 생전에 자신의 생애를 정리할 만큼 여유로워 보이지도 않았고, 또 그 정도로 자신의 생애가 앞당겨지리라는 예상도 하지 않았을 것이다. 저격당한 간디가 그랬고 암살당한 루터 킹이 그랬듯 게바라 역시 게릴라 전쟁 중에 총살되었다. 이들의 죽음이 완성된 자서전을 허락지 않았던 것처럼 그들의 꿈 또한 여전히 이루어지지 않았다. 나에게는 그것이 결코 꿈을 이루지 못하면 자서전도 쓰지 말라는 삼엄한 '신의 계시'로 들린다. 왜냐하면 가장 훌륭한 자서전은 과거를 쓰는 것이 아니라 미래를 쓰는 것이기 때문이다.

내가 이 미완의 〈체 게바라 자서전〉을 보고 주목한 점도 바로 그 '미래'였다. 그 미래의 의미를 난 2년 전에 내가 엮은 〈체 게바라 시집-먼 저편〉의 서문에서 "그는 이미 자기 생애의 모든 의미를 완성하고 예증한 것처럼 보인다"고 나름대로 풀이한 바 있다. 다시 말해서 그는 미래를 미리 살았고 미리 그 의미까지 증명했다. 그가 미래의 삶을 꿈꾼 것이 아니라 미래가 그의 삶을 꿈꾸었던 것이다.

그러므로 이 〈체 게바라 자서전〉 속에는 그의 삶을 꿈꾼 미래의 의미가 담겨 있고, 또 그 의미를 찾아가는 여행이 바로 후세의 우리가 해야 할 몫으로 보인다. 내가 이 여행에 동참해 체 게바라의 자서전에 감히 이런 글을 쓰는 것도 그 몫의 하나로 보았기 때문이다.

체 게바라는 그 짧은 생애 동안 무려 '15권의 전집'이라는 방대한 기록을 남겼지만, 그러나 '자서전'이라는 이름의 기록은 남기지 않았다. 트로츠키처럼 망명지에도 머물렀고, 스콧 니어링처럼 숲 속에도 오래 머물렀지만 그들처럼 자기 생애를 기록하지는 않았다.

그럼에도 이 책을 그의 '자서전'으로 부를 수 있는 것은 이 책이 편집자의 가필이나 윤문이 아니라, 전적으로 체 게바라 자신의 육필 기록들로만 채워져 있기 때문이다. 새로 발굴되었으나 그 동안 한 번도 공개하지 않았던 다양한 기록들을 통해 우리는 체 게바라의 열정적인 삶과 투쟁, 그리고 무엇보다도 매력이 철철 넘치는 그의 인간적인 모습과 섬세한 내면을 생생하게 확인할 수 있을 것이다.

역시 사후에 나왔으나 '편집 자서전'의 모범적 사례로 꼽히는 간디와 루터 킹의 자서전처럼 여행기, 일기, 에세이, 편지, 연설, 문학비평, 논문, 독후감, 인터뷰, 메모 등의 글들을 직접 찍은 그의 사진과 함께 연대기적으로 배열해 '20세기의 가장 완전한 인간 이 되기까지의 불꽃같은 혁명가의 모습과 더불어 그 이면에 흐르는 도도한 정신과 사상의 진화과정을 엿볼 수 있다. 그런 의미에서라면 이 자서전은 삶과 투쟁의 기록이라기보다는 사상과 신념의 기록에 가깝다.

쿠바의 〈체 게바라 연구센터〉가 자료를 발굴하고 남미의 대표적인 작가 빅토르 카사우스가 엮은 이 책은, 비록 타인의 눈으로 보기는 했으나, 체 게바라 사후 37년만인 2004년 올해 세계 최초로 나온 그의 총체적인 정신사적 기록이라는 점에서 큰 의의가 있어 보인다.

체 게바라는 마치 대나무 같은 인간으로 보인다.

끝을 뾰족하게 깎으면 날카로운 창이 되고 꼬부리면 유용한 호미가 되고 몸통에 구멍을 뚫으면 아름다운 피리가 되고, 또 안을 비움으로써 더욱 단단해지는 대나무처럼 그런 내공을 가진 인간으로 보인다. 그러면서도 의지와 신념이 흔들릴 때마다 대나무 마디처럼 한번씩 매듭을 묶어 자신을 다스렸다. 원칙에 철저하되 유연했고 머리는 차갑되 가슴은 뜨거웠다. 그의 성향은 한두 가지로 규정지을 수 없을 만큼 다면적이고 다층적이었다. 마르크스처럼 부르주아를 경멸하면서도 부러워했던 이중적인 운동가들은 가차없이 그의 표적이 되었다. 그는 혁명적인 종합예술가였고 종합예술적인 혁명가였다.

체 게바라는 스스로를 '실패한 시인'이라고 했지만, 그러나 그의 글은 이 책에서 보는 것처럼 결코 실패한 시인의 감수성에서 나올 수 있는 글은 아니다. 그는 시인으로서 이 세상을 향해 끊임없이 기침을 했고, 의사로서 이 세상의 환부에 끊임없이 메스를 가했고, 혁명가로서 이 세상의 제국주의자들에게 끊임없이 총을 쏘았고, 따뜻한 휴머니스트로서 이 세상의 고통 받는 사람들을 위해 끊임없이 자신을 던졌다. 우리는 그런 인간의 쩡쩡하면서도 부드러운 목소리를 이 자서전 곳곳에서 들을 수 있을 것이다. 이제는 다른 사람의 눈과 손을 통해서가 아닌, 바로 독자 당신들의 눈으로 직접 체 게바라를 만나 그의 거칠면서도 부드러운 숨결을 온전히 들을 수 있을 것이다.

목숨을 바쳐 싸웠지만 결코 그 목숨의 대가를 바라지 않았던 인간, 자기와의 싸움에서 타협하거나 비겁해 보일 때마다 자신을 더욱 극한으로 몰아갔던 인간, 죽음의 총구를 목전에 둔 바로 그 순간까지도 '혁명의 불멸성'에 대해 고뇌했던 인간, 그러한 인간의 그 도저한 진정성 앞에 그 누구인들 무릎 꿇지 않겠는가. 그가 혁명가이어서가 아니다. 그가 세기의 우상이어서도 아니다. 그가 신화나 전설이어서도 아니다. 그것은, 그가 바로 피와 살이 도는 우리와 똑같은 인간이었다는 사실 때문이다. 아니, 솔직히 말하면, 그는 어쩌면 인류보다 좀더 진화한 인간이었는지도 모른다.

 "목적이 선하면 수단도 선해야 한다"는 순도 100% 평화주의자인 간디를 흔히 '신에게 가장 가까이 간 사람'이라고 말한다면, 순도 100% 반제국주의자인 체 게바라는 '지금 신과 함께 산책하는 사람'일 것이다. 아마도 그는, 산책하면서 제국주의 악마들이 숨통을 죄고 있는 저 세상으로 같이 내려가자고 신을 설득하고 있을 것이다.

이산하(시인, 〈체 게바라 시집〉 엮음)

, 풍경과 소명과 운명을 좇아가는 사람인 에르네스토 체 게바라는 누군가가 그의 가족의 뿌리에 대해 물었을 때, 이미 성공한 쿠바혁명의 체(Che)가 되어 있었다. 1964년 초, 어찌 보면 친척이라고도 볼 수 있는 한 사람에게 보내는 다음의 인상적인 답장에서 그는 이 문제에 대한 자신의 생각을 분명하게 밝히고 있다.

이제 우리는 체가 남긴 발자취를 좇아 그가 던졌던 질문 그리고 점점 더 성숙해가는 대답을 되살리며 그를 만나는 여행을 떠나려 한다. 이 장에서는 이 편지와 함께 그의 어린 시절과 개인적인 도전을 비롯해 교육과 논쟁을 통해 성숙해가는 모습을 담은 사진들을 실었다.

이 편지는 시간과 장소를 따져 가족 연대기를 말하는 것 이상의 의미를 지닌다. 다른 일들로 바빴던 와중에 틈을 내 쓴 것이 분명한, 이 짧고 솔직한 편지는 가족에 대한 그의 심오한 견해를 보여준다.

– 빅토르 카사우스

1
뿌리

만약 당신이 분노로 떨 수 있다면

받는 이 :
모로코 (마리프) 카사블랑카 36번지
마리아 로자리오 게바라 양

동지여,

솔직히 말하면 나는 내 가족이 스페인의 어느 지방 출신인지 잘 모릅니다.

물론 나의 조상들이 극심한 가난을 피해 스페인을 떠나온 뒤 많은 시간이 흘렀습니다. 만약 내가 한곳에 정착하지 못한다면 그것은 단지 그곳이 불편하기 때문입니다.

내 생각에 당신과 내가 가까운 친척인 것 같지는 않습니다. 하지만 만일 당신이 이 세상에서 불의가 저질러질 때마다 분노로 떨 수 있다면 우리는 동지입니다. 이 점이 무엇보다 중요합니다.

혁명의 인사를 진하며,

"조국이 아니면 죽음을! 승리하자"

1964년 2월 20일 아바나에서

사령관 체 게바라

▲ 갓난아이였을 때의 체와 그의 부모 셀리아와 에르네스토, 1929년

▼ 어린시절 그네를 타는 체

◀ 코르도바의 알타그라시아에서

고향집에서 말을 타고
아르헨티나, 코르도바 지방
알타그라시아 ▼

대학생시절의 체,
부에노스아이레스에서
코르도바로 가는 길에서, 1951년
▶
마르 델 플라타에서
그의 가족과 함께 ▼

여기서 젊은 체 게바라는 여행을 시작한다. 그는 아르헨티나 안에 서이긴 하지만, 부에노스아이레스, 로사리오, 코르도바를 넘어선다.

먼지투성이의 산티아고 델 에스테로에서 살타에 이르는 여행의 한 장면이 이곳에서 펼쳐진다. 살타의 쥬라멘토강은 '바위에 부딪히며 만들어내는 불꽃같은 잿빛 거품이 그 속에 뛰어들어 물결에 거칠게 흔들리도록' 그를 손짓하는 듯했다. '다른 사람이 뭐라고 하던 신경 쓰지 않고 미친 듯이 소리치고 싶은' 욕구를 불러일으키면서.

역설적이고 눈부신 불꽃같은 비유로 가득한 아름답고 정확하며 명료한 산문으로 묘사되고 있는 아름다운 북부 아르헨티나에서의 자연과의 마주침은 사물을 바라보는 그만의 특별한 시선과 잘 조화된다. 이 젊은 목격자는 '후후이(아르헨티나 도시이름 - 옮긴이) 여행지도에 나타난 그곳의 '화려한' 겉모습에 기만당하지 않고, 그 지역과 거기에 살고 있는 사람들의 정신을 발견한다. 그것은 시간이 흐름에 따라 넓어지는, 길을 따라 밟고 또 밟아서 지구의 지평과 그 속에 살고 있는 사람들에게 다가가는 그의 날카로운 시선이다.

이 여행은 젊은 체 게바라가 가족이라는 좁은 울타리를 넘어 세계와 만나는 출발점이 된다. 모험과 미지의 장소를 향한 그의 탐색에는 개인적인 어려움이 뒤따른다. 천식을 다스려야 하고, 길 위에서 자신의 의지를 시험해야 하는 등의.

그 여행자는 자연의 전혀 새로운 모습을 발견하고, 눈앞에 펼쳐지는 세계 속에서 인간사회의 미묘한 의미를 투명하게 - 그리고 갈수록 더 날카롭게 - 깨닫기 시작한다. 이 과정에서 다른 사람의 지식, 다시 말해 예상치 않은 대화만한 것은 없다.

작은 다리 밑에서 지내는 떠돌이가 눈에 띄었다. 우리는 자연스럽게 이야기를 나누기 시작했다. 이 남자는 차코 지방에서 면화 따는 일을 한 적이 있으며, 한 동안 떠돌아다니다가 산 후안으로 가서 포도 수확 일을 할 생각이라고 했다. 그는 몇몇 지방을 돌아보겠다는 나의 여행계획을 듣고 나서 그리고 나의 목적이 단지 자전거를 타는 즐거움에 있다는 것을 알아채고는 자신의 머리를 절망스럽게 감싸 쥐며 말했다.

"이럴 수가! 자네는 아무것도 아닌 일에 이 고생을 하고 다니나?"

— 빅토르 카사우스

2

여행

아르헨티나 속으로

충동적인 시도

 이것은 내가 첫 여행을 하던 때의 이야기이다. 애초에는 코르도바 지방의 두세 곳만 돌아보려 했다. 그런데 어쩌다가 산티아고와 투쿠만, 카타마르카, 라 리오자, 산후안, 멘도자, 산 루이스, 부에노스아이레스, 미라마르까지 가보자는 충동적인 시도로 발전했다.

장대비를 비웃으며

 1950년 1월 1일 밤, 부에노스아이레스를 떠날 때, 나는 내 전동 자전거의 엔진 성능에 대한 불신으로 가득 차 있었다. 나의 유일한 희망은 필라(내가 가족들에게 최종 목적지라고 지어내서 말한 곳)에 빨리 그리고 단숨에 도착하여, 페르가미노(부모님이 추천해 주셨던 다른 최종 목적지들 가운데 하나)로 곧장 가는 것이었다.
 산 이시드로를 떠나 도로를 달릴 때는 엔진을 끄고 페달을 밟았다. 그러자 (자기 자전거 위에서) 다리 힘으로 로사리오로 가는 다른 한 여행자가 나를 따라잡았다. 나는 그 길동무와 속도를 맞추기 위해 계속 페달을 밟으며 나란히 함께 달렸다. 필라를 지날 때, 처음으로 승리의 기쁨을 맛보았다.

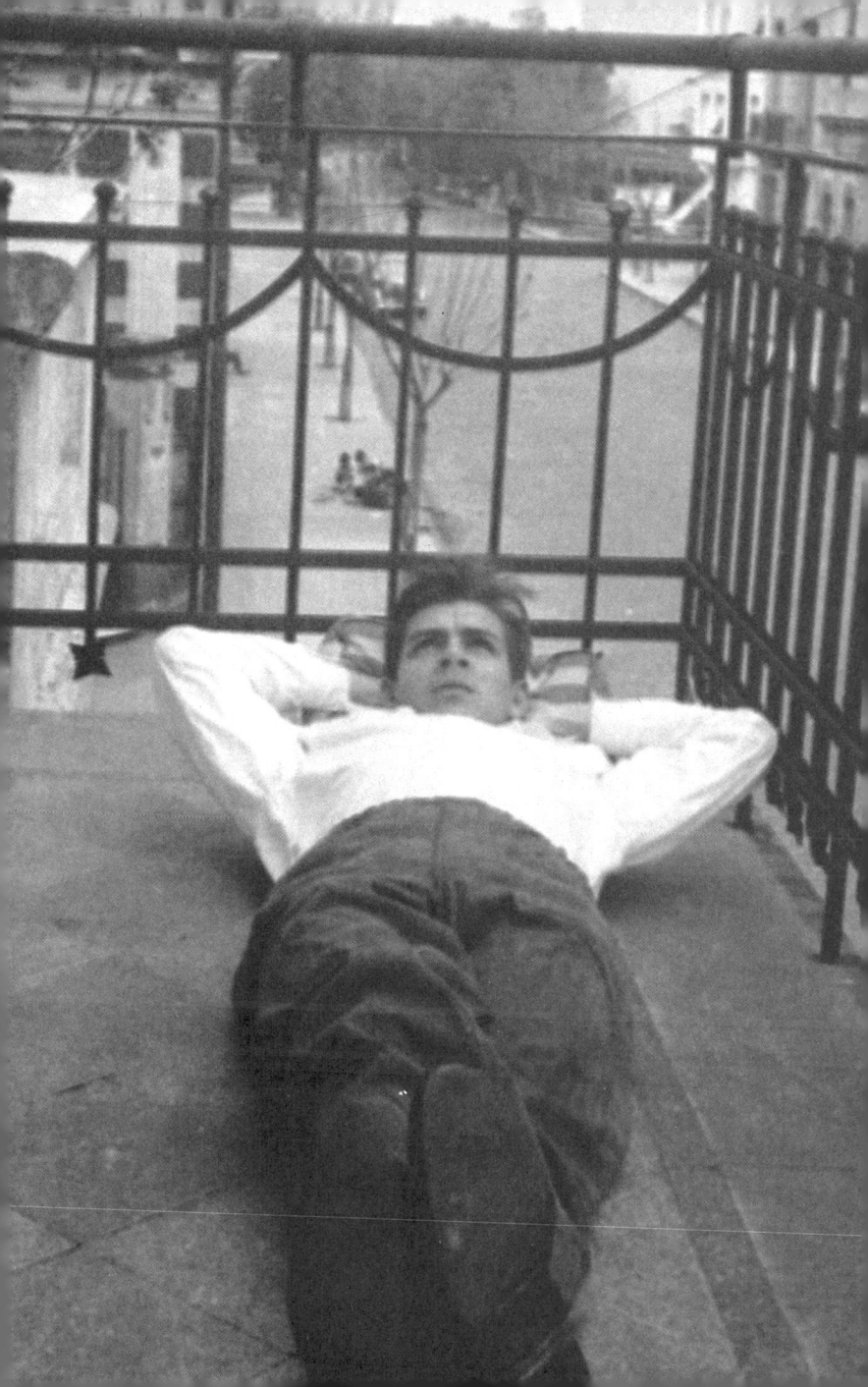

다음날 8시, 내 길동무가 가려고 했으며 나의 첫 번째 목표이기도 했던 산 안토니오 데 아레코에 도착했다. 거기서 우리는 함께 아침을 먹고 헤어졌다. 나는 계속 달려 해질녘에 페르가미노에 도착했다. 이 두 번째이며 상징적인 단계에서 나는 우쭐해졌고 성공으로 대담해져 피로도 잊고 바로 로사리오로 향했다. 하지만 영광스럽게도 도중에 어떤 화물트럭에 자전거를 연결해야 했고, 밤 11시쯤 로사리오에 도착했다.

내 몸은 누울 곳을 찾으라고 비명을 질렀지만, 나의 의지가 승리하여 계속 길을 재촉했다. 새벽 2시쯤 쏟아진 장대비는 한 시간 동안이나 내렸다. 나는 어머니의 선견지명 덕분에 내 짐 꾸러미에 들어 있던 비옷과 돛베 망토를 꺼내 입고 장대비를 비웃으며 목청껏 사바토의 시를 한 수 읊어댔다.

아침 6시쯤 레오네스에 도착해 점화플러그를 갈아 끼우고 기름을 넣었다. 자전거를 타는 것은 이제 단조롭게 느껴졌다. 아침 10시쯤 벨레 빌레를 통과하게 되었는데, 거기서 다시 자전거를 다른 트럭에 연결해 몸을 맡기고서야 미리아 가까이 이르렀다. 잠깐 멈춰 시간을 계산해보니, 그곳에 도착하기까지 40시간도 채 걸리지 않았다. 하지만 그날 갈 길이 144킬로미터가 남아 있었으니, 시속 25킬로미터로 달려야 하는 셈이었다. 더 이상 말이 필요 없었다.

10킬로미터를 더 가다가 멈춰 서서 기름이 더 필요한지 점검했다. 나는 그때 한낮의 햇빛에 엔진이 과열되는 것을 막으려고 엔진을 끄고 페달을 밟고 있었다.

마침 승용차가 지나가고 있었다. 그 운전자에게 시속 60킬로미터로 나를 끌고 가줄 수 있겠는지 물어보았다. 다시 10킬로미터쯤 더 갔을 때 갑자기 뒷바퀴에 펑크가 났고, 아차 하는 사이에 내 체면은 먼지투성이 땅바닥에 내동댕이쳐졌다(땅바닥에 얼굴을 묻고 있는 '멋있는' 광경을 생각해보라).

그 재앙의 원인은 불필요하게 돌아간 엔진이 타이어를 갉아먹어 속 튜브를 삐져나오게 한 것으로 드러났다. 어떻게 내가 맨바닥에 나뒹굴지 않을 수 있었겠는가?

여분의 타이어도 없는데다 완전히 녹초가 된 나는 잠시 쉬려고 길가에 벌렁 드러누웠다. 한 두 시간쯤 후에 빈 트럭 한 대가 지나가다 나를 코르도바까지 데려다주겠다고 했다. 짐을 '전세 차'에 실었고, 이윽고 그라나도에 도착했다. 장장 41시간 17분에 걸친 노력으로.

도중에 작은 다리 밑에서 낮잠을 자고 있다가 소음 때문에 잠을 깬 한 떠돌이를 만났다. 우리는 대화를 시작했으며, 내가 학생이라는 것을 알고는 내게 호감을 보였다. 그는 더러운 보온병을 꺼내 마테차를 만들어주었다. 어떤 노처녀의 환심이라도 살 수 있을 만큼 설탕을 듬뿍 넣어서.

서로에게 다양한 모험(각색하긴 했지만 약간의 진실이 담긴)을 들려주면서 오랫동안 이야기를 나누었다. 그는 약간 길게 자란 내 머리를 보더니 자신이 과거에 이발사였다고 소개하면서 녹슨 가위와 지저분한 빗을 꺼내들고는 '그 일'을 시작했다. 절반쯤 깎았을까? 뭔가 이상한 일이 내 머리에 일어나고 있음을 느꼈고 내 안전이 걱정되기 시작했다. 가위가 그렇게 '위험한 무기'가 되리라고는 생각하지 못했다. 그가 주머니에서 꺼내 내민 작은 거울을 들여다본 순간 거의 쓰러질 뻔했다. 그가 내 머리에 아주 많은 계단을 만들어놓는 바람에 머릿결이 성한 곳이 없었다.

내 여동생 아나 마리아를 만나러 갔을 때, '쥐어뜯긴' 내 머리는 마치 아길라의 집에 바치는 일종의 트로피 같았다. 그러나 놀랍게도 사람들은 쥐어뜯긴 내 머리는 대수롭지 않게 생각했다. 오히려 그가 만들어준 마테차를 마셨다는 사실에 놀라는 눈치였다. 그 반응에 대해 나로선 도무지 할 말이 없다.

토마시토를 기다리며 며칠 쉰 다음, 우리는 탄티로 향했다. 탄티는 그리 특별한 곳은 아니었으나, 깨끗한 샘물 등 주변 경관은 특별했다. 이틀 후 우리는 계획했던 대로 10킬로미터 정도 벌어진 로스 코릴로스로 방향을 바꾸었다.

약 50미터 위에서 바라본 로스 코릴로스 폭포의 경치는 코로도바 산맥에서 정말 볼 만한 것이다. 물이 떨어지면서 여러 갈래 물줄기로 나뉘어진다. 이 물줄기들은 바위에 부딪쳐 튀어 오르다가 아래 웅덩이에 떨어지고, 이어서 작은 폭포가 되었다가 큰

웅덩이로 떨어진다.

로스 코릴로스는 내가 본 폭포 중 가장 웅장했다. 그러나 불행하게도 햇빛이 많이 들지 않은 탓에 물이 너무 차가워 겨우 몇 분 정도 밖에 서 있을 수가 없었다. 천연 샘에서 솟아 나와 사방의 비탈로 흘러내리는 풍부한 물은 그 일대를 무척 기름지게 만들었다. 폭포 주변은 고사리들과 습기를 좋아하는 여러 식물들이 군락을 이뤄 장관을 연출하고 있었다.

이곳 폭포 위에서 처음으로 암벽타기를 시도했다. 처음에는 폭포 물살이 약하게 흐르는 쪽으로 내려올까 했지만, 좀더 스릴을 즐기기 위해 가장 험하고 위험해 보이는 지름길을 선택했다. 반쯤 내려오는데 돌멩이 하나가 빠지면서 돌멩이와 바위들이 마구 쏟아져 10미터 정도 아래로 떨어졌다.

나는 (판독불가)가 몇 개 부서진 후에야 겨우 일어섰는데, 다시 올라가야만 했다. 더 아래로는 내려갈 수가 없었기 때문이다. 나는 올라가기가 내려가기보다 쉽다는 암벽타기의 첫째 법칙을 익혔다. 씁쓸한 패배감이 하루 종일 나를 따라다녔다.

그렇지만 다음날 나는 4미터 높이 또는 (적어도?) 2미터 높이에서 70센티미터 깊이의 물로 뛰어들었다. 전날의 씁쓸한 기분을 씻어버리기 위해서였다.

그날 내내 그리고 다음날 아침까지 비가 억수같이 쏟아졌다. 우리는 텐트를 걷기로 했다. 우리가 어슬렁거리며 이것저것을 챙기고 있던 5시 30분쯤 처음으로 급류의 거친 숨소리가 들려왔다. 가까운 집에서 사람들이 쏟아져 나와 일제히 "물이 덮쳐온다, 홍수다!"라고 고함치기 시작했다.

캠프장 전체가 놀란 사람들로 어수선해졌고, 우리 셋은 짐을 들고 이리저리 뛰어다녔다. 마지막 순간에 토마스와 내가 전력으로 땅에 박힌 말뚝을 뽑는 동안, '천하 장사' 그라나도는 텐트 덮개의 귀퉁이 한쪽을 확 잡아당기며 집어 들었다. 엄청난 물이 우리를 덮치려고 했다.

가까이 있던 사람들이 우리에게 "놔두고 나와, 너희들 미쳤어?"라고 소리쳤다. 상스러운 소리를 몇 마디 덧붙여. 그때 남아 있던 줄은 하나뿐이었다. 칼을 쥐고 있던 나는 어쩔 줄 모르다 모두가 숨죽이고 바라보는 동안, "힘내라, 용감한 자여!"라고 외치고는 단칼에 밧줄을 잘랐다. 거센 물살이 격렬하게 들이치며 놀라운 속도로 물이 차올랐다. 귀청이 떨어질 정도로 사납게 으르렁거리며, 믿어지지 않는 높이(1미터 50센티미터가량)의 거센 물살이 우리에게 닥쳐올 때까지 우리는 여전히 짐을 한쪽에 모으고 있었다.

1월 29일 오후 4시에 출발해 콜로니아 가로야에 잠시 들렀다가 산 호세 데 라 도르미다로 향했다. 거기서 나는 길가에 누워 도시 이름에 경의를 표했다(도시 이름은 '보금자리 산 호세' 라는 뜻이다-옮긴이). 나는 다음날 아침 6시까지 세상모르고 잠만 잤다.

 약 5킬로미터를 더 달리다 작은 집 한 채를 발견했는데 거기서 1리터의 연료를 살 수 있었다. 그리고는 곧장 산 프란시스코 델 차냐르로 가는 마지막 여정을 출발했다. 작은 모터는 가파른 오르막길에 겁을 집어먹은 듯했다. 하는 수 없이 페달을 밟아 5킬로미터나 되는 오르막길을 가야 했다. 그래도 마침내 마을에 도착할 수 있었다. 거기서부터는 나환자촌에서 온 화물차가 태워 주었다.

 다음날 우리는 로세티 박사와 함께 알베르토 그라나도의 (판독불가)를 방문했다. 자전거를 타고 돌아오는 길에 넘어졌는데 바퀴살이 8개나 부러졌다. 수리가 끝날 때까지 계획보다 나흘이나 더 그곳에서 머물러야 했다.

 우리는 파티 혹은 술자리에 들른 후에 알베르토 그라나도와 함께 토요일에 떠나기로 마음먹었다. 그 파티의 주최자는 그 지역의 상원의원이자 지역 유지며, 현대판 영주라고 할 만한 사람이었다.

우리는 아침 내내 어떻게 하면 빨리 빠져나갈 수 있을지를 의논했다. 오후가 되자마자 떠나기로 결심했는데 나는 자전거를 타고 알베르토와 친구 한 명은 전동 자전거를 타고 가기로 했다. 우리는 먼저 뭔가 특별한 의미로 그들이 상원의원 집에서 가져온 베르무트(백포도주의 일종-옮긴이)를 한잔 마시기로 결정했다. 얼음이 없어서 알베르토의 친구가 얼음을 구하러 갔지만 빈손으로 돌아왔다. 내가 조금 화를 내자 그는 다시 얼음주머니를 빌리러 상원의원의 집에 갔다 왔다. 얼음주머니를 가져온 후, 우리는 유별난 열정으로 베르무트를 마시기 시작했다.

그런데 마침 운이 없게도 상원의원의 부인이 갑자기 '약'이 필요하다는 것을 기억해내고, 우리가 마셔버린 술을 찾으러 왔다. 그녀가 당당한 모습으로 나타난 순간, 때는 이미 늦어 있었다. 어쨌든 나는 아픈 사람처럼 머리를 감싸 안고 매트리스에 몸을 던졌다. 그러나 그것은 결과적으로 나의 배우로서의 재능만을 보여주었을 뿐이다. 이미 쓸모없는 짓이었기에….

산티아고 델 에스테로,
태양이 머리 위로 쏟아지다

산티아고의 이 지역 풍경은 코르도바 북부의 어떤 지역을 떠올리게 한다. 정말 두 곳은 거의 구분이 되지 않을 정도다. 길가에는 커다란 선인장이 늘어서 있는데, 몇몇은 6미터나 되어 마치 녹색의 커다란 촛대처럼 보인다. 초목은 풍성하고, 다양한 생명체들이 있다는 것을 쉽게 알 수 있다. 그러다 경치가 점점 달라지며 울퉁불퉁 험한 먼지투성이 길로 바뀐다. 케브라초 나무(옻나무과 식물 - 옮긴이)가 사라지고 별개미취가 나타나기 시작한다.

뜨거운 열기가 나를 에워싸고 태양이 머리 위로 쏟아졌다. 나는 땅바닥에 주저앉았다. 캐럽 나무 그늘에서 한 시간 정도 잠을 자고 마테 두 잔을 마신 후 다시 여행길에 올랐다. 길을 따라가다 보니 1,000킬로미터라고 표시된 9번 도로의 이정표가 나를 반겼다. 1킬로미터쯤 지나자 별개미취가 완전히 주위를 점령했고, 나는 사하라 사막에 온 듯한 느낌을 받았다. 그러나 놀랍게도 지금까지 본 것 중 최악의 상태였던 도로가 갑자기 편평하고 넓은 포장도로로 바뀌었다. 여기서부터 모터는 제 세상을 만난 듯 부드럽게 돌아갔다.

이 공화국의 심장지대가 나를 위해 준비한 놀라운 것은 이것만이 아니었다. 4~5킬로미터마다 마주치게 되는 방목장들은 내가 정말 이런 비극적인 장소에 온 것이 맞는지 의심하게 만들었다. 그러나 점점이 은빛이 있는 바다같이 넓은 땅과 그 주위의 가느다란 풀밭은 의심의 여지를 없애기에 충분했다. 그곳을 지나자 손발을 쭉 뻗은 파수꾼 같은 모습을 한 선인장이 드문드문 나타났다.

2시간 반 만에 소금밭 80킬로미터를 주파한 뒤 나는 또다시 놀랐다. 어떤 이에게 물병 속에서 뜨거워진 물을 갈아 담기 위해 시원한 물을 좀 달라고 부탁했더니, 그곳에는 겨우 3미터 땅속에 물이 풍부하게 있다는 것이다. 분명히 평판은 주관적인 인상에 미치지 못한다. 그 평판에 좋은 도로들, 수많은 목장들, 3미터 아래에 있는 물 등에 대한 설명이 없다면. 하지만 이것들은 빼놓아도 좋을 하찮은 것이 아니다.

저녁 어스름이 내리고서야 로레토에 도착했다. 인구는 수천 명이 넘지만 아직 뒤떨어진 곳이었다. 묵을 곳을 알아보려고 갔다가 한 경찰관을 만났는데, 그는 도시에 의사가 한 사람도 없다고 말했다. 그리고 내가 의대 5학년생이라는 얘기를 듣고서, 나에게 이 도시에서 개업하는 게 어떠냐고 충고했다.

"사람들은 돈도 많고 친절하기까지 하다네."

하지만 나는 아침 일찍 그 도시를 떠났다. 아주 끔찍한 길도 있었고 평탄하고 좋은 길도 있었다. 그러다 길에 팬 웅덩이 하나를 지날 때 그만 물병이 어디론가 날아가버리고 말았다.

마침내 산티아고에 도착해 평소 알고 지내던 집에서 따뜻한 대접을 받았다.

이곳에서 처음으로 어느 〈투쿠만 신문〉에 나에 대한 기사가 나왔다. 이 기사는 산티안이라는 기자가 쓴 것인데, 그는 내가 만나자고 전화를 걸자 바로 흔쾌히 만나주었다.

그날 나는 산티아고가 어떤 도시인지를 알게 되었다. 그 지옥 같은 더위는 그곳 주민들조차 견디기 힘든 것이어서 사람들은 문을 닫고 집에 있다가, 저녁이 되어야 사회활동을 위해 길거리로 나온다는 것이다.

투쿠만,
타이어에 바람을 넣기 위해 멈춘 동안

다음날 아침 9시 나는 투쿠만을 향해 떠나 밤늦게야 그곳에 도착했다

길을 가다가 마을에서 1킬로미터쯤 떨어진 곳에 멈춰 타이어에 바람을 넣고 있었는데, 호기심을 자극하는 일이 일어났다.

작은 다리 밑에서 지내는 떠돌이가 눈에 띄었다. 우리는 자연스럽게 이야기를 나누기 시작했다. 이 남자는 차코 지방에서 면화 따는 일을 한 적이 있으며, 한 동안 떠돌아다니다가 산 후안

으로 가서 포도 수확 일을 할 생각이라고 했다. 그는 몇몇 지방을 돌아보겠다는 나의 여행계획을 듣고 나서 그리고 나의 목적이 단지 자전거를 타는 즐거움에 있다는 것을 알아채고는 자신의 머리를 절망스럽게 감싸 쥐며 말했다.

"이럴 수가! 자네는 아무것도 아닌 일에 이 고생을 하고 다니나?"

나는 다시 투쿠만 주의 주도를 향해 떠났다. 투쿠만의 웅장한 시가지를 시속 30마일의 속도로 번개처럼 훑어보고는 곧 살타로 가는 길에 들어섰다. 그러나 갑작스럽게 비를 만나 군대 막사의 병기고에서 묵는 신세가 되고 말았다. 다음날 아침 6시에 다시 살타를 향해 떠났다.

투쿠만을 벗어나는 길은 북부 아르헨티나에서 가장 아름다운 풍경 가운데 하나다. 20킬로미터 남짓 멋진 길 양쪽으로 무성한 초목이 나타난다. 여행자가 접근할 수 있을 정도로 가까운 곳에 일종의 열대 숲이 있는데, 마치 아마존 정글의 영화 세트장 같은 작은 개천들과 눅눅한 공기로 가득 차 있다.

이 천연 정원에 들어가 리아나(열대지방의 덩굴식물 - 옮긴이) 사이를 걷고 고사리류 틈을 헤쳐 나가다, 이 모든 것이 빈약하기 짝이 없는 우리의 정원 문화를 비웃고 있다는 생각이 들었다. 금방이라도 사자가 울부짖는 소리가 들릴 듯하고, 발밑으로 뱀이 조용하게 미끄러져 지나갈 듯하고, 사슴들의 재빠른 움직임이 보일 듯하다.

갑자기 으르렁하는 소리가 들렸는데, 소리가 높지는 않았으나 지속적이었다. 알고 보니 비탈길을 올라가려고 안간힘을 쓰는 트럭의 엔진소리였다. 이 거슬리는 소리는 내 환상의 유리성을 부숴버리고 나를 다시 현실로 되돌려놓았다.

나는 북적거리는 도시생활을 하는 사이에 언젠가부터 내 안에서 자라고 있던 무엇인가가 마침내 그 껍질을 깨고 나오는 것을 느꼈다. 그것은 바로 문명에 대한 증오였다. 엄청난 소음에 박자를 맞추며 미친 듯이 서두르며 살아가는 사람들의 거친 모습은 지긋지긋한 평화의 반대물, 잎이 조용히 살랑거리는 속에서 조화로운 배경음악을 만들어내는 이(판독불가)의 반대물처럼 여겨졌다.

다시 여행길에 올랐다. 11시나 12시쯤 되었을까? 경찰검문소에 이르러 좀 쉬려고 멈췄다. 신형 할리 데이비슨을 타고 온 오토바이 여행자가 내 오토바이를 끌고 가주겠다고 했다. 나는 그에게 얼마나 빨리 달리느냐고 물었다.

"천천히 가더라도 시속 80에서 90킬로미터는 될 걸."

그가 대답했다. 내 오토바이는 끌려갈 때 시속 40킬로미터 이상은 낼 수 없다는 것을 갈비뼈가 부러지는 대가를 치르면서 이미 배웠던 터였다. 짐을 균형 맞추어 싣지도 못하고 길도 평탄하지 않기 때문이다.

나는 제안을 정중히 거절하고, 커피를 대접해 준 사람에게 고맙다고 한 다음 다시 길을 가기 시작했다. 살타에 날이 저물기 전에 도착하기를 기대하면서. 앞으로 200킬로미터나 남아 있었으므로 서둘러야 했다.

로자리오 데 라 프론테라의 한 경찰서에서 슬픈 광경을 목격했다. 경찰들이 트럭에서 망가진 할리 데이비슨을 끌어내리고 있었다. 다가가 운전자는 어떻게 되었는지 물어보았더니, "죽었다"고 했다.

한 오토바이 여행자의 모호한 죽음으로 드러나는 작고 개인적인 문제가 대중들의 관심과 감수성에 영향을 주지 않는다는 사실이, 그다지 심각하지 않게 여겨지는 것은 당연하다. 한 사람이 공적인 위업이나 모호한 영웅심조차 없이 스스로 위험을 찾아 나섰다가 모퉁이를 돌다 아무도 모르게 죽었다면, 이 모험가는 어떤 비틀린 자멸적 '열정'을 가지고 있었다고 할 수밖에 없다. 이 열정은 그 사나이의 성격을 연구하는 것을 흥미롭게 할 수는 있지만, 대신 그가 이런 글에 더 이상 등장할 수 없게 만들어버렸다.

나는 한 병원에 들어가 나를 '지치고, 얼치기 모험가이며, 빈털터리에 가까운 의대생'이라고 소개했다. 병원 사람들은 나를 푹신푹신한 소파가 있는 밴에 묵게 해주었다. 임금에게나 어울릴 만한 잠자리를 준 것이다. 다음날 아침 7시에 밴을 사용하려고 사람들이 깨울 때까지 나는 통나무처럼 뻗어서 세상모르고 자 버렸다.

이날은 비가 하도 억세게 쏟아져 할 수 없이 출발을 미룰 수밖에 없었다. 오후 2시쯤 후후이를 향해 길을 떠났다. 하지만 억세게 내린 비 때문에 도시를 벗어나는 길은 너무 질척질척해져 도저히 앞으로 나아갈 수가 없었다. 마침 그때 오래 전부터 알고 지내던 운전수가 몰고 오던 트럭을 만났다. 몇 킬로미터를 얻어 타고 나서 서로 다른 길을 가게 되었다. 그는 캄포 산토로 시멘트를 가지러 갔고, 나는 라 코르니사로 알려진 곳으로 향했다.

내린 비는 작은 시냇물을 이루어 주변의 언덕을 타고 흘러내리다 길을 가로질러 모호토로 강으로 흘러 들어갔다. 이 강은 길을 따라 흐르고 있다. 살타와 후라멘토를 대표하는 장관이라고 할 수는 없었지만, 그 쾌활한 아름다움은 우리 정신에 활기를 불어넣는다.

강물을 뒤로 하고 여행자는 진짜 라 코르니사 지역으로 들어서게 되는데, 그 장엄한 아름다움은 푸른 숲으로 뒤덮인 언덕에서 찾아볼 수 있다. 이웃한 숲들로 이루어진 산속 오솔길들이 차례로 이어져 있다. 나무 가지들 사이로 저 멀리 푸른 평원이 보였다. 마치 색깔 있는 렌즈를 통해서 보고 있는 것처럼. 촉촉이 젖은 잎사귀에서 시원함이 대기 중으로 퍼져 나오고 있었다. 투쿠만에서 느낀 몸을 파고드는 듯한 공격적인 습기와는 다른 무엇인가 신선하고 부드러운 것이 여기에 있다.

짙은 숲에서 배어나오는 신선한 기운을 받은 따뜻하고 습한 오후의 매력에 취해 나는 잠시 꿈의 세계로 빠져들었다. 그 세계는 나의 현재 상황과 너무 동떨어져 있었지만, 나는 거기서 돌아오는 방법을 잘 알고 있었다. 그곳은 선한 자들의 왕국이 자랑하기 마련인 안개 자욱한 심연으로 갈려 있지는 않았다

맛있는 초콜릿을 너무 많이 먹어 속이 더부룩한 것처럼, 너무 많은 아름다움에 질린 상태로 후후이 시내에 도착했다. 심신이 통증과 고통에 시달리며, 이 지역 사람들이 얼마나 친절한지 알아보고 싶은 심정으로. 이 지역의 병원들을 방문해보는 것보다 더 좋은 방법이 있을까?

한 병동에서 푹 쉴 수 있었으나, 그 전에 나의 의학 지식을 보여주어야만 했다. 에테르 한 병과 핀셋으로 무장하고, 박박 밀어버린 어린 아이의 머리에 박힌 구더기를 잡는 소름끼치는 사냥에 나서야 했다.

아이가 흐느끼는 소리는 마치 날카로운 송곳으로 내 귀를 후벼 파는 듯했다. 하지만 나의 과학적인 자아는 느긋하고 탐욕스럽게 죽은 적들을 세고 있었다. 어떻게 이제 2살 정도 밖에 안 된 피부가 검은 어린 아이가 이렇게 많은 구더기를 가지게 되었는지 이해할 수 없었다. 일부러 그렇게 되려고 해도 쉽지 않은 일이었

다.

 나는 이 '사소한' 에피소드를 베개 삼아 부랑자답게 깊은 잠에 빠져들었다.

살타,
무리 속에 있던 가장 큰 암염소가
내 서투름을 비웃다

 로사리오 데 라 프론테라에서 메탄으로 가는 길은 평탄한 포장도로여서 편안하게 자전거를 타고 갈 수 있었다. 갈 메탄에서 살타에 이르는 험한 길에 대비하여 힘을 축적하면서. 아니나 다를까 그 길은 상당한 끈기를 요구했다. 온 몸에 '톱니들'이 돋아날 만큼.

 도로사정은 무척 나빴지만, 그 지역이 뽐내는 웅장한 경관으로 충분히 보상받고도 남았다. 이제 완전히 산악지대로 접어들었다. 굽이굽이마다 감탄이 절로 터져 나오는 새로운 광경이 펼쳐졌다.

 로베리아쯤에 이르러, 나는 지금까지 내가 여행하면서 목격한 가장 아름다운 광경 가운데 하나를 보는 행운을 얻었다. 길모퉁이에 일종의 현수식 철교가 하나 있었다. 아래로는 후라멘토강이 흐르고 강둑은 형형색색의 바위들로 이루어져 있었다. 회색빛 강물은 무성한 초목으로 뒤덮인 깎아지른 듯한 절벽을 꿰뚫으며 사납게 흘러가고 있었다. 나는 잠시 멈춰 서서 이 광경을 보았다.

바위에 부딪히면서 불꽃처럼 일었다가 다시 그 소용돌이 속으로 사라지는 잿빛 거품 속에 뛰어들어 물줄기에 거칠게 떠밀려 내려가고 싶은 충동이 일었다. 남들이 뭐라 하든 신경 쓰지 않고 미친 듯이 소리치고 싶은 욕구를 불러일으키면서.

나는 약간 우울한 기분으로 오르막길을 올랐다. 소용돌이치는 강물은 자신을 두고 떠나는 나를 낭만이 없다고 나무라는 듯했고, 나는 자신이 냉담한 독신자처럼 느껴졌다.

내 위에서 그리고 내 철학적인 잭 런던 스타일의 턱수염 위에서, 무리에서 가장 큰 암염소가 나의 서투른 등반 실력을 비웃고 있었다. 다시 한번 삐걱거리는 트럭의 신음소리가 나를 은둔적인 명상에서 깨어나게 했다.

어두워지고 나서야 마지막 고갯길에 올라 내 앞에 펼쳐진 살타 시의 장대한 모습을 볼 수 있었다. 지적할 만한 한 가지 흠이 있다면, 엄격하게 기하학적으로 배치된 공동묘지가 여행자들을 반기고 있다는 것이었다.

후후이,
한 도시를 이런 식으로는 알 수 없다

나는 오후 2시에 살타에 도착해 병원에서 일하는 친구들을 만나러 갔다. 그들은 내가 하루 만에 달려온 먼 거리에 놀랐다. 그리고 한 명이 물었다.

"그런데 '뭘' 봤지?"

나는 그 물음에 대답하지 않았다. 그런 질문에는 대답하지 않으리라 마음먹고 있었기 때문이다. 중요한 것은 '내'가 본 것이 무엇이냐는 것이다.

나는 보통 여행자들이 보는 것을 보고 싶지는 않다. 여행지도에 나와 있는 것들에는 전혀 관심이 없다. 후후이를 예로 들면, 파트리아 제단, 국기에 축복을 내렸던 대성당, 설교단의 보석, 리오 블랑코와 폼페이아의 작은 처녀의 기적, 라발레가 죽은 집, 혁명을 주도한 시의회, 지역박물관 등.

누구도 한 도시를 이런 식으로는 알 수 없다. 그런 식으로는 그 지역 사람들이 삶을 어떻게 이해하는지, 어떻게 살아가는지 이해할 수가 없다. 내가 방금 예로 든 것들은 모두 화려한 겉모습에 지나지 않는다. 한 도시의 정수는 병원의 환자들, 경찰서 수감자들, 당신이 길을 가다가 말을 건네게 되는 사람, 불어난 물로 사나워진 리오 그란데 강을 보고 걱정하는 그 행인 속에 들어 있다.

그러나 이 모든 것을 설명하는 데는 긴 시간이 필요하다. 그리고 내 이야기를 알아들었는지 어떻게 알 수 있을까. 나는 고마워하며, 내가 여행을 떠날 때는 잘 알지 못했던 도시를 발견하기 시작했다.

《모터사이클 다이어리》 첫머리에서 젊은 기록자 에르네스토 게바라는 이렇게 제시한다. "그렇게 우리는 서로를 이해한다." 그리고 거기서 그는 우리에게 '경고'한다.

"아르헨티나 땅에 발을 디뎠던 순간, 이 글을 쓴 사람은 사라지고 없는 셈이다. 이 글을 다시 구성하며 다듬는 나는 더 이상 예전의 내가 아니다."

이렇게 그는 '위대한 아메리카 대륙을 돌아다니면서' 자신의 세계관이 바뀌었고, 분석이 깊어졌으며, 정신이 풍성해졌다고 우리에게 말한다.

친구 알베르토 그라나도와 함께 여행을 시작했을 때, 체는 겨우 23살이었다. 그는 세상을 보고, 풍경을 감상하며, 나아가 자신의 열정의 지평선과 젊음의 무한한 호기심 너머 무엇인가를 보기 위하여 아르헨티나를 떠났다.

그는 끝내 고국에 돌아올 것이라는 느낌을 가지고 있었고, 그것을 밝혔다. 15년 뒤 그의 해방 계획의 일부를 이루게 되듯이.

"아마도 언젠가는 세상을 돌아다니다가 지치면 아르헨티나로 돌아와 안데스 산맥의 호숫가에 정착하게 될 것이다. 그렇지 않으면 최소한 내가 세상에 대해 깨달음을 얻게 되고 또 다른 깨달음을 얻기 위해 출발하기 전까지만이라도 머물 수 있을 것이다."

이 책의 단편들은 체가 처음으로 본 라틴아메리카, '위대한 우리 아메리카 대륙'를 이해하는 열쇠들이다. 콜롬버스 이전 전통 문명의 놀라움에 찬 발견, 그리고 칠레 퓨마에 관련한 채플린 스타일의 사건에서 드러나는 자신에 대한 풍자, 라 지오콘다에 대한 단락에서 나타나는 사회생활, 인간관계에 관한 잇단 견습, 이제 페루 땅에서 이루어지는 그의 삶의 새로운 한 해에 대한 축하. "아메리카를 불안정하고 실체 없는 나라들로 분할하는 것은 완전히 허구"라고.

에르네스토가 기록자로서 열정과 끈기를 지니고 있었음에는 의심의 여지가 없다. 이것은 《모터사이클 다이어리》에 스며 있는 목격자 같은 문체와 그가 나중에 더욱 굳게 가지게 되는 사명감에서 드러난다.

이 끝없는 여행 속에서 목격자로서의 역할을 수행하는 게바라의 다양한 성격들이 스스로 느끼지 못하는 사이에 형성되고 있었다. 결과적으로 확정된 미래에서 돌이켜볼 때, 그의 일생은 바로 성장과 헌신, 탐구와 투쟁, 도전과 발견, 분석과 확정이라는 긴 여행이라고 할 수 있다.

여행자라는 모습 속에 숨어 있는 그의 작가적 재능이 또한 이 여행에서 형성된다. 실제 삶에 대한 매우 소중한 발견이 에르네스토가 책에서 배운 지혜에 더해졌다. 목격자(이후 평생 맡게 되는 역할) 체는 '외백에 쓰는 이야기'에서 드러나듯이 신비의 영역을 탐구하고 기술한다.

쓰인 날짜를 알 수 없으며, 연대기적으로 에르네스토 여행의 끝을 장식하는 이 장은 21세기 초입의 인류에게 드리워진 의문들과 불확실성을 포착하고 있다. 이 연대에는 풀어야 할 많은 실마리들이 있다. 우리가 이 여행자의 마음속에 생기는 소용돌이의 새로운 변화를 관찰하듯이. 때로는 분명하고 때로는 암시적인 그 남자의 말을 들은 후, 체 게바라는 이렇게 예감했다.
"그날 밤, 그의 말들을 담은 그 밤이 다시금 나를 압도했고 나를 그 안으로 감싸 안았다. 그러나 그의 말에도 불구하고, 나는 이제야 깨달았다. 만일 위대한 지도자들이 인류를 두 개의 적대적인 진영으로 나눈다면, 나는 민중과 함께 할 것임을."

- 빅토르 카사우스

(옮긴이 주: 이 장은 《모터사이클 다이어리》에 들어 있는 내용 가운데 일부이다. 《모터사이클 다이어리》와 《체 게바라 자서전》은 모두 오션(Ocean) 출판사가 발행한 것을 원본으로 하고 있다. 한 출판사에서 발행한 책에 같은 내용이 일부 포함되어 있어 의아하게 생각할 수도 있겠다. 그러나 원서 편집을 존중하고 두 책이 성격이 다르다는 점을 고려하여 넣기로 하였다.)

3
여행

라틴아메리카를 처음으로 돌아보다

그렇게 우리는 서로를 이해한다

 이 이야기는 대단한 영웅담이 아니며, 냉소주의자의 넋두리는 더욱 아니다. 적어도 나는 그런 이야기를 쓸 생각이 없다. 그저 비슷한 꿈과 희망을 갖고 한동안 같이 지낸 두 사람의 인생을 살짝 들여다보는 이야기일 뿐이다.

 인생에서 9개월은 아주 짧은 기간이지만 그 사이에도 고상한 철학적 명상에서부터 주린 배를 채워주는 한 그릇의 수프에 대한 간절한 욕망에 이르기까지 많은 것들을 생각할 수 있다. 그가 만약 모험가 기질을 가진 사람이라면 사람들이 흥미롭게 여길 만한 여러 사건들을 겪게 될 것이며, 우연히 그가 기록을 남겼다면 아마 이런 글이 되지 않았을까.

 그렇게 동전은 던져졌다.

 빙글빙글 돌다가 바닥에 떨어진 동전은 앞면일 수도 있고 뒷면일 수도 있다. 만물의 척도인 인간으로서의 나는 여기에 내가 본 것들을 나만의 언어로 풀어갈 것이며, 또 나민의 입을 통해 이야기할 것이다. 나는 동전의 앞면이 열 번 나올 동안 오로지 한 번밖에 나오지 않은 뒷면만을 본 것일 수 있고, 또 그 반대일 수도 있다. 사실 그럴 가능성은 분명히 있으며, 변명의 여지도 없다. 내 입은 내 눈이 실제로 본 것만을 설명할 수 있을 뿐이기 때문이다.

ENTENDÁMONOS

No es éste el relato de hazañas impresionantes, no es tampoco meramente un "relato un poco cínico"; no quiere serlo, por lo menos. Es un trozo de dos vidas tomadas en un momento en que cursaron juntas un determinado trecho, con identidad de aspiraciones y conjunción de sueños. Un hombre en nueve meses de su vida puede pensar en muchas cosas que van de la más elevada especulación filosófica al rastrero anhelo de un plato de sopa, en total correlación con el estado de oquedad de su estómago; y si al mismo tiempo es algo aventurero, en ese lapso puede vivir momentos que talvez interesen a otras personas y cuyo relato indiscriminado costituiría algo así como estas notas.

Así, la moneda fué por el aire, dió muchas volteretas; cayó una vez "cara" y alguna otra "seca". El hombre, medida de todas las cosas, habla aquí por mi boca y relata en mi lenguaje lo que mis ojos vieron; a lo mejor sobre diez "caras" posibles solo vi una "seca", o viceversa, es probable y no hay atenuantes; mi boca narra lo que mis ojos le contaron. Nuestra vista nunca fué panorámica, siempre fugaz y no siempre equitativamente informada, y los juicios son demasiado terminantes; de acuerdo, pero ésta es la interpretación que un tecleado da al conjunto de los impulsos que llevaron a apretar las teclas y esos fugaces impulsos han muerto. No hay sujeto sobre quien ejercer el peso de la ley. El personaje que escribió estas notas murió al pisar de nuevo tierra Argentina, el que las ordena y pule, "yo", no soy yo; por lo menos no soy el mismo yo interior. Ese vagar sin rumbo por nuestra "Mayúscula América" me ha cambiado más de lo que creí. En cualquier libro de técnica fotográfica se puede ver la imagen de un paisaje nocturno en el que brilla la luna llena y cuyo texto explicativo nos revela el secreto de esa oquedad plena, pero la naturaleza del baño sensitivo conque está cubierta mi retina no es bien conocida por mí, apenas la intuyo, de modo que no se pueden hacer corrección sobre la placa para averiguar el momento real en que fué sacada. Si presento un nocturno créanlo o revienten, poco me importa, que si no conocen personalmente el paisaje fotografiado por mis notas, difícilmente conocerán otra verdad que las que les cuento aquí. Ahora los dejo ahora con migo mismo; el que fuí...

《모터사이클 다이어리》의 본원 원고 중에서

우리의 시야는 불완전하며, 세상 일은 너무 빨리 지나가고 우리가 늘 충분한 정보를 가지지 못하는 것은 아닐까? 우리가 우리의 판단을 너무 고집하는 것은 아닐까? 좋다. 그렇다 할지라도 이것이 내 손으로 자판을 두드리며 그 스쳐가는 충동을 해석한 방식이며, 이제 그 충동은 사라졌다. 게다가 그것을 책임질 사람도 없다.

아르헨티나 땅에 발을 디뎠던 그 순간, 이 글을 쓴 사람은 사라지고 없는 셈이다. 이 글을 다시 구성하며 다듬는 나는 더 이상 예전의 내가 아니다. '우리의 위대한 아메리카 대륙'을 방랑하는 동안 나는 생각보다 더 많이 변했다.

사진 교본을 들춰보면 밝은 달빛을 이용하여 분명히 밤에 찍은 아주 선명한 풍경의 이미지를 만날 수 있다. 이 '대낮 같은 어둠'의 마술적 영상 뒤에 숨은 비밀은 보통 교재 안에 자세히 설명되어 있다. 이 책을 읽는 여러분은 내 망막의 감광도를 잘 알지 못할 것이다. 나 자신도 그것을 알아내기 힘들다. 그래서 여러분은 내 '사진' 하나하나가 정확히 몇 시에 찍힌 것인지 밝혀낼 방법이 없다. 내가 사진 하나를 제시하며 밤에 찍은 거라고 말하면 내 말을 믿을 수도, 믿지 않을 수도 있다는 뜻이다.

이것은 나에게 그다지 중요한 문제가 아니다. 여러분이 내 글에 '찍혀 있는' 풍경을 모르는 상태라면 내가 말하는 진실에 대해 다른 대안을 찾기 어렵기 때문이다. 하지만, 이제 나는 여러분을 떠나려 한다. 예전의 나 자신과 함께….

산 마르틴 데 로스 안데스

길은 거대한 안데스 산맥에 다가왔음을 알려주는 낮은 구릉 사이를 구불구불 돌더니 갑자기 가파르게 경사져 보잘것없는 초라한 마을로 이어졌다. 마을은 웅장한 삼림이 우거진 산들에 둘러싸여 있었다.

산 마르틴은 연두 빛이 나는 경사면에 위치해 있었는데, 둘레가 자그마치 35킬로미터나 되고 가장 긴 부분의 폭이 5백미터에 달하는 라카스 호수의 푸른 물 속에 잠겨 있는 듯했다. 마을은 그곳에 잠시 묵었던 한 관광객에게 '발견된' 그 때 이후로 교통 문제도 해결되었고, 물질적으로도 안정되었다.

그곳의 병원을 일차 목표로 삼았던 우리의 계획은 완전히 무산되었다. 하지만 한번 들러보라는 말을 듣고 찾아간 국립공원 사무실에서 공구 보관창고에 묵어도 좋다는 공원 관리인의 허락을 받았다. 그때 야간경비원이 나타났다.

무섭게 생긴 얼굴에 140킬로그램은 나감직한 거구의 뚱뚱한 이 사람은 손톱처럼 단단해 보이는 얼굴을 하고 있었다. 그런데 뜻밖에도 친절한 태도로 자기 오두막에 와서 요리를 해먹으라고 했다. 더할 나위 없이 완벽한 첫날밤을 보냈다. 우리는 짚을 깔아 놓은 따뜻한 창고에서 만족스럽게 잠이 들었다(밤이 대단히 추운 이런 지역에서는 바닥에 꼭 짚을 깔아야 한다).

다음날, 쇠고기를 조금 사놓고 호숫가로 산책을 나갔다. 문명의 손길이 닿지 않은 거대한 나무들 아래서 우리는 여행이 끝나면 이곳에다 연구실을 만들기로 했다. 호수 전체가 내다보이는 커다란 창들과 눈 덮인 대지, 호수를 건널 때 사용하는 작은 배 그리고 작은 배에서 즐기는 낚시, 처녀림 속으로의 여행들을 상상했다.

많은 곳을 여행하며 가끔은 그곳에 머물고 싶다는 생각이 들기도 했었지만, 아마존 정글을 제외하고는 이곳처럼 우리의 정착 본능을 강하게 자극한 곳은 없었다.

나는 지금 내가 하고 있는 행동을 보면서 나의 운명이 여행임을 알았다. 아니, 어쩌면 여행이 '우리의 운명'이라고 말하는 편이 맞을 것이다. 알베르토도 나와 다르지 않기 때문에.

그러나 남부의 그런 아름다운 곳에서 살고 싶다는 생각이 들 때도 있다. 아마도 언젠가는 세상을 돌아다니다가 지치면 아르헨티나로 돌아와 안데스 산맥의 호숫가에 정착하게 될 것이다. 그렇지 않으면 최소한 내가 세상에 대해 깨달음을 얻게 되고 또 다른 깨달음을 얻기 위해 출발하기 전까지만이라도 머물 수 있을 것이다.

해질 무렵에 우리는 발길을 돌렸고 도착했을 때는 이미 날이 어두워져 있었다. 그런데 놀랍고 기분 좋은 일이 우리를 기다리고 있었다. 야간경비원인 돈 페드로 올라테가 우리를 위해 바비큐를 준비해 놓은 것이다. 우리는 답례로 와인을 샀다. 그리고 기분전환 삼아 사자처럼 먹어댔다.

우리가 고기가 정말 맛있다거나 얼마 있으면 아르헨티나의 이런 푸짐한 식사를 즐기지 못할 거라는 등의 말들을 주고받고 있을 때, 돈 페드로가 말했다. 이번 일요일에 이 마을에서 자동차 경주가 열리는데 선수들을 위한 바비큐 파티를 준비해달라는 요청을 받았다는 것이다. 도와줄 사람이 두 명 필요한데 우리가 그 일을 해줄 수 있겠느냐고 물었다.

"돈을 줄 수가 없어서 미안한데, 대신 끝나고 나면 고기는 실컷 먹을 수 있을 거요."

나름대로 꽤 좋은 생각인 듯했다. 그래서 우리는 이 '남부 아르헨티나 바비큐 파티의 일인자'를 돕는 수석 '조수'가 되기로 했다.

우리 두 조수는 거의 종교적인 열정으로 일요일을 기다렸다. 그날 새벽 6시, 우리의 첫 임무가 시작됐다. 트럭에 장작을 싣고 바비큐 파티장으로 운반하는 일이었다. 그 때부터 밤 11시까지 쉬지 않고 일했다. 파티의 시작을 알리는 신호가 떨어지자 갈비를 먹으려고 사람들이 우르르 몰려들었다.

괴상한 용모의 사내가 파티장을 돌아다니며 일꾼들에게 명령을 내렸다. 나는 그 사람에게 한마디 할 때마다 '주인님'이라는 말을 붙이며 일부러 과장되게 굽실거렸다. 나중에 동료 일꾼 하

폰데로사II, 에르네스토의 또 다른 로시난테, 1951년

나가 내게 충고했다.

"이봐, 체. 돈 펜돈에게 너무 아양 떨지 마. 그가 화를 낼 거야."

"돈 펜돈이 누구예요?"

나는 다소 거칠게 물었다. 돈 펜돈은 바로 그 '주인님'이라는 것이다. 그 말에 잠시 주춤했으나, 그 효과는 그리 길지 않았다.

바비큐 파티가 다 그렇듯이 술과 고기는 사람들이 모두 배불리 먹고도 남았다. 그래서 우리는 미리 신중하게 계획해 두었던 것을 실행에 옮기기로 했다. 나는 술에 취해 금방이라도 토할 것처럼 비틀대며 시냇가로 걸어갔다. 내 가죽재킷 안쪽에는 붉은 와인 한 병이 숨겨져 있었다. 이런 식으로 다섯 번을 왔다갔다 하면서 같은 숫자만큼의 와인 병을 버드나무 아래의 시원한 물 속에 담가 놓았다.

파티가 끝나고 짐을 꾸려 마을로 돌아가야 할 시간이 되자 나는 맡은 역할을 다했다. 마지못해 일을 하는 척하면서 사사건건 돈 펜돈의 성미를 건드렸고, 끝내는 한 발자국도 못 움직이겠다는 듯 풀밭 위에 벌렁 드러누웠다. 이번에는 착한 친구 역을 맡은 알베르토가 나설 차례였다. 그는 나 대신 돈 펜돈에게 사과하고, 자신이 뒤에 남아 친구를 돌볼 테니 먼저 가라고 그를 설득했다. 트럭 소리가 저만치 멀어지자 우리는 벌떡 일어나 와인 숨긴 곳을 향해 망아지처럼 달려갔다. 그 정도 양이면 며칠은 호사를 부릴 수 있을 것이다.

먼저 도달한 알베르토가 버드나무 아래로 몸을 던졌다. 그런데 그의 얼굴이 코미디 영화에서나 나올 법한 표정으로 바뀌었다. 그곳에는 아무것도 없었던 것이다! 나의 술 취한 연기에 아무도 속아 넘어가지 않았거나 아니면 내가 와인을 슬쩍하는 걸 누군가 본 것이 틀림없었다.

우리는 전과 마찬가지로 빈손이었다. 웃으면서 취기어린 나의 장난을 받아주었던 녀석들 가운데 우리가 숨겨둔 와인을 가져간 녀석이 누구인지 알아내보려고 머리를 굴렸다. 하지만 허사였다. 어쩔 수 없이 우리는 미리 받은 빵과 치즈, 그날 밤 먹을 약간의 고기를 들고 터덜터덜 마을로 걸어가야 했다. 배부르게 먹고 마셨지만 우리 둘 다 풀이 죽어 있었다. 와인을 챙기지 못해서가 아니라 그들이 우리를 바보로 만들었기 때문이었다. 그 기분을 말로는 설명할 수가 없다.

일곱 호수의 길

우리는 '일곱 호수의 길'을 지나 바릴로체에 가기로 했다. 마을에 도달하려면 그 숫자만큼의 호수를 돌아야 하기 때문에 지어진 이름이다. 처음 몇 킬로미터를 여행하는 동안 포데로사는 심각한 기계적 고장 없이 안정된 상태를 유지했다.

어두워지자 우리는 낡고 부서진 헤드라이트를 핑계 삼아 어느 노동자의 오두막에서 하룻밤을 지낼 수 있었다. 아주 딱 들어맞는 계략이었다. 그날 밤의 추위는 유례없이 혹독한 것이었기 때문이다.

너무 추워지자 한 사람이 찾아와서 담요를 빌릴 수 있겠느냐고 물었다. 아내와 함께 호숫가에서 캠핑을 하고 있는데 너무 추워 몸이 꽁꽁 얼어붙는 것 같다는 것이다. 우리는 텐트와 배낭에 담긴 살림살이만으로 호숫가에서 살고 있는 사연이 많아 보이는 그 부부와 함께 마테를 마시려고 찾아갔다. 그들에 비하면 우리의 살림살이는 호화롭게 여겨졌다.

우리는 다시 출발했다. 우리의 코를 애무하는 듯한 자연의 향기를 맡으며 태고의 숲이 에워싸고 있는 크고 작은 호수들을 지나갔다. 그러나 이상하게도 호수와 숲, 정갈한 정원이 있는 외딴집의 풍경에 금방 싫증이 느껴지기 시작했다. 아무리 아름다운 곳이라도 겉모습만 훑어보면 단조롭고 지루하게 느껴질 뿐 그곳이 가진 내면의 세계를 알 수 없다. 그래서 최소한 며칠은 머물러야 하는 것이다.

마침내 우리는 라고 나우엘 우아피 호수 북쪽 끝에 도착했다. 푸짐한 바비큐 파티를 벌인 후 포만감을 느끼며 만족스럽게 호숫가에서 잠이 들었다. 그러나 다음날 다시 길을 떠나자마자 뒷바퀴에 구멍이 나서 바퀴 안쪽의 튜브와 지루한 싸움을 벌여야 했다. 한쪽을 때우면 또 다른 쪽에 구멍이 났다. 땜질을 할 재료도 다 떨어져버렸고 결국 그곳에서 밤을 보낼 수밖에 없었다.

자신도 젊은 시절에 오토바이를 타고 질주한 적이 있다는 한 오스트리아 출신 관리인이 빈 헛간을 내주며 하룻밤 묵으라고 했다. 그는 우리를 도와주고 싶은 마음과 윗사람의 질책이 두려운 마음 사이에서 안절부절못하고 있었다. 그는 어눌한 스페인어로 그 지역에 퓨마가 산다고 말해주었다.

"퓨마는 성질이 사나워요. 사람에게도 덤벼든다니까요. 그 놈들에게는 금빛 갈기가 있는데…"

헛간 문을 닫으며 우리는 그것이 마구간 문과 비슷하다고 생각했다. 밑의 반쪽밖에 닫히지 않았기 때문이다. 나는 한밤중에 퓨마가 들이닥치면 단단히 혼을 내주리라 결심하고 혹시 몰라 머리맡에 권총을 놓아두었다. 녀석에 대한 생각이 영 머리에서 떠나질 않았다.

날이 밝아올 무렵, 문을 긁어대는 발톱 소리에 놀라 잠에서 깨어났다. 겁에 질린 알베르토가 내 옆에서 숨을 죽이고 있었다. 나는 만반의 준비를 하고 권총을 치켜들었다. 어두운 문 그림자 뒤에서 반짝이는 두 개의 눈동자가 나를 바라보고 있었다. 고양이 비슷한 그 눈동자가 와락 앞으로 달려들며 검은 몸뚱이가 헛간 문 위로 날아올랐다.

그것은 완전히 본능이었다. 생각할 겨를도 없었다. 오직 자신을 보호해야겠다는 본능만으로 방아쇠를 당겼다. 한참 동안 벽에 쿵쿵 부딪히는 소리가 이어지더니, 곧 사람들이 횃불을 들고 나타나 우리를 향해 버럭버럭 소리를 질렀다. 영문을 몰라 침묵만 지키던 우리는 얼마 뒤에야 왜 관리인이 고함을 쳐대고 그의 아내가 미친 듯이 흐느껴 우는지 그 이유를 알게 되었다. 그 여자는 죽은 개의 몸뚱이를 끌어안고 있었다. 녀석은 그녀의 지저분하고 성질 나쁜 애완견이었던 것이다.

알베르토는 앙고스투라에 타이어를 고치러 갔고 나는 오늘밤 혼자 별을 보며 자야겠다고 생각했다. 우리를 살인자처럼 여기는 사람들에게 숙소를 부탁할 수는 없었다. 다행히 우리의 포데로사는 우리를 다른 노동자의 오두막 근처까지 실어다주었고 그 사람은 자기 친구와 같이 부엌에서 자도 괜찮다고 허락했다.

한밤중에 빗소리를 듣고 깨어난 나는 오토바이에 방수천을 씌우러 나가려다가, 베개 대신 베고 잔 양털 때문에 천식 기운이 재발하는 걸 느꼈다. 가슴이 답답해진 나는 흡입기로 몇 번 숨을 들이켰다. 그런데 훅훅대는 그 숨소리에 같이 잠을 자던 남자가 잠을 깼나 보다. 갑자기 몸을 꿈틀대더니 이내 잠잠해졌다. 나는 그가 담요 밑에서 숨을 죽인 채 단검을 움켜쥐고 있다는 것을 알았다. 전날 밤의 기억이 아직 생생한 터라 나는 그 자리에서 꼼짝도 않기로 결심했다. 자칫 칼을 맞는 사태가 일어날까 두려웠다. 이 마을에서는 착각도 전염이 되는지 모르니까.

라 지오콘다의 미소

우리의 모험은 새로운 단계로 접어들었다.

우리는 우리의 이상한 옷차림과 포데로사의 볼품없는 모습 때문에 우리들에게 쏟아지는 시선에 익숙해졌으며, 천식환자처럼 헐떡이는 포데로사의 엔진소리는 우리를 재워주는 주인들로부터 연민을 불러일으키곤 했다.

어떤 의미에서 우리는 길 위의 기사들이었다. 우리야말로 끝도 없이 여행하는 이른바 '방랑 귀족'에 속했으며, 나무랄 데 없이 인상적인 직함들이 찍혀 있는 명함도 갖고 있었다. 하지만 더 이상은 그런 고상한 방랑 귀족이 아니었다.

이제 우리는 그저 등에 배낭을 짊어진 히치하이커에 불과했다. 길 위의 먼지를 온통 뒤집어쓴 우리의 행색에서 이전의 귀족적 풍모를 찾아내줄 사람은 없었다.

트럭 운전사는 우리를 도시 위쪽 외곽에 내려주었다. 도시로 들어가는 초입부터 우리는 녹초가 되어 기진맥진한 발걸음으로 가방을 질질 끌며 걸었다. 호기심 어린 눈초리들이, 때로는 방관자의 무관심한 눈길이 우리를 따라다녔다. 멀리 바라보이는 항구에서 배들이 우리를 유혹하듯 불빛을 깜박거렸고, 비릿한 냄새로 우리의 콧구멍을 벌름거리게 하는 검고 매혹적인 바다는 우리를 향해 소리치는 듯했다.

우리는 빵을 조금 샀다. 당시에는 너무 비싸다고 느꼈지만 나중에 북쪽 지방으로 올라가 보니 오히려 그곳이 싼 편이었다. 빵을 산 뒤 우리는 계속 언덕 아래로 걸어 내려갔다. 알베르토는 완전히 기진맥진해 있었다. 내색하지는 않았지만 나 역시 지칠 대로 지쳐 있었다.

트럭 정류장을 발견한 우리는 그곳 사무원에게 불쌍한 얼굴로 우리가 산티아고에서부터 여기까지 오며 겪었던 어려움을 자세하고 장황하게 늘어놓았다. 그는 널빤지가 깔린 헛간에서 잘 수 있게 해주었다. '호미니스'라고 불리는 여러 노동자들과 함께 자야 했지만 적어도 머리 위로 지붕이 있었다.

우리가 잠을 자려고 할 때였다. 트럭정류장 근처의 싸구려 음식점에서 묵고 있던 한 동포가 우리의 이야기를 전해 듣고 만나고 싶어 했다. 칠레에서 만남이란 곧 환대를 의미했고 우리 두 사람 중 누구도 이 뜻밖의 행운을 거절할 처지가 아니었다. 이 동포는 형제국(칠레)의 정신에 매료되어 있는 사람이었다. 그는 우리가 오랫동안 먹어보지 못한 생선을 대접했다. 와인도 훌륭했다. 그는 세심하게 배려했다. 아무튼 우리는 너무 잘 먹었고 그 다음날에도 초대를 받았다.

라 지오콘다는 아침 일찍부터 문을 열었고 우리는 우리 여행에 큰 관심을 보이는 주인과 이야기를 나누며 마테를 끓여 마셨다. 그리고 드디어 도시를 탐험하러 나섰다. 해변 끄트머리에 세워진 도시 발파라이소는 거대한 만이 한눈에 내려다보이는 그림처럼 아름다운 곳이었다.

도시가 성장하면서 주변의 구릉들까지 도시에 편입되었고 구릉에서 깎아낸 흙은 모두 바다에 버려졌다. 밧줄로 연결된 굽이치는 계단들로 여러 층을 이루고 있으며, 특이한 철제 주름 장식을 가진 건물인 박물관의 아름다움은 만의 푸르스름한 납빛 바다를 배경으로 한 형형색색의 집들과 대조를 이루어 더욱 돋보였다.

우리는 마치 정밀 탐사라도 하는 것처럼 더러운 계단과 어두운 통로를 구석구석 돌아다니며 그곳의 구걸하는 사람들과 이야기를 나눴다. 우리는 도시의 깊숙한 부분들을 볼 수 있었다. 그곳의 독기가 우리를 끌어들였다. 팽창된 콧구멍 속으로 가학적인 가난의 냄새가 빨려 들어오는 것 같았다.

이스터 섬으로 가는 배편이 있나 알아보려고 부두에 정박한 배들을 찾아다녔지만 기대하던 소식은 없었다. 앞으로 6개월간은 이스터행 배편이 없을 거라고 했다. 항공편이 매월 1회씩 있다는 정보를 얻긴 했지만 그것 역시 불확실했다.

이스터 섬! 제멋대로 솟구치는 우리의 상상도 그곳에 이르면 정지하곤 했다.

"거기서는 백인 '남자친구'를 사귄다는 게 대단한 영광이지요. 일이요? 하하! 여자들이 다 합니다. 당신들은 그냥 먹고 자고 하면서 여자들을 만족시켜주기만 하면 돼요."

이 놀라운 곳에서는 날씨도 완벽하고, 여자들도 완벽하고, 일도(일할 필요가 없다는 축복 때문에) 완벽하다. 우리가 거기서 1년을 보낸다고 해도 문제될 게 무엇인가! 공부, 일, 가족, 그런 것들을 누가 걱정할 것인가!

상점 진열대의 커다란 가재가 양상추 침대에 누워 우리에게 윙크하며 온몸으로 말하는 것 같았다. "나는 이스터 섬에서 왔어요. 날씨도 완벽하고, 여자들도 완벽한…"이라고.

우리는 라 지오콘다의 입구에 서서 우리의 동포가 나타나기를 끈기 있게 기다렸다. 그런데 도대체 나타날 기미가 없었다. 그때 라 지오콘다의 주인이 우리를 안으로 초대해 튀긴 생선과 묽은 수프를 곁들인 푸짐한 점심을 대접했다. 발파라이소에 머무는 동안 그 아르헨티나 동포와는 다시 만나지 못했지만, 대신 우리는 그 식당 주인과 매우 친해졌다.

그는 참 특이한 사내였다. 보통 손님들에게는 자기 식당의 형편없는 요리의 대가로 어마어마한 돈을 받으면서도 불쑥불쑥 찾아오는 가난한 부랑자들에게는 놀랄 만큼 관대했다. 그는 밥값으로 단돈 1센트도 지불하지 않은 우리를 매우 극진하게 대접했다. 그는 "오늘은 당신들 차례고, 내일은 내 차례가 될 거요"라고 말하곤 했는데, 그리 독창적이지는 않지만 제법 그럴듯한 경구였다.

우리는 페트로우에에서 온 의사들을 만나려고 해보았지만 그들은 일 때문에 시간이 나지 않았고 공식적으로는 우리를 만나려 하지 않았다. 그래도 우리는 그들이 어디에 있는지는 알고 있었다. 그날 오후 알베르토와 나는 각자 따로따로 움직였다.

알베르토가 의사들을 찾아간 동안, 나는 라 지오콘다의 종업원이었던 늙은 여자 천식환자를 진찰하러 갔다. 그 불쌍한 여자는 참으로 딱한 환경에 놓여 있었다. 그녀는 자기 집에서 유일하게 호사스러운 물품인 한 쌍의 팔걸이의자가 뿜어내는 먼지와 습하고 더러운 냄새가 뒤섞인 역겨운 공기를 마시며 살고 있었다. 그녀의 천식은 정점에 달해 이미 심장질환으로 발전해 있었다.

의사가 완전한 무력감에 빠져들 때가 바로 이런 상황이다. 할 수 있는 일이라고는 어떤 변화가 생기기를 바라는 것뿐이다. 불과 한 달 전까지만 해도 이 불쌍한 여자가 헐떡거리는 심장을 끌어안고 살기 위해 식당 종업원으로서 돈을 벌어야 했던, 바로 그 부조리한 체제를 타파할 변화 말이다.

이 같은 상황 속에서 생계를 꾸릴 수 없는 가난한 가족의 성원들은 가까스로 서로에 대한 적의를 감추고 살아간다. 그들은 더 이상 아버지, 어머니, 형제, 자매가 되지 못하고 단지 생존을 위한 투쟁에서 부정적인 요소로만 존재한다. 혹시라도 그들 중 한 명이 환자가 되면 그는 부양해야 되는 나머지 가족들의 원망의 대상으로 전락되기 마련이다.

내일을 기대할 수 없는 사람들이 세계 곳곳에 만연한 프롤레타리아계급의 거대한 비극적 삶을 이해하게 되는 지점은 바로 이곳이다. 이들의 죽어가는 눈동자 속에는 용서를 바라는 간절한 호소가 들어 있으며, 우리를 둘러싼 거대한 미스터리 속으로 곧 스러질 육신처럼 끝내 허공 속으로 흩어져버릴 위로를 바라는 절망적인 갈구가 내비친다.

계급제도라는 부조리한 이념에 기반한 현재의 질서가 얼마나 더 지속될지 나는 알 수 없다. 그러나 이제는 지배자들이 자신들의 치적을 선전하는 데 낭비하는 시간을 줄이고 사회적으로 유용한 일들에 더 많은, 훨씬 더 많은 돈을 써야할 때가 왔다.

그 여인을 위해 내가 할 수 있는 일은 많지 않았다. 그저 식이요법에 대해 몇 가지 조언을 해주고 이뇨제와 천식 치료제를 처방했다. 드라마민 정제가 조금 남아 있어 그것도 주었다. 그 집을 나설 때 늙은 여인은 분에 넘치는 감사의 말을 건넸지만 다른 가족들은 냉담한 눈으로 쳐다볼 뿐이었다.

이번에는 실패

이제 나는 콧수염을 길게 기른 술에 취한 선장을 분명히 볼 수 있다. 그리고 그 옆에 있는 선원들과 배 주인, 싸구려 포도주의 결과인 난폭한 행동도. 그들은 우리의 여행에 대해 이야기하면서 미친 듯이 웃어댔다. "이 사람들아, 잘 들어두게. 그들은 아주 흉악하다구. 분명히 네 배를 타고 있어. 바다에 나가면 그들을 보게 될 거야." 산 안토니오 호의 선장이 자기 친구나 동료에게 이런 비슷한 말을 흘렸음에 틀림 없었다.

당연히 우리는 이런 일이 일어날 거라고는 생각도 못했다. 출항 1시간 전, 우리는 수톤의 향기로운 멜론들 속에 완전히 파묻혀 편안하게 자리를 잡았다. 게걸스레 멜론을 먹어치우면서 우리는 선원들에 대해 얘기를 나누었다. 누가 제일 착한 사람인지도 말했다. 그들 중에 한 명의 공모자가 있어서 배를 탈수 있었고, 이렇게 안전한 장소에 숨어들 수 있었던 것이다.

바로 그때 성난 목소리가 들리더니, 덩치 큰 콧수염장이가 불쑥 나타났다. 우리는 기겁을 했다. 완벽하게 벗겨진 멜론 껍질이 일렬종대로 길게 늘어져서 잔잔한 바다 위를 떠내려가고 있었다. 그가 퍼부은 나머지 말들은 차마 입에 담지 못할 만큼 굴욕적이었다. 나중에 우리를 도와주었던 그 선원은 이렇게 말했다.

"이보게들, 선장이 멜론 냄새를 맡지 못하게 하려고 했는데 말이야, 글쎄 그 자가 그 멜론들을 보고 말았어. 그러고는 늘 하던 대로 '갑판 뚜껑 닫아. 한 놈도 놓치면 안 돼'라고 한 거야. 아무튼(그는 꽤 당황하고 있었다)…. 자네들은 그렇게 많이 먹지 말아야 했어!"

산 안토니오 호에서 온 여행 동료 중 한 사람은 자신의 훌륭한 생활 철학을 이렇게 한 구절로 요약했다. "이 개똥같은 놈들아, 지랄하지 마! 냉큼 일어나 개똥같은 너희 나라로 꺼져버려!" 그래서 우리는 더도 덜도 아닌 그 말 그대로 따랐다. 짐을 챙겨들고 구리 광산으로 유명한 추키카마타로 향했다.

그러나 그곳으로 곧장 가지는 못했다. 광산 방문에 필요한 당국의 허가증을 얻는 데 꼬박 하루가 걸렸다. 그 동안에 열렬한 박카스 신도인 선원들은 송별식을 베풀어주었다.

광산으로 가는 무미건조한 도로 위에 일정한 거리마다 가로등이 두 개씩 길쭉한 그림자를 드리우고 서 있었다. 우리는 그날 대부분을 새 가로등이 나타날 때마다 번갈아 서로에게 고함을 지르며 걸었다. 그렇게 가고 있는데 지평선 멀리 천식환자처럼 쿨럭대는 작은 트럭 한 대가 나타나 우리를 바케다노라 불리는 마을까지 태워주었다.

그곳에서 우리는 공산주의자인 칠레 노동자 부부를 사귀게 되었다(칠레 공산당은 불법화되어〔1948-58〕 많은 당원들이 이른바 민주주의보호법에 의해 탄압을 받았다). 양초 불빛 아래서 마테와 치즈 얹은 빵을 먹던 남자의 주름 가득한 얼굴에는 보일 듯 말 듯 비극적 분위기가 드리워져 있었다. 그는 소박하고 생생한 언어로 우리에게 석 달간 투옥되었던 이야기와 늘 배를 곯으면서도 성실하게 자신을 따르는 아내 이야기, 친절한 이웃들에게 맡기고 온 아이들 이야기, 번번이 실패하면서도 일거리를 찾아 오랫동안 방황한 이야기 그리고 쥐도 새도 모르게 사라져 바다 밑 어딘가에 있을 거라는 소문만 무성한 동지들에 관한 이야기를 들려주었다.

추위로 마비된 몸을 포개 황량한 밤을 견디던 그 부부는 전 세계 프롤레타리아계급의 살아 있는 표본 같았다. 그들은 누더기

담요 한 장도 가지고 있지 않았다. 담요 한 장을 그들에게 내주고, 나머지 한 장으로 알베르토와 함께 최대한 꽁꽁 덮어써야 했다. 그날 밤은 내 생애 가장 추웠던 밤들 중 하루인 동시에, 어쨌든 내게는 생소한 이런 부류의 사람들을 더 가깝게 느끼게 해준 밤이었다.

다음날 아침 여덟 시, 우리는 추키카마타까지 우리를 태워줄 트럭을 만났다. 유황 광산으로 떠나는 그 부부와는 작별을 고해야 했다. 그들이 찾아가는 유황 광산은 기후가 나쁘고 환경이 열악해서 노동 허가증도, 정치적 성향도 문제 삼지 않는 곳이었다. 유일한 문제는 그들이 겨우 굶어죽지 않을 만큼의 빵으로도 건강을 유지할 가능성이 있느냐는 것이었다.

그 부부는 형체를 알아보기 힘들 만큼 멀어져 갔지만 우리는 아직도 그 남자의 결연한 얼굴을 떠올릴 수 있었으며, 단도직입적인 그 남자의 초대도 기억했다. "동지들, 이리 오시오. 같이 먹읍시다. 나도 떠돌이요." 이 말 속에는 우리의 맹목적인 여행 속에 잠재되어 있는 기생성에 대한 은근한 경멸이 들어 있었다.

이런 사람들을 억압한다는 것은 매우 안타까운 일이다. 집산주의, 이른바 '공산주의라는 기생충' 이 삶을 황폐하게 하는 위험한 것인지 아닌지는 모르겠지만 그의 내면에 자리 잡고 있던 공산주의는 보다 나은 삶을 향한 자연스러운 동경이나 마찬가지였다.

끝날 줄 모르는 배고픔에 대한 저항이 공산주의라는 생소한 교리에 대한 사랑으로 전화된 것이다. 그는 비록 그 교리의 본질을 결코 이해하지 못했지만 '가난한 자에게 빵을!'이라는 구호로 대변된 공산주의는 이해할 수 있었다. 그리고 보다 중요한 건 그것으로 인해 희망을 가질 수 있었다는 것이다.

추키카마타에 도착하자, 유능해 보이지만 거만한 미국인 광산 관리자들이 나타나 서툰 스페인어로 말했다. "이곳은 관광도시가 아닙니다. 광산 시설을 30분쯤 둘러볼 수 있도록 안내원을 붙여드리지요. 그 다음에는 제발 이곳을 떠나주십시오. 우리는 할 일이 많습니다."

그곳에서는 곧 파업이 일어날 것 같았다. 양키 광산업자의 충실한 앞잡이긴 했지만, 그 안내인은 이렇게 말했다. "멍청한 양

산 안토니오 호를 타고
호수를 건너 칠레로 들어가는 체, 1952년 2월

키놈들. 불쌍한 노동자들에게 단돈 1센트도 더 주지 않으려고, 파업으로 매일 수천 페소를 날리고 있어요. 우리 이바네스 장군(카를로스 아바네스 델 캄포는 1952년부터 1958년까지 칠레의 대통령이었다. 민중주의자였으며 당선되면 공산당을 합법화하겠다고 공약했다)이 권력을 잡으면 그런 문제는 다 해결될 거요."

시인 기질이 엿보이는 또 다른 현장주임은, "이게 그 유명한, 구리를 채굴하는 순차 공정입니다. 많은 사람들이 우리에게 기술적 문제들에 대해서는 묻지만 그 사이 얼마나 많은 생명이 희생됐는지는 거의 묻지 않아요. 의사 선생님들, 나도 몰라서 말해주지는 못하지만 아무튼 그걸 물어줘서 고맙소"라고 말했다.

냉혹한 효율과 무기력한 분노가, 증오심에도 불구하고 함께 손을 잡고 그 거대한 광산을 움직이고 있었다. 한쪽 편은 생존 때문에, 다른 한쪽 편은 이윤를 위해….

언젠가 우리는 광부들이 노동의 대가를 즐겁게 받아가고 먼지 낀 폐를 웃음으로 씻어낼 날을 보게 될지도 모른다. 그들은 그것이 세상 저쪽, 붉은 빛이 피저 나오는 곳에서 이뤄지고 있다고 말했다. 그들은 그렇다고 했다. 나는 잘 모르겠다.

칠레를 회고하며

이 여행기를 쓰면서 나는 내가 처음 접하는 것들에 흥분했고 열정에 사로잡혀 있었다. 그래서 여기에는 과장되거나 주의 깊은 과학적 호기심과는 다소 동떨어진 것들도 포함되어 있다. 그렇지만 여행기를 쓴지 1년이 훨씬 지난 지금, 칠레에 대한 현재의 내 견해를 밝히는 것은 그리 적절치 않다고 본다. 그보다는 이미 내가 쓴 것들에 대해 다시 한번 생각해보는 게 나을 듯하다.

우리의 전공 분야인 의학 방면부터 살펴보자. 칠레의 의료 서비스는 부족한 점이 많다(다른 나라들보다는 훨씬 낫다는 것을 나중에야 알게 되었지만).

무료로 운영되는 공공 병원이 절대적으로 부족했으며 심지어 몇몇 포스터에서는 이렇게 말하는 듯했다.

"이 병원 운영에 도움을 주는 것도 아니면서 왜 불평해?"

일반적으로 진료는 무료지만, 입원하면 사소한 액수에서 합법적 강탈에 가까운 터무니없는 액수까지 다양하게 돈을 지불해야 한다. 추키카마타 광산에서 병들거나 다친 노동자들은 칠레 화폐로 하루에 5에스쿠도만 지불하고 약을 타거나 치료를 받는다. 그렇지만 광산에서 일하지 않는 사람은 하루 300에서 500에스쿠도를 내야 한다.

병원들은 영세한데다 약품과 적절한 의료시설도 부족하다. 우리는 한심할 정도로 어둡고 더러운 수술실을 목격하곤 했다. 작은 마을뿐 아니라 발파라이소 같은 도시의 병원도 그랬다. 수술 기구도 제대로 갖춰져 있지 않았다. 이밖에도 위생 관념이 희박해서 화장실이 매우 더러웠다. 사용한 화장지를 바닥이나 비치된 통에 버리는 게 칠레인의 습관이었다(나중에서야 남아메리카 전역이 그렇다는 걸 알게 됐다).

칠레의 생활수준은 아르헨티나보다 낮다. 특히 남부는 실업률이 높고 임금 수준이 낮았으며, 정부도 노동자들을 거의 보호해주지 않았다(그나마 남아메리카대륙의 북쪽에서 제공되고 있는 것보다는 낫다고 하더라도). 이러한 상황이 많은 칠레인들로 하여금 전설의 황금 도시를 찾아 아르헨티나로 이주하게 만든다. 물론 황금 도시는 안데스 산맥 서쪽에 사는 사람들을 기만하는 정치적 선전에 불과하다.

한편 북부의 구리, 질산염 그리고 유황을 캐는 광산 노동자들은 상대적으로 높은 임금을 받는다. 하지만 그곳은 물가가 비싸고 생필품이 부족하며 기후가 가혹하니 만큼 나쁘다. 나는 추키카마타 광산의 한 관리자가 그 지역 묘지에 묻힌 만 명이 넘는 노동자들의 유족들에게 지불된 보상금이 얼마나 되냐는 내 질문에 답을 회피한 채 의미심장하게 어깨를 으쓱하던 모습을 기억한다.

정치적 상황은 혼란스럽다(이 글은 이바네스가 선거에서 승리하기 전에 씌어졌다). 4명의 대통령 후보들이 나왔는데 그 중 카를로스 이바네스 델 캄포가 가장 유력하다. 독재적 성향과 페론과 유사한 정치적 야심을 가진 퇴역 군인인 그는 민중들에게 군사독재에 대한 열망을 불러일으키고 있다. 그의 권력 기반은 '인민사회당'이며 그 배후에 여러 소수 정파들이 연합해 있다.

두 번째로 유력한 주자는 페드로 엔리케 알폰소이다. 공식적인 집권당 소속 후보지만 정치적인 색채가 모호하다. 그는 미국인들과 절친한 듯하며 거의 모든 정당들에게 추파를 던지고 있다.

다음, 우익의 선두 주자로서 아르투로 마테 라라인이라는 거물이 있다. 그는 알레산드리 전 대통령의 사위로서 반동적인 분파들 전체의 지지를 받고 있다. 마지막 주자는 '인민전선'의 후보인 살바도로 아옌데(아옌데는 1970년 칠레 대통령으로 선출되었다. 이후 1973년에 미국이 지원한 쿠데타로 피노체트가 집권하여 17년간 독재를 자행했다)로서 공산주의자들의 지지를 받았다. 이들 공산주의자들의 표는 약 4만여 명이 공산당 가입을 이유로 투표권을 상실하면서 그만큼 줄어들었다.

이바네스는 미국에 대한 증오심을 이용하여 인기를 얻는 라틴 아메리카주의 정책을 고수할 것 같다. 그 정책이란 광산의 국유화(미국이 어마어마한 매장량을 자랑하는 페루 광산들을 소유하고 있고, 또 실제로 그 광산들을 채굴할 준비가 되어 있다는 사실을 생각해본다면, 적어도 짧은 기간에 칠레 광산의 국유화가 실현될 수 있을지 나는 회의적이다)와 철도의 국유화 그리고 아르헨티나와 칠레간의 실질적인 무역 확대 등이다.

하나의 국가로서 칠레는, 프롤레타리아가 아닌 한 누구든지 칠레를 위해 일하고자 한다면 틀림없이 경제적 이익을 약속한다. 다시 말해 어느 정도의 교육 수준과 기술을 가지고 있는 사람들에게 말이다. 칠레는 전 인구를 먹여 살리기에 충분한 가축(특히 양)과 곡물을 보유하고 있다. 철, 구리, 석탄, 주석, 금, 은, 망간, 질산염 등 강력한 공업국으로 발전하는 데 필요한 지하자원도 보유하고 있다.

단지 칠레는 자신의 등짝에 붙어 있는 양키라는 성가신 친구를 떨궈내는 것이 당면 과제다. 하지만 그 과제는 적어도 얼마동안은 헤라클레스의 수고만큼이나 힘겨울 것이다. 미국이 이미 칠레에 투자한 자본과 자국의 이익이 위협받을 때 손쉽게 사용해 온 경제적 압력 수단들을 고려한다면 말이다.

세계의 배꼽

쿠스코는 지나간 역사를 되돌아보게 하는 독특한 도시이다. 쿠스코의 거리마다 쌓여 있는 다른 시대의 보이지 않는 흔적들은, 마치 호수 바닥을 건드리면 진흙이 피어오르듯 떠오른다. 쿠스코는 하나가 아니다. 두세 개의 쿠스코가 존재한다. 아니, 그보다는 쿠스코를 불러내는 두세 가지 방법이 있다고 말하는 것이 더 좋겠다.

마마 오클로가 던진 황금의 쐐기가 너무나도 쉽게 땅에 박히는 것을 본 최초의 잉카인들은 이곳이 비라코차가 자신들을 위해 선택한 신성한 장소임을 깨달았다. 그들은 이전의 유목생활을 버리고, 그들에게 약속된 땅의 정복자가 되었다.

새로운 땅에 대한 간절한 열망을 가지고 있었던 잉카인들은 자신들의 강력한 제국이 성장하는 것을 지켜보았고, 산으로 둘러싸인 허술한 경계선 너머를 항상 꿈꾸었다. 세계의 배꼽, 정복지의 중심인 쿠스코에서 그랬던 것처럼 정복지를 요새화하면서 타우안틴수유를 확장시켰다(마마 오클로는 잉카의 첫 번째 황제인 망코 카팍의 누이이자 아내였다. 전설에 따르면 둘은 티티카카 호수에서 동시에 태어났고, 이는 남성과 여성의 일체성과 평등을 상징한다. 비라코차는 잉카의 창조신이다. '4방위'라는 말의 타우안틴수유는 잉카제국을 의미하며, 그 중심은 쿠스코이다).

그리고 제국이 성장하자, 잉카인들은 필수적인 방어를 위해 사스카우아만이라는 강력한 요새를 만들었다. 요새는 쿠스코 시가지를 굽어보며 왕궁과 사원을 적들의 공격으로부터 보호했다. 이러한 쿠스코의 옛 모습은 안타깝게도 무지한 스페인 정복자들의 어리석음으로 인해 파괴된 요새와 폐허가 된 사원들, 약탈된

페루의 쿠스코, 세계의 배꼽을 향하여, 1952년

왕궁들 그리고 황폐화된 인디오의 슬픈 얼굴 속에서 엿볼 수 있을 뿐이다. 당신을 곤봉을 든 전사로 만들어 잉카인들의 자유와 생명을 지키도록 하는 것은 바로 쿠스코의 이런 모습이다.

더 높은 곳에서 내려다보면, 파괴된 요새를 대체하는 또 다른 쿠스코의 모습을 볼 수 있다. 형형색색의 타일로 덮인 지붕들과 이들이 이루는 부드러운 통일성을 깨뜨리는 바로크양식의 교회 돔 그리고 도시가 멀어질수록 더 눈에 잘 띄는 쿠스코의 좁은 거리들, 전통 복장을 입은 원주민들, 그 모든 지방색들. 쿠스코의 이런 모습은 당신을 그저 지나가는 관광객으로 만들어, 모든 것들을 피상적으로 보게 하고 납빛 겨울 하늘의 아름다움에 취하게 한다.

그러나 또 다른 강렬한 도시로서의 쿠스코가 아직 남아 있다. 이 세 번째 쿠스코는 스페인의 이름으로 이곳을 정복한 전사들의 무시무시한 용맹을 증언하는 기념물들 속에서 찾아볼 수 있다. 박물관과 도서관 그리고 교회 장식에서도 볼 수 있고, 오늘날까지도 정복전쟁에 자부심을 느끼는 백인 지배자들의 분명하고 날카로운 용모에서도 찾아볼 수 있다. 쿠스코의 세 번째 모습은 갑옷을 입고 억센 말의 널찍한 등에 올라타, 병들어 울부짖는 한 마리 짐승에 불과한 무방비 상태의 인디오 무리들을 무참히 죽일 것을 요구한다.

이들 각각의 쿠스코는 저마다 의미가 있다. 쿠스코에 머무는 동안 우리는 그 각각의 모습을 제대로 보고자 노력했다.

지진의 신

지진 이후 처음으로 대성당에서 마리아 앙골라의 종소리가 울려 퍼졌다.

전설에 의하면 세상에서 가장 큰 종들 가운데 하나인 이 유명한 종에는 27킬로그램의 금이 들어 있다고 한다. 마리아 앙굴로라고 하는 부인이 종을 기증했으나 부인의 이름이 한 스페인어 속어(엉덩이를 뜻하는 스페인어가 culo이다)와 운이 같다는 사소한 문제로 종의 이름이 바뀌게 되었다고 전해진다.

1950년의 지진으로 파괴된 대성당의 종루를 복구하기 위한 비용은 프랑코 장군 정부(프랑코 장군은 1936년부터 그가 사망한 1975년까지 스페인의 군사 독재자였다)가 대주었는데, 그에 대한 감사의 표시로 악단은 스페인 국가를 연주하도록 명령받았다. 첫 번째 화음이 울리고 주교가 꼭두각시인형처럼 팔을 흔들었을 때, 주교의 빨간 머리장식이 마구 흔들렸다. "2년 동안의 작업이었는데, 이건 도대체 뭐지!"라는 한 스페인 사람의 성난 목소리가 들리는 동안, 주교는 "그만, 그만, 틀렸어" 하고 속삭이고 있었다. 고의로 그랬는지 아닌지는 알 수 없지만, 악단은 스페인 공화당가를 연주하기 시작한 것이었다.

암갈색 이미지의 예수로 그려지는 지진의 신은 오후에 대성당에 있는 자신의 장중한 집을 나선다. 도시를 관통하는 그의 순례는 모든 주요한 교회들을 거친다. 그가 지나갈 때마다, 떠돌이 군중들은 꽃을 한 움큼씩 서로 다퉈가며 던진다. 그 꽃은 그 지방 말로 누추라고 불리는 것으로 근처 산비탈에서 많이 자란다.

강렬한 붉은 꽃들과 진한 브론즈 빛깔의 지진의 신과 그것을 받치고 있는 은색 제단은 그 행렬에 이교도적 축제 분위기를 자아낸다. 그 느낌은 다양한 원색의 옷을 입은 인디오들에 의해 한층 짙어진다. 인디오들은 여전히 살아 있는 가치로 존재하는 문화와 삶의 방식에 대한 표현인 그 행사를 위해 자신들의 가장 훌륭한 전통 의상을 입는다.

이와는 대조적으로 유럽풍 의상을 한 일단의 인디오들이 행렬의 선두에서 깃발을 들고 행진한다. 지치고 부자연스런 그들의 얼굴은 망코 2세의 부름을 거절하고, 독립민족이었던 때의 자부심을 억누르며 패배에 좌절한 채 피사로에게 무릎을 꿇었던 케추아족의 모습을 닮았다.

지나가는 행렬을 보기 위해 모인 몸집이 작은 인디오 무리들 위로 이따금씩 북 아메리카인의 금발 머리가 언뜻언뜻 보인다. 카메라를 가지고 스포츠 셔츠를 입은 그는 고립된 잉카제국에서 길을 잃은 다른 세계에서 온 특파원처럼 보인다(그리고 실제로 그러하다).

성 게바라의 날

1952년 6월 14일 토요일은 이제까지 풋내기에 지나지 않았던 내가 24세가 되는 날이었다. 한 세기의 4분의 1을 넘어가는 분기점이자, 인생에서는 은혼식을 의미하기도 한다. 모든 것을 생각해보면, 지금까지 삶은 그렇게 나쁘지 않았다.

그날 이른 아침, 나는 내 운을 낚시로 다시 시험해보려고 강으로 갔다. 그러나 낚시는 마치 도박과도 같아서, 따면서 시작하고 잃으면서 끝난다. 오후에는 축구를 했다. 나는 여느 때처럼 골키퍼를 맡았는데 다른 때보다 훨씬 나은 경기를 펼쳤다. 브레스치아니 박사의 집에 들러 맛있는 저녁식사를 한 후, 환자들이 우리를 위해 마련한 파티에 참석했다. 식당에는 페루의 전통주인 피스코가 잔뜩 준비되어 있었다. 알베르토는 피스코가 중추신경계에 어떤 영향을 미치는지에 관해 아주 '풍부한 경험'을 가지고 있었다. 모두가 조금 취해서 들떠 있을 때 브레스치아니 박사가 우리에게 아주 따뜻하게 축배를 제안했다. 나는 피스코를 마시면서 약간 달아오른 채 이렇게 말했다.

"예, 방금 브레스치아니 박사께서 축배를 제안하셨는데, 저도 틀에 박힌 몸짓이 아니라 뭔가 특별한 방식으로 화답해야겠다고 느꼈습니다.

지금 저희가 여행자라는 불안정한 상태에서 여러분에게 드릴

페루의 아마존 강에서 '맘보 - 탱고'를 타고, 1952년

수 있는 것은 '말'밖에 없습니다. 지금 제가 그리고 같이 여행하는 제 친구가 가슴 깊이 느끼는 고마움을 전하기 위해 이 말들을 사용할 것입니다. 여기 계신 모든 직원들께 감사를 드립니다. 여러분은 저희를 잘 알지도 못하시는데도 우리에게 커다란 애정을 보여주셨고 마치 여러분 동료의 생일인 것처럼 저의 생일을 축하해주고 계십니다.

라틴아메리카를 처음으로 돌아보다 135

덧붙여 드리고 싶은 말씀이 있습니다. 며칠 있으면 저희는 페루를 떠날 것입니다. 그래서 지금 드리는 말씀은 작별 인사이기도 합니다. 저는, 타크나를 거쳐 페루에 도착한 이래 변함없이 저희에게 따뜻한 환대를 베풀어주신 페루의 모든 분께 깊이 고마움을 느끼고 있음을 다시 한번 강조하고 싶습니다.

이 축배의 주제와 상관없이 한 가지 더 말씀드리고 싶습니다. 저희가 너무도 보잘것없는 인물들이라 저희가 믿고 있는 이런 숭고한 이념의 대변자로서 적합하지 않다는 것을 잘 알고 있습니다. 우리는 아메리카 대륙을 여러 개의 불안정하고 실체가 없는 나라들로 쪼갠다는 것이 완전히 허구라고 믿고 있으며, 이번 여행을 통해 이런 믿음이 더욱 굳어졌습니다. 우리는 멕시코에서 저 멀리 마젤란해협에 이르기까지 두드러진 민족적 유사성을 가진 하나의 메스티조 민족입니다.

나 자신에게서 편협한 지역주의의 굴레를 벗어버리려는 뜻으로, 페루를 위하여 그리고 라틴아메리카 연방을 기원하며 축배를 제안합니다."

내 연설에 사람들은 박수갈채를 보냈다.

그리하여 누구나 잔뜩 마시고 취했으며, 새벽 3시가 되어서야 끝났다.

이 낯선 20세기

최악의 천식이 지나가고 한결 편안해졌다. 아직 새로 구입한 프랑스제 흡입용 마스크에 의지해야 할 때도 있었지만.

나는 알베르토의 부재를 뼈저리게 느꼈다. 그가 없다는 사실은 마치 옆구리가 미지의 공격에 무방비로 노출되는 느낌이었다. 문득 그와 얘기하려고 돌아보지만 그의 빈자리만 느껴질 뿐이었다.

사실 딱히 불편한 것은 없었다. 정성어린 보살핌, 좋은 음식, 집에 돌아가 공부를 다시 시작해 학위를 따고 의사가 된다는 희망. 그러나 알베르토와 헤어졌다는 생각 때문에 온전히 행복할 수 없었다. 좋건 싫건 함께 지내며 비슷한 상황에서 비슷한 꿈을 꾸는 데 익숙해졌던 지난 수개월은 우리 두 사람을 더욱 가깝게 만들어주었다. 나는 끊임없이 같은 생각에 빠져 카라카스 중심을 벗어나 표류하고 있었다.

교외의 집들은 서로 거리를 두고 떨어져 있었다. 카라카스는 좁은 계곡을 따라 뻗어 있었는데, 도시를 감싼 그 계곡에서는 조금만 걸어도 주위를 둘러싸고 있는 언덕으로 올라갈 수 있었다. 언덕에 오르면 발밑에 펼쳐진 카라카스의 새로운 얼굴, 화려한 도시의 모습이 보였다.

인종적 순수성을 유지해온 아프리카 흑인들은, 자신의 땅이 새로운 이주민인 포르투갈인들에 의해 침략당하는 것을 지켜보았다. 그리하여 두 인종은 지금까지 언쟁과 다툼으로 얽혀 힘겨운 삶을 함께 해왔다. 차별과 가난이 매일의 생존 투쟁에서 그들을 하나로 만들었지만, 삶에 대한 서로 다른 태도는 그들을 갈라놓았다.

흑인들은 게으른 몽상가였다. 얼마 되지 않는 돈을 경솔하게 쓰거나 술을 마시는 데 써버린다. 반면 포르투갈인들은 일한 뒤에 저축하는 전통을 가지고 있으며, 그로 인해 아메리카 이 구석까지 왔으며 번창하게 되었다. 심지어는 그들의 개별적 열망과 상관없이.

높은 곳으로 오면 콘크리트 집들은 완전히 사라지고 진흙으로 만든 오두막집 일색이다. 나는 그 중 하나를 슬쩍 들여다보았다. 그 집은 하나의 방을 칸막이로 나누어 둘로 쓰고 있었는데 한쪽에는 불을 피우는 장소와 탁자가 있고, 다른 쪽에는 침대로 쓰는 짚이 깔려 있었다. 여러 마리의 고양이와 지저분한 개 한 마리가 벌거벗은 흑인 아이들 셋과 놀고 있었다. 불 피울 때 나는 매운 연기가 방 안 가득했다. 곱슬거리는 머리칼과 축 늘어진 가슴을 가진 흑인 엄마는 열다섯 살쯤 되어보이는 소녀와 함께 식사를 준비하고 있었다.

문 앞에서 잠시 대화를 나눈 후 사진을 찍으려고 포즈를 취해 달라고 부탁했다. 그들은 사진을 바로 주지 않으면 찍지 않겠다고 완강히 거절했다. 현상을 해야 한다고 설명했지만 막무가내였다. 사진을 보내주겠다는 약속도 그들의 의심 앞에서는 소용없었다.

내가 가족과 이야기하는 동안, 아이 하나가 친구들과 놀기 위해 밖으로 빠져나갔다. 결국 나는 누구든 머리를 내밀면 찍을 수 있게 카메라를 준비해놓고 문 앞을 지키고 서 있었다. 그 작은 아이가 천진난만한 얼굴로 새 자전거를 타고 돌아오는 것을 볼 때까지 우리는 한동안 숨바꼭질을 했다. 초점을 맞춘 뒤 셔터를 눌렀는데 결과는 재앙이었다. 사진을 피하려던 아이가 균형을 잃고 땅에 쓰러져 울음을 터뜨렸다.

갑자기 가족 모두가 카메라에 대한 경계심도 잊은 채 달려와서는 욕을 퍼붓기 시작했다. 나는 달아나고 말았다. 그들의 돌팔매 솜씨는 너무나 잘 알려져 있었고, "이 포르투갈 놈아!" 하고 퍼부을 욕설이 두려웠기 때문이었다. 그들이 가장 화가 났을 때 쓰는 욕이다.

도로 양편 가장자리를 따라 포르투갈인들이 주거용으로 사용하는 컨테이너들이 점점이 흩어져 있었다. 그중 하나에는 흑인 가족이 살고 있었는데, 나는 거기에 새 냉장고가 있는 것을 볼 수 있었다. 많은 컨테이너에서 라디오 음악소리가 크게 흘러나오고 있었다. 새 차들은 가장 비참한 '집들' 밖에 세워져 있었다. 여러 종류의 비행기들이 소음을 내고 은빛 반사광을 뿌리며 머리

위로 날아갔다.

거기, 내 발 밑에 영원한 봄의 도시 카라카스가 있었다. 카라카스의 중심은 현대적인 건물들의 평평한 지붕과 닮아가는 붉은 타일 지붕들에게 위협받고 있었다. 그러나 식민시대의 건물들이 지도에서 사라져버린 뒤에도 그 노란색 색조를 계속 살아 숨쉬게 할 다른 무언가가 있다. 그것은 바로 카라카스의 정신이다. 북아메리카의 삶의 방식을 따르지 않고, 식민시대의 퇴행적이고 반쯤 목가적인 환경에 완고하게 뿌리내린 정신 말이다.

여백에 쓰는 이야기

그 작은 산골 마을에서는 별들이 밤하늘을 가르며 빛을 뿌리고 있었다. 마치 모든 견고한 것들이 허공으로 흩어지듯이(어떻게 설명해야 할지 모르겠다), 모든 개별성을 지우고 완고한 우리를 방대한 어둠으로 끌어당기는 듯 느껴졌나. 구름 한 점 없는 하늘은 별들로 가득했다. 몇 미터 떨어져 있지 않은 곳의 희미한 램프의 빛은 어둠을 몰아내지 못했다.

그림자에 가려진 그 남자의 얼굴은 뚜렷하지 않았다. 나는 단지 그의 눈에서 번뜩이는 섬광과 그의 앞니 네 개에서 뿜어져 나오는 어슴푸레한 빛만을 감지했을 뿐이다.

ACOTACION AL MARGEN

~~No había nada de accidente en la noche.~~ Las estrellas veteaban de luz el cielo de aquel pueblo serrano y el silencio y el frío inmaterializaban la oscuridad. Era-no se bien como explicarlo-como si ~~toda sustancia sólida~~ se volatilizara en el espacio etéreo que nos rodeaba, que nos quitaba la individualidad y nos sumía, yertos, en la inmensa ~~inmensidad sin límites a lo desconocido~~. No había una nube que, bloqueando una poción de cielo estrellado, diera perspectiva al espacio. Apenas a unos metros, la mortecina luz de un farol desteñía las tinieblas circundantes.

La cara del hombre se perdía en la sombra, solo emergían unos como destellos de sus ojos y la blancura de los cuatro dientes delanteros. Todavía no se si fué el ambiente o la personalidad del individuo el que me preparó ~~las cosas~~ para recibir la revelación, pero se que los argumentos empleados los había oído muchas veces esgrimidos por personas diferentes y nunca me habían impresionado. En realidad, era una ~~personalidad~~ tipo interesante nuestro interlocutor: desde joven huído de un país de Europa para escapar al cuchillo dogmatizante, conocía el sabor del miedo(una de las pocas experiencias que hacen valorar la vida) despues, rodando de país en país había dado con sus huesos en esa apartada región y allí esperaba pacientemente el momento del gran acontecimiento.

~~Despues~~ Luego de las frases triviales y los lugares comunes con que cada uno plantó su posición, cuando ya languidecía la discusión y estábamos por separarnos, dejó caer, con la misma risa de chico pícaro que siempre lo acompañaba, acentuado la disparidad de sus cuatro incisivos delanteros: "El porvenir es del pueblo y poco a poco o de golpe va ~~a~~ conquistar el poder aquí y en toda la tierra. Lo malo es que ~~el pueblo hay que~~ civilizarse y eso no se puede hacer antes si no despues de tomar ~~la poder~~ el poder. ~~Se~~ civilizará sólo aprendiendo a costa de sus propios errores, ~~errores~~ que seran muy graves, que costarán

《모터사이클 다이어리》의 원본 원고 중에서

나는 아직도 내게 계시를 느끼도록 예비한 것이 분위기였는지 아니면 그 사람의 인격이었는지 알 수 없다. 그러나 이미 다른 많은 이들로부터 여러 차례 그와 비슷한 이야기를 들었고 그것이 내게 아무런 인상도 남기지 않았음을 알고 있었다.

사실 그 대담자는 매우 흥미로운 사람이었다. 젊은 나이에 유럽의 한 나라에서 독단주의의 칼날을 피해 도망쳐온 그는 두려움(삶을 가치 있게 만드는 몇 안 되는 경험중의 하나)의 맛을 알고 있었다. 그 후로도 이 나라 저 나라를 떠돌며 언제 닥칠지 모르는 위대한 심판의 순간을 참을성 있게 기다리며 그의 뼈들이 이 고독한 곳에서 최후를 맞을 때까지 수천 개의 모험을 경험하고 있었다.

자신의 영역을 침범하지 않는 몇 마디의 의미 없는 말들이 오가다 대화는 주춤거리기 시작해 서로 각자의 길로 떠나려던 참이었다. 바로 그때, 그는 고르지 않은 네 개의 앞니를 드러내는 특유의 아이 같은 웃음을 지으며 말했다.

"미래는 민중의 것이지요. 조금씩 혹은 단번에, 그들이 권력을 잡을 겁니다 여기에서 그리고 모든 나라에서요.

문제는 민중은 교육받을 필요가 있는데, 권력을 잡기 전에는 교육받을 수 없고, 오로지 권력을 장악한 후에야 가능하다는 것이죠. 민중은 자신의 실수를 통해서만 배울 수 있는데, 이 실수라는 게 상당히 심각할 수도 있고, 무고한 많은 생명들을 희생시킬 수도 있습니다.

혹은 그렇지 않을 수도 있지만 그들은 무고할 수 없어요. 그들이 또한 자연에 대해 무거운 죄를 범할 것이기 때문이지요. 자연과의 부조화 말입니다.

조화를 이룰 능력이 없는 이들(예를 들면 당신과 나 말입니다)은 모두 커다란 희생을 감수함으로써 그 탄생을 도왔던 권력을 저주하며 죽을 거예요. 혁명이란 비인격적이죠. 사람들의 목숨을 빼앗아갈 것입니다. 그들의 기억을 모범으로 이용하기까지 하면서.

내 죄는 훨씬 더 큽니다. 당신이 그렇게 부르고자 한다면, '더 빈틈없고 경험도 많은' 나는 내 희생이, 무너져가는 우리의 썩은 문명을 상징하는 경직성으로 인한 것임을 알면서 죽을 것이기 때문이지요.

또한 나는(물론 이것이 역사의 방향을 바꾸거나 나에 대한 당신의 개인적 평가를 바꾸지는 않을 겁니다) 당신이 주먹을 굳게 쥐고 턱을 꽉 문 채 증오와 투쟁의 흔적을 고스란히 드러내며 죽을 거라는 걸 알고 있어요. 왜냐면 당신은 어떤 상징(생명력 없는 어떤 사례와 같은)이 아니라, 파괴되어야 할 사회의 참된 구성원이기 때문이죠. 집단의 정신은 당신의 입을 통해 나오고 당신의 행동에 동기를 부여하지요.

당신은 나만큼이나 유용한 존재입니다. 그러나 당신은 당신을 희생시키는 사회에 당신의 헌신이 얼마나 유용한지 하는 것은 모르고 있죠."

나는 역사를 예언하는 그의 이와 볼이 축 처진 웃음을 보았다. 나는 그의 악수를 느꼈고, 마치 멀리서 웅얼대는 듯한 작별인사도 느꼈다. 그의 말에 접촉하며 겹쳐지는 밤하늘이 다시 나를 감싸안으며 매혹한다.

그의 말에도 불구하고, 그제서야 나는 깨달았다. 만일 위대한 영혼이 인류를 두 개의 적대적인 진영으로 나눈다면, 나는 민중과 함께 할 것임을.

교의에 대해서는 절충적 위선자이고 도그마에 대해서는 정신분석학자인 나는 미친 사람처럼 헤매면서 바리케이드와 참호를 공격할 것이고, 피묻은 나의 무기를 잡고 분노에 사로잡힌 채 손에 걸리는 어떤 적이라도 도륙하는 내 모습이 밤하늘에 새겨지는 것을 본다.

어떤 거대한 피로감이 이 생생한 고양을 억눌러, 나의 과오를 궁극적으로 선언하고, 개별 의지의 위대한 통합자인 진정한 혁명을 위해 제물로 비쳐지는 내 모습이 보인다. 나는 팽창한 내 콧구멍이, 화약의 매캐한 냄새와 피 냄새 그리고 적들의 시체 냄새를 맛보고 있음을 느낀다.

나는 내 몸을 단련하고, 전투준비를 하여, 내 몸속이 승리한 프롤레타리아계급의 야수와 같은 환호가 새로운 힘과 희망으로 울려퍼질 수 있는 신성한 공간이 되도록 나 자신을 준비시키고 있다.

포데로사II와 친구들. 에르네스토(가운데 모자 쓴 이)와 알베르토 그라나도(왼쪽 맨앞), 1951년

젊은 에르네스토 게바라가 쓴 두 번째 라틴아메리카 여행 일기이다. 원본은 그의 개인 문서고에 보관되어 있다.

이 일기는 체 게바라가 부에노스아이레스를 떠난 1953년 7월 7일에 시작되어 멕시코에서 그의 딸 일디타가 태어난 1956년 2월 15일까지 이어지고 있다. 그 마지막 날 일기에는 마치 자신의 운명을 예언이라도 하는 것처럼 힘찬 말투로 다음과 같이 적고 있다.

"올해는 내 앞날에 중요한 해가 될 것이다."

여기서 우리는 체 게바라와 라 파스의 첫 만남이라는 주제로 그의 이야기와 이미지를 탐색해려고 한다. 라 파스(볼리비아의 수도. '평화'라는 뜻-옮긴이)는 체가 볼리비아에서 게릴라전투를 수행하던 도중 맞게 된 삶의 마지막 장을 장식한 도시이다. 그 서막을 알리는 이 일기에서 체는 절제된, 그러나 상기된 어조로 이렇게 말한다.

"일리마니 산의 웅장한 아름다움은… 자연이 내어준 만년설의 후광에 싸여 끊임없이 빛나고 있다."

체는 세 가지 시선으로 팔렌케(멕시코 유카탄 반도 남부의 마야 유적지-옮긴이)를 바라보고 있다. 하나는 그가 남긴 글이고, 다른 하나는 시이며, 마지막은 콜럼버스 이전 시기의 유적들을 담은 몇 장의 사진들이다. 날카로운 풍자와 풍부한 정보를 담은 체의 편지와 메모들은 그의 미완의 여행일기 속에서 중앙아메리카와 멕시코에서의 경험을 이야기해주고 있다. 미래의 그의 사상과 행동을 예견하면서.

- 빅토르 카사우스

4

여행

두 번째로
라틴아메리카를 보다

라 파스, 순수하고 꾸밈없는

오후 4시, 열차는 라 파스가 아늑히 자리 잡고 있는 골짜기로 접어들고 있다.

이 작고 매우 아름다운 도시는 울퉁불퉁한 골짜기 위로 펼쳐져 있고, 만년설로 덮인 일리마니 산이 도시를 병풍처럼 둘러 보호하는 형세를 이루고 있다. 마지막 몇 킬로미터를 가는 데 한 시간도 넘게 걸렸다. 열차는 도시를 비켜가는 것처럼 보이는 직선 구간에서 마치 멈춰 서는 듯하더니 이내 방향을 틀어 내리막길을 달리기 시작했다.

토요일 오후여서 우리가 이곳에서 만나려던 사람들을 찾기가 어려웠다. 그래서 우리는 옷을 갈아입고 여행의 묵은 때를 벗겨 내면서 시간을 보냈다.

우리는 소개받은 사람들과 현지 아르헨티나인들을 만나는 것으로 일요일을 시작했다. 라파스는 아메리카의 '상하이'다. 놀랍도록 다양한 국적을 가진 모험가들이 다채로운 인종들이 뒤섞여 나라의 운명을 좌우하는 이 도시에 머물거나 성공하기 위해 몰려든다.

이른바 고상한 사람들이라는 문명인들은 여러 가지 사건들에 놀라면서, 인디오들이나 메스티조들에게 일어나는 자의식을 비난한다. 그러나 나는 정부의 몇몇 통치 행위로 인해 그들 안에서

일어나는 민족주의적 열정의 불꽃을 희미하게 예감했다.

세 개의 거대한 주석 광산 업체가 권력을 휘두르는 이 상황이 끝나야 한다는 데 그 누구도 이의를 달지 않는다. 젊은이들은 그것이 민중과 부자 사이의 평등을 향한 투쟁으로 나아가는 한 단계라고 믿고 있다.

7월 15일 밤, 길고 지루한(일종의 시위라고 할 수 있는) 횃불 행렬이 있었다. 피리피파라고도 부르는 무시무시한 모제르 연발 소총을 쏘아대며 지지하는 방식이 눈길을 끌었다.

다음날 동업조합 노동자들과 학생들, 노동조합 노동자들의 끝이 보이지 않는 행진이 있었다. 그들도 모제르를 연거푸 쏘아댔다. 몇 걸음 걸을 때마다 행렬 사이 사이에 있는 각 회사 지도자들이 한 명씩 구호를 외치곤 했다.

"무슨 무슨 조합의 동지들이여, 볼리비아여 영원하라! 자신을 불사른 독립투사들에게 영광을, 페드로 도밍고 뮈릴로에게 영광을, 구즈만에게 영광을, 빌라로엘에게 영광을!"

지겹도록 외쳐대는 이런 구호에 이어 단조로운 목소리의 복창이 뒤따랐다. 그림 같은 시위였지만, 그다지 활기찬 모습은 아니었다. 지친 듯이 걷는 모습과 열정 부족으로 시위는 생기를 잃었던 것이다. 사정을 잘 아는 사람들 말에 따르면, 열정적인 광부들의 얼굴이 보이지 않는다고 했다.

다음날 아침 라스 융가스로 가는 트럭을 탔다. 트럭은 처음에 해발 4,600미터에 위치한 라 쿰브레라는 곳으로 올라갔다. 그 다음 천천히 산등성이의 길을 따라 내려갔는데, 길옆으로 아찔한 낭떠러지가 이어졌다. 우리는 라스 융가스에서 근사한 이틀을 보냈다. 사방이 온통 초록빛인 이곳에는 에로틱한 분위기를 돋우는 2명의 여자도 있었다.

수백 미터 낭떠러지 아래 강이 흐르고 잔뜩 찌푸린 잿빛 하늘로 둘러싸인 초록 산비탈의 계단식 밭에는 듬성듬성 코코넛 나무들이 서 있었다. 저 멀리 마치 정글에서 솟아오르는 녹색 프로펠러처럼 보이는 바나나 나무들이 서 있었다. 오렌지와 감귤 나무, 열매가 달린 장밋빛 커피나무 그리고 이름 모를 과일 나무와 열대성 식물들, 이 모든 것이 가만히 서 있는 라마 같은 날씬한 파파야 나무 한 그루와 어울려 색다른 조화를 이루고 있었다.

어린 시골 소녀처럼 순수하고 꾸밈없는 라파스는 멋진 공공건물들이 돋보이는 곳이다. 우리는 도시 전체를 내려다볼 수 있는 운동장이 있는 조그마한 대학, 시립 도서관 등 새로운 건축물들을 살펴보았다.

일리마니 산의 웅장한 아름다움은 부드러운 빛을 발하며 자연이 내어준 만년설의 후광에 싸여 끊임없이 빛나고 있다. 특히 해질녘이면 그 장엄한 자태는 절정에 이른다.

마추픽추, 돌에 새겨진 아메리카의 신비

고원의 삼면을 깎아내리듯 세차게 흐르는 우루밤바 강이 400미터 아래로 내려다 보이는 해발 2,800미터의 험하고 가파른 산 꼭대기에 돌로 지어진 고대의 도시. 이 도시는 그곳에 세워진 요새로 인해 이름을 얻게 되었는데, 바로 마추픽추이다.

원래부터 이름이 마추픽추였을까? 그렇지는 않다. 마추픽추란 케추아어로 '늙은 산'을 뜻한다. 이는 뾰족한 바위들이 수 미터씩 솟아 있는 '젊은 산'을 뜻하는 우아이나픽추와 대조된다. 그러므로 이 이름들은 단순히 이곳의 지형적인 특징을 눈에 보이는 대로 묘사한 것에 지나지 않는다. 그렇다면 이곳의 진짜 이름은 무엇일까? 잠시 이야기를 벗어나 과거로 거슬러 올라가보자.

16세기는 아메리카 토착민들에게 비극적인 시기였다. 수염을 기른 침략자들이 대륙으로 몰려 들어왔고, 위대한 토착제국을 산산조각냈다. 남아메리카의 중앙에서는 타계한 우아이나카팍의 왕위를 놓고 두 후계자, 즉 아타우알파와 우아스카르가 피비린내 나는 권력투쟁을 벌였다. 이 싸움은 정복자들이 대륙 역사상 가장 위대했던 제국을 멸망시키는 일을 더욱 쉽게 만들었다.

제국을 멸망시킨 스페인은 위험을 무릅쓰고 쿠스코 근처로 모여드는 수많은 사람들을 저지하기 위해 우아스카르의 조카들 가운데 하나인 젊은 망코 2세를 왕위에 앉히게 된다. 그러나 이 교묘한 술책은 예기치 않은 결과를 낳게 되었다. 이제 토착민들은 스페인의 속박 아래에서도 여전히 이어지고 있던 잉카의 율법에 따라 왕위에 오른 가시적인 우두머리를 갖게 되었다. 그리고 이 왕은 스페인이 바랐던 만큼 호락호락하지 않았다.

어느 날 밤 망코는 태양을 상징하는 거대한 황금 원판을 가지고 주요 지도자들과 함께 사라져버렸다. 그날 이후 이 오래된 제국의 수도에서 평화는 자취를 감추었다.

어디에서도 안전은 보장되지 않았으며, 다른 곳으로 이동하는 것은 위험했다. 무장한 저항군은 쿠스코를 방어하던 요새, 오래되고 인상적이며 지금은 파괴되어버린 샤크샤우아만을 자신들의 기지로 삼았다. 그들은 이곳저곳을 휩쓸었고, 심지어 쿠스코에 가까운 곳까지 진격하기도 했다.

이때가 1536년이었다.

그러나 이 거대한 저항은 실패했고, 쿠스코를 포위하는 일은 포기해야만 했다. 토착제국의 군대는 우루밤바 강둑 위에 세워진 성으로 둘러싸인 오얀타이탐보에서 벌어진 또 다른 중요한 전투에서 패배하고 말았다. 그리하여 스페인군에게는 눈의 가시 같던 게릴라전의 위협이 크게 줄어들었다.

어느 날 자신의 동료 6명과 함께 토착민 법원의 허락 하에 머무르던 정복군의 한 탈영병이 술에 취해 잉카의 군주를 살해해버렸다. 그와 그의 불행한 동료들은 토착민들에게 참혹한 죽음을 당했고, 그들의 머리는 징벌과 항전의 의미로 창에 꿰인 채 전시되었다.

왕에겐 사이리 투팍, 티토 쿠시 그리고 투팍 아마루라는 세 아들이 있었는데, 이들이 차례로 권력을 잡았고, 모두 왕위에 있는 동안 죽었다. 그러나 투팍 아마루의 죽음은 한 왕이 죽었다는 것 이상의 의미를 갖는다. 그것은 바로 잉카제국의 멸망인 것이다.

강력하고 무자비한 총독이었던 프란시스코 톨레도는 이 마지막 왕을 감옥에 가두었다가 1572년 쿠스코의 연병장에서 처형했다. 태양신의 사원에 격리되어 있다 잠시 동안 왕이 되었으며, 비극적으로 삶을 마감하게 되는 이 마지막 잉카 왕은 마지막 순간에 자신의 백성들에게 연설을 했다. 그의 강력한 연설은 마비 상태에 있던 잉카인들을 일깨웠으며, 그의 이름은 라틴아메리카 독립투쟁의 한 선구자에 의해 다시 등장하게 된다. 즉 호세 가브리엘 콩도르칸퀴가 투팍 아마루 2세로 불리게 된 것이다.

스페인 왕의 대리인들에 대한 위협은 소멸되었고, 그 누구도 잉카제국의 오래된 작전기지였던, 잘 숨겨진 도시 빌카팜파(잉카의 마지막 왕이 포로가 되기 전에 떠났던 곳)를 찾으려 하지 않았다. 그 후로 3세기 동안 이 도시는 완전히 침묵 속에 잠겨 있었다.

이탈리아 학자인 안토니오 라이몬디가 19세기 후반에 19년 동안이나 이 나라를 더듬고 다녔을 때에도, 페루는 여전히 유럽인들의 발길이 별로 닿지 않은 땅이었다. 비록 라이몬디가 전문적인 고고학자는 아니었지만, 그의 박학다식함과 과학적 연구기법은 잉카 역사에 대한 연구를 크게 자극했다.

세계 각국에서 온 학자들이 이 고대의 위대한 종족의 역사를 탐구하려는 열의를 회복했다. 라이몬디의 기념비적인 저작 《엘 페루》의 안내를 받으며, 페루 연구자들도 여러 세대에 걸쳐 그들의 눈을 그들이 지금까지 알지 못했던 한 나라(잉카-옮긴이)의 심장부로 돌리게 되었다.

20세기 초엽, 미국의 역사가인 빙햄 교수는 시몬 볼리바르가 이동한 경로를 현지에서 연구하기 위해 페루에 왔는데, 이 지역의 독특한 아름다움에 매료되어 잉카 문화에 대한 호기심을 가지게 되었다. 자신 속에 있는 역사가, 탐험가적 기질에 이끌려 빙햄 교수는 저항 군주들의 작전기지였던 잃어버린 도시를 조사하기 시작했다.

빙햄은 칼란차 신부와 다른 학자들이 기록한 연대기를 통해 잉카제국에 비트코스라는 정치·군사적 도시가 있었고, 그로부터 어느 정도 떨어진 곳에 빌카팜파라 불리는 성지가 있었다는 사실을 알고 있었다. 그런데 이 빌카팜파는 그 어떤 백인도 발을 들여 놓은 적이 없는 도시였다. 이런 정보들로 '무장하고' 그는 조사에 착수했다.

이 지역에 대해 피상적인 지식만을 가진 사람이라도 그가 계획한 일이 얼마나 중대한 일이었는지 알 수 있을 것이다. 빽빽한

아열대 숲으로 뒤덮여 있고, 매우 위험한 급류가 강들이 십자모양으로 흐르는 산악 지역으로, 원주민들의 심리는 고사하고 언어조차 모르는 빙햄은 세 가지 강력한 무기를 가지고 출발했다. 그것은 모험에 대한 불굴의 열정과 날카로운 직관, 상당한 양의 달러였다.

얻어낼 수만 있다면 어떤 비밀이나 정보에도 고액의 대가를 지불하면서, 그는 끈질기게 사라진 문명의 심장부 속으로 뚫고 들어갔다. 몇 년 동안 꾸준히 노력한 끝에, 1911년 어느 날 다른 백인 동행자도 없이, 여느 때처럼 특이한 돌들을 팔고 있는 한 인디오를 따라가던 빙햄은 놀랍게도 무성한 덤불에 둘러싸여 거의 잠겨 있는 인상적인 유적이 자신을 반기고 있음을 알아챘다.

그러나 이 이야기에는 슬픈 사연도 있다. 유적들을 둘러싸고 있는 덤불이 깨끗하게 청소되자, 그는 유적을 연구하고 완벽하게 기술했다. 하지만 가져갈 수 있는 것이면 무엇이든지 닥치는 대로 약탈했다. 연구자들은 의기양양하게 200상자 이상의 고고학적 보문들을 자신이 나라로 탈취해 갔다. 이 보물들은 값을 내길 수 없을 정도로 중요한 것들이며, 좀 더 명확하게 이야기한다면, 처분하면 엄청난 돈을 벌 수 있는 것들이었다.

객관적으로 말해서 빙햄이 이에 대해 특별히 죄가 있는 건 아니다. 그리고 전체 미국 국민들에게 죄가 있는 것도 아니다. 또한 마추픽추의 발견에 맞먹는 대규모의 탐사를 지원할 경제적 여력이 없었던 정부에게도 마찬가지로 죄가 없다. 그렇다면 아무도 죄가 없단 말인가?

다만 다음과 같은 사실을 받아들이자. 그 고대 도시의 유물들을 연구하거나 감상하게 되는 곳은 어디일까라는 질문의 대답이 미국의 박물관이라는 점은 분명하다는 사실을.

마추픽추의 발견은 빙햄만을 위한 것이 아니었다. 마추픽추의 발견은 승리를 의미한다. 조숙한 한 아이의 순수한 꿈이자, 고고학에 관심을 갖고 있는 거의 모든 아마추어 학자들의 꿈을 성취한 것이다. 성공과 실패의 긴 여정은 거기서 절정에 달했는데, 이 회색 돌의 도시는 그의 상상과 주의 깊은 관찰을 요구했다. 때로는 신중하고 과학적인 묘사와는 거리가 먼 비교와 추측을 자극하면서….

수년 동안의 탐험, 성공 후 수년 동안의 연구는 여행가이자 역사가였던 그를 박식한 고고학자로 만들어놓았다. 그가 여행에서 얻은 엄청난 경험에 뒷받침을 받은 주장들은 학계에서 복음적인 진리로 받아들여졌다.

빙햄이 보기에 마추픽추는 케추아 족의 옛 거주지였으며, 그들이 쿠스코를 건설하기 이전에 그들이 뻗어나간 중심지였다. 그는 잉카신화를 깊이 탐구했고, 폐허가 된 사원에 있는 세 개의 창문이 잉카신화에 나오는 아이야르 형제가 솟아난 곳이라고 판정했다. 새로 발견된 이 도시의 원형 탑과 쿠스코의 태양 사원

사이에 결정적인 유사성이 있다는 것도 알아냈다. 이 유적 속에서 발견된 여러 구의 유골 대부분이 여성들인 것으로 밝혀졌는데 그는 이들이 태양신을 모시던 처녀들이라고 했다.

마침내 모든 가능성을 신중히 검토한 후에 그는 다음과 같은 결론을 내렸다. 자신이 발견한 이 도시가 3세기 이전에 빌카팜파라 불렸던 도시일 것이라고. 이곳은 저항 군주들의 성지였으며, 그 전에는 잉카의 지도자 파차쿠티(그의 주검이 이곳에 묻혀 있다)를 따르던 사람들이 친차 군에게 패배한 이후 제국을 되찾을 때까지 은신해 있던 곳이라고 생각했다.

그러나 두 경우 모두에서 이 도시가 패전군의 은신처가 된 이유는 이곳이 신성한 장소이면서 초기 중심지인 팜푸 토코였으며, 쿠스코에서 가까운 파카루 탐푸가 아닌 이 먼 곳에 위치하고 있었기 때문이다. 인디오 명망가들이 톨레도 총독의 명령으로 그들을 심문했던 역사가 사르미엔토 데 감보아에게 말했듯이.

현대의 연구자들은 북아메리카 출신인 이 고고학자의 주장에 많은 점에서 다른 이견을 갖고 있다. 하지만 그들은 마추픽추의 명확한 의미에 대해 말할 것이 없다.

천식을 앓듯이 덜컹거리는, 마치 장난감과도 같은 기차를 타고 대여섯 시간을 달렸다. 처음에 작은 강을 따라가던 기차는 우루밤바 강둑을 지난다. 장엄한 오얀타이탐보 유적을 지나, 마침내 기차는 강을 가로지르는 다리에 이른다. 그곳에서 약 8킬로미터에 이르는 구불구불한 선로를 따라가면, 급류로부터 400미터 높이에 있는 소토 씨가 운영하는 유적지 호텔에 도착하게 된다. 그는 잉카의 유물들에 대해 뛰어난 지식을 가지고 있으며, 달콤한 열대의 저녁이면 이 몰락한 도시의 은근한 매력을 드높이는 훌륭한 가수가 된다.

산꼭대기에 세워져 있는, 마추픽추의 둘레는 약 2킬로미터 정도이며 세 구역으로 나뉘어져 있다. 두 개의 사원 구역, 지배층의 주거지 그리고 일반인들을 위한 지역이다.

종교 활동을 위해 할당된 구역에는 크고 흰 화강암으로 만들어진 화려한 사원 유적이 있는데, 여기에는 빙햄이 신화와의 관련성을 추측하도록 한 3개의 창문이 달려 있다.

태양을 '붙잡는' 인티우아타나(해시계의 일종 - 옮긴이)는 일련의 아름다운 건축물들을 장식하고 있다. 약 60센티미터의 '손가락 돌'은 토착 의례에서 기초를 이루는 것이다. 스페인인들이 잉카의 요새를 정복할 때마다 이런 상징물을 파괴했기 때문에 남아 있는 것이 많지 않은데, 여기 있는 것이 그 가운데 하나다.

귀족이 살던 건물은 뛰어난 예술적 가치를 보여주고 있다. 앞에서 언급한 바 있는 원형 탑과 바위를 파서 만든 다리, 운하들, 뛰어난 석공 기술을 보여주는 많은 집들을 예로 들 수 있다.

평민들이 살았던 것으로 짐작되는 집들은 바위를 거칠게 마감했다는 점에서 큰 차이를 보인다. 이들은 작은 광장이나 지금은 말라버린 저수지가 있었던 평평한 지역을 경계로 종교 지역과 분리되어 있었다. 추측하건대 이곳이 영구적인 거주지가 되지 못한 중요한 이유들 가운데 하나는 물이 말라버렸다는 사실일 것이다.

마추픽추는 '계단의 도시'로서 거의 모든 건축물이 서로 다른 높이에 서 있고, 층계로 연결되어 있다. 일부는 바위들을 정교하게 조각해 만들었고, 다른 일부는 그다지 미적인 고려를 하지 않았다. 도시 전체가 그렇듯이 건물들은 가혹한 날씨를 견딜 수 있도록 지어졌다. 날씨가 나빠지더라도 나무와 갈대로 만들어진 지붕을 잃을 뿐이다. 필요한 음식물은 지금까지도 완벽히 보존되어 있는 계단식 밭에서 기른 채소로 해결되었다.

이곳은 방어하기가 매우 쉬웠다. 두 면은 거의 수직의 낭떠러지로 둘러싸여 있다. 지나다닐 수 있는 유일한 길인 세 번째 면은 좁은 길이어서 방어하기 쉽고, 네 번째 면은 우아이나픽추를 마주보고 있다.

이 봉우리는 마추픽추보다 200미터나 높이 솟아 있다. 이곳을 오르는 것은 등산가라 해도 매우 어렵고 관광객이라면 거의 불가능했을 것이다. 잉카인들이 깎아지른 절벽을 따라 조금씩이나마 올라갈 수 있도록 닦아놓은 길이 남아 있지 않았더라면.

특별한 건물이 없는 것으로 보아, 다른 목적으로는 쓰지 않고 외부 침입자를 감시하는 용도로 썼던 것으로 보인다. 우루밤바 강이 이 두 봉우리를 거의 완벽하게 감싸고 있어서 침입자들이 무력으로 점령하기는 거의 불가능하다.

나는 이미 마추픽추의 고고학적 의미가 논란이 많다는 것을 지적한 바 있다. 하지만 이 도시의 기원이 중요한 것은 아니며, 어쨌든 이 논쟁은 전문가들에게 맡기는 것이 낫겠다.

그러나 가장 중요하고도 논란의 여지가 없는 사실은 여기서 우리가 아메리카 대륙에서 가장 강력한 토착문명의 순수한 자기 표현을 발견했다는 것이다. 또한 이곳은 정복군의 침략에 더럽혀지지 않은 채 여전히 남아 있고, 아무런 생명도 살지 않아 지루해서 죽은 듯하던 벽들 사이사이에 영혼을 불러내는 헤아릴 수 없는 보물들이 가득 차 있다. 요새를 둘러싼 장엄한 풍경은 몽상가들로 하여금 이곳을 거닐고 싶도록 유혹하는 완벽한 배경을 제공한다.

자신들의 실용적인 세계관에 묶여 있는 북아메리카의 여행객들은 자신들이 여행하면서 보았던 해체되어 가는 부족의 사람들을 한때 살아 있던 이 벽들 속에서 찾아낼 수 있겠지만, 자신과 이들 사이의 정신적 거리를 알아차리지는 못한다. 어느 정도 토착적인 정신을 가진 남아메리카인들만이 그 미묘한 차이를 감지할 수 있기 때문에.

이 도시에 두 가지 가능한 의미를 부여하는 것에 동의해주길 바란다. 하나는 오늘날에 공상적이라고 여겨지는 것을 추구하는 투쟁가들에게 해당하는 것이다. 이들은 미래를 향해 팔을 뻗으며 이 대륙의 모든 사람이 다 들을 수 있도록 거센 목소리로 외친다.

"인디오 아메리카의 시민들이여, 과거를 되찾자."

그리고 다른 하나는 '과격한 군중과 거리가 먼' 이들에게 해당하는 것이다. 한 영국인 방문객이 호텔 방명록에 이를 잘 드러내는 말을 적어놓았다. 제국주의적 열망에 대한 비웃음을 담아서.

"코카 콜라 광고가 없는 곳을 찾게 되어 행복하다."

과테말라의 딜레마

아메리카의 이 지역을 여행하는 사람이라면 누구나 민주주의적 성향을 가진 체제들을 깔보는 소리를 듣게 될 것이다. 이런 정서는 스페인 공화국과 그것의 몰락에서 비롯된다.

그 때 사람들은 그 공화국은 오직 호나 춤만 줄 줄 아는 게으름뱅이 무리들로 구성되어 있으며, 프랑코가 스페인에 질서를 세우고 공산주의를 추방했다고 이야기했다. 시간이 흐르면서 그런 의견들은 더욱 정교해지고, 범주들은 더 다듬어졌다. 죽어가는 민주주의에 던져지는 돌처럼, '그곳에 자유는 없고 단지 방탕한 자들의 지배만 있었다'라는 식의 말이 오갔다.

아메리카의 새로운 시대를 위한 꿈을 간직하고 있던 페루, 베네수엘라, 쿠바의 정부들은 그런 식으로 규정되었다. 이들 나라에서 민주주의적 집단들은 억압하는 기법을 배우는 과정에서 큰 대가를 치러야 했다. 봉건적 부르주아지와 외국자본은 자신들의 이해관계가 요구하는 체제를 유지하기 위해 죄없는 수많은 사람들을 제물로 삼았다. 애국자들은 총과 칼로만 승리할 수 있다는 것, 반역자들을 용서할 수 없다는 것, 반동적인 집단들을 완전히 박멸하는 것만이 아메리카에 '정의의 지배'를 보장하는 유일한 길이라는 것을 알게 되었다.

나는 '방탕한 자들의 지배'라는 말이 과테말라를 설명하는 데 다시 쓰이는 것을 보고 나서, 이 작은 공화국을 염려했다. 그것은 이 나라와 볼리비아에서 부활한 라틴아메리카 민중의 꿈이 우익 쿠데타에 의해 무너지는 전철을 밟도록 운명지어져 있다는 것을 의미하는 것일까?

여기에 딜레마가 있다.

네 개의 혁명적 정당이 정부를 지지하는 그룹을 형성하고 있다. 과테말라 노동자당(PGT)을 빼고는 그들 모두가 둘 혹은 그 이상의 서로 반목하는 파벌들로 분열되어 있다. 그리고 이들 사이에 일어나는 싸움은 심지어 전통적인 봉건적 적들과 벌이는 싸움보다도 더 격렬하다. 집안 싸움을 하느라 과테말라 민중의

열망은 잊고서.

한편, 반동 세력은 점차 세력을 넓히고 있다. 미국 국무부와 〈유나이티드 프루트 회사〉(이 나라에서는 아무도 이 둘이 어떻게 다른지 전혀 구분하지 못하는)는 지주들을 비롯한 줏대도 없고 경건한 체하는 부르주아들과 노골적인 동맹을 맺고, 그들로서는 카리브해의 한가운데 뾰루지같이 돋아난 자부심 강한 적대자들을 잠재우기 위해 온갖 종류의 계획을 세우고 있다.

베네수엘라 정부가 다소 노골적인 간섭을 개시할 명령을 기다리고 있는 동안, 추방된 조무래기 장군들과 비겁한 커피 농장주들은 이웃 나라의 다른 독재자들과 동맹을 맺으려고 한다.

인접 국가들에서 완전히 재갈물린 언론이 오직 그들에게 허용된 '지도자'에게 찬양가를 부르고 있는 동안, 여기서는 '독립적'인 것으로 통하는 신문들이 자신들이 바라는 분위기를 만들어내면서, 정부와 그 옹호자들에 대한 길고 쓰레기 같은 기사들을 풀어놓는 데 여념이 없다. 민주주의가 이를 허용하는 것이다.

자유와 교묘함의 훌륭한 사례인 '공산주의의 교두보'는 그들이 자신들의 국가적 기초가 훼손되는 것을 허용하고 있고, 새로운 라틴아메리카의 꿈이 파괴되는 것마저도 허용하고 있다.

동지들, 가까운 과거로 거슬러 올라가보라. 망명할 수밖에 없었던 지도자들, 살해되거나 투옥된 페루의 APRA(아메리카 인민혁명동맹) 회원들, 베네수엘라의 〈민주적 행동〉 회원들, 바티스타에게 암살당한 멋진 쿠바 젊은이들을 보라.

시인 전사 루이스 피네다의 몸에 있는 스무 발의 총탄 자국을 자세히 보라. 베네수엘라의 감옥에서 나오는 살기를 보라.

대담하게 그러나 주의 깊게 교훈을 주는 사례인 과거를 바라보자. 그리고 이 질문에 대답해보라.

이것이 과테말라의 미래인가? 지금까지의 투쟁이 그리고 지금의 투쟁이 이것을 위한 것인가? 라틴아메리카의 희망을 완수해야 하는 사람들에게 주어진 역사적 책임은 크나크다. 완곡하게 말하는 시대는 끝났다. 교수형에는 교수형으로 대답해야 할 시대이다. 누군가 죽어야 한다면, 아자냐(1936-37년 스페인 내전 시기 공화국 정부의 대통령. 프랑코가 쿠데타를 일으켜 내전으로 들어갔다―옮긴이)가 아니라 산디노(니카라과 대통령으로, 1934년 미국이 조종하는 소모사 장군에게 암살당함―옮긴이)처럼 되자.

반역적인 총이 괴대밀라인들의 손에는 쥐어지지 않기를! 그들이 자유를 죽이길 원한다면 그것은 반대편에 있는 사람들, 자유를 빼앗으려는 사람들이 하게 내버려 두자. 우리는 관대함을 버려야만 한다. 반역을 용서하지 말아야 한다. 반역자에게서 뿜어져 나오는 핏줄기는 수천의 용감한 인민의 보호자들을 살릴 것이다. 햄릿의 오래된 딜레마는 어느 과테말라, 곧 아메리카 출신

시인의 언어로 내 입술에서 흘러나온다.

"당신은 존재하는가 아닌가, 아니라면 당신은 누구인가?"

정부를 지지하는 조직들에게 대답을 하게 하자.

"내가 사진 하나를 제시하며 밤에 찍은 거라고 말하면 당신은 믿을 수도, 믿지 않을 수도 있을 것이다. 이것은 나에게 그다지 중요한 문제가 아니다. 당신이 내 글에 적혀 있는 풍경을 모르는 상태라면 내가 말하는 진실에 대해 다른 대안을 찾기 어렵기 때문이다."

지칠 줄 모르는 여행자이자 자의식이 강한 목격자인 젊은 에르네스토 게바라 데 라 세르나는 가상의 독자들에게 자기 노트에 대해 이렇게 경고하고 있다.

세 가지 보는 법이 제시되는 이 장에서 우리는 그의 다양한 시선으로 귀에 거슬리는 그의 경고에 대해 보충 설명을 하려고 한다. 여기에서는 기록자, 시인 그리고 사진작가로서의 명료한 시각이 행복하게 어울려 팔렌케 유적이라는 하나의 대상을 관찰하고 있다.

그것의 예술성에 대해서는 다양한 견해가 있겠지만, 에르네스토 게바라의 시는 그의 관찰의 일부이다. 그것은 게바라의 이름으로 되어 있으므로 해서 그의 또 다른 표현 방식으로써 오늘날까지 남아 있다. 시는 평생 그를 따라다녔으며, 게릴라 전사로서의 마지막 임무를 수행하던 순간에도 그의 배낭 속에 들어 있었다. 그는 동료 대원들에게 시를 읽어주기도 했고, 나중에 이 책에서 볼 수 있는 것처럼, 그가 좋아했던 시인들과 멀리서 연락을 하기도 했다.

'당신의 돌 속에 무엇인가 살아 있다'는 막 시작된 21세기를 살아가는 젊은이들에게 보내는 젊은 시인의 경고다. 필요한 것은 눈과 귀를 열고, 자신의 감수성이 가슴 왼편에서 맥박 치게 하며, 전 세계로 퍼져나갈 수 있는 사랑을 간직하는 것이다.

-빅토르 카사우스

4-1
세 가지 보는 법

팔렌케

팔렌케 유적은 장엄하다. 이 도시의 중심은 언덕에 있으며, 이 중심으로부터 도시가 숲 속으로 4~6킬로미터 정도까지 퍼져 간다. 이곳은 숲으로 뒤덮여 있음에도 그 위치가 잘 알려져 있으나, 아직까지 탐사되지 않고 있다.

당국이 끔찍하리만치 무관심하여, 아메리카의 고고학적 보물 가운데 하나인 중요한 무덤 하나를 발굴하는 데만도 3~4년이 걸렸다. 알맞은 도구들과 사람들이 있었다면 3개월이면 끝날 일이었다. 주요 건물은 궁전으로 회랑과 안뜰, 석판화, 치장된 벽면들이 모두 높은 예술성을 보여준다. 주요한 기능이 매장지라서 '무덤'이라고도 불리는 '비문 사원'은 라틴아메리카에서 유일한 것이다.

이 무덤은 피라미드인데, 그 꼭대기에서 사다리꼴 모양의 지붕이 있는 긴 터널로 내려가면 넓은 방이 나온다. 이 방엔 해, 달 그리고 금성을 표현하는 상형 문자로 장식된 길이 3.8미터, 폭 2.2미터 두께가 약 27센티미터인 돌 하나를 다듬어 만든 묘비가 있다. 묘비 아래에는 한 덩어리의 바위를 깎아 만든 관이 있는데, 어떤 중요한 인물의 주검을 담고 있다.

옥으로 만든 다양한 크기의 보물들도 있다. 팔렌케에서 주목할 만한 점은 얕은 부조와 벽토 세공의 아름다움과 그윽함이다.

이 예술은 톨텍(10-13세기에 멕시코 중앙 공원에서 번성한 문명 -옮긴이) 문명의 영향이 나타나기 시작하는 세 번째 밀레니엄의 지배와 함께 사라졌는데, 거대한 기념물들이 많아지고 조각의 비중이 줄어드는 것이 특징이다.

팔렌케 조각의 주제들은 아즈텍(16세기에 멕시코 중앙 공원에서 번성한 문명 -옮긴이)이나 톨텍보다 더욱 인간적이며, 해, 달, 금성, 물의 신 등 주요한 신들과 함께 역사적 사건이나 의례 행위에 참가하는 인물들을 전신상으로 묘사하고 있다.

미국의 고고학자인 몰리(이 고고학자는 코판, 티칼, 욱스말 그리고 치첸이트사에만 (팔란케보다) 우월한 지위를 인정한다)의 분류에 따르면 팔렌케는 마야 왕국에서 2급지의 중심지였다. 고고학적 연구 결과에 따르면, 팔렌케는 마야제국의 또 다른 예술적 중심이었던 피에드라스 네그라스와 거의 같은 시대인 아홉 번째 박툰(435~534)의 첫째 사분기에 기념비들을 세웠다. 몰리의 분류에 따르면 2급지 도시들은 모두 19개였다. 최근의 연구 결과들은 팔렌케에 더 큰 중요성을 부여하고 있다. 1급지에 속하건 아니건, 이 도시에서 마야인들의 벽토 세공이 기술적으로나 예술적으로 높은 수준에 이르렀다는 점은 부정할 수 없을 것이다.

팔렌케,
당신의 돌 속에는 그 무엇이 살아 있다

당신의 돌 속에 그 무엇이 살아 있다
푸른 새벽의 자매와
당신의 유령들의 침묵은
왕들의 무덤들에 대한 추문.
멋없는 안경을 쓴 어떤 '현인'의 무심한 송곳이
당신의 심장을 꿰뚫고 지나가고
백인 여행객들이 어리석게 내뱉은 '오!'라는
무례한 공격은 당신의 뺨을 때린다.
그러나 당신 속엔 그 무엇이 살아 있다.
그것이 무엇인지 나는 알지 못하지만
숲은 자신의 줄기로 당신을 감싸주고 있고
자신의 뿌리로 자비롭게 당신을 긁어주고 있다.
거대한 동물학자가 핀을 휘둘러
왕의 사원을 고정시키려 하지만
당신은 여전히 죽지 않는다.
당신이 젊은 시절에 살아서 고동치던 것처럼
수세기를 넘어서서
당신을 지탱하고 있는 힘은 무엇인가?

마지막 날에, 어떤 신이 당신의 별에게
생명의 숨결을 불어넣어 준 것일까?
그것은 어쩌면 유쾌한 열대의 태양일까?
그렇다면 치첸이트사에서는 왜 안 그럴까?
그것은 어쩌면 숲의 유쾌한 포옹이나
새들의 흥겨운 지저귐일까?
그리고 왜 키리과는 더욱 깊이 잠들어 있는가?
그것은 어쩌면 거친 대지를 두드리는
흥겨운 봄의 연주일까?
그러나 아직 잉카는 죽어 있다.

에르네스토 게바라의 편지들은 그가 젊은 여행자로서, 아메리카 대지의 발견자로서 그리고 자신의 관점과 지성으로 우리에게 미래를 밝혀주는 몽상가로서 출발했던 때부터 항상 그의 증언록의 핵심적인 구성 요소다. 그의 편지가 가진 중요성은 그가 성숙해지고서도, 전사 체가 되어서도 그리고 마침내 국가 건설자 체가 되어서도 줄어들지 않았다.

언젠가는 체의 편지 모음을 꼭 출판해야 한다. 편지를 받은 사람들이 아무리 다양하고 주제들도 가지각색이지만 이 편지들은 사상의 일관성을 보여준다. 이제 이 장은 두 개의 부분으로 나뉜다. 앞부분, '멀리서 온 편지(1953~1954)'는 중앙아메리카에서 쓴 글들을 포함하고, 뒷 부분(1954~1956)은 멕시코에서 쓴 글들이다.

여기서 우리는 젊은 에르네스토의 성장 과정과 아메리카를 가로지르는 이 여행이 그의 개인적 성장과 정치적 성숙에 끼친 영향을 추적해볼 수 있다. 그의 개성과 문체에 스며들어 있는 유머와 풍자라는 두 특징이 이 편지글에서도 기유롭게 펼쳐지고 있다. 편지들 속에서 체는 이모인 베아트리스의 의견에 맞서고, 경제적 상황을 비웃으며, 자신의 노동 경험을 이야기하고, 몇 년 후 전 세계가 경탄하게 되는 진실을 스스로 발견한다.

"아메리카 대륙은 나의 모험의 무대. 내가 생각하던 것보다 훨씬 중요한 무대가 될 것이다."

이 편지들에 덧붙여, 우리는 그의 미완의 일기에서 뽑은 단편들을 덧붙일 것이다. 열정과 인내를 가지고 체는 이 일기 속에 자신의 삶에 영향을 준 많은 사건들을 기록해놓았다.

사건들이 일어나는 속도는 체를 추월했다. 그래서 그는 《모터사이클 다이어리》에서와는 달리, 자신이 관찰하고 기록한 것을 다시 살펴 다듬을 틈을 낼 수가 없었다. 여기에 실린 단편들은 저자의 직접적인 증언이며, 그 내용에 담겨 있는 사건들이 일어나는 리듬에 맞춰 쓴 것들이다.

사건의 발생과 동시에 써내려간 글들은 체의 뛰어난 관찰력과 분석력을 그대로 보여준다. 이 편지들 속에는 자기 자신과 주변 상황으로 향하는 체의 시선과 사건, 인물들을 전체적이면서도 간결하게 제시하는 그의 꼼꼼한 묘사가 어우러져 있다.

독자들도 알아차리게 될 테지만, 편지글들 속에는 자상함('오늘은 좋은 할아버지가 된 기분이다') 모순적이며 그래서 솔직한 자기 분석('의심할 나위 없이, 나는 낙관적인 훈몽돈사이이나') 더 넓은 지평을 바라보는 관점('최근의 사건들은 역사에 남을 것이다')도 들어 있다.

이 기록들은 널리 여행하면서 진실을 추구하고 그가 존재하는 모든 순간을 통합해낸 윤리를 구성한 이 목격자가 지닌 분석적 성향을 다시 확인시켜 준다.

체를 주검 속에서 영원히 되살아나게 한 것은 바로 이 윤리다.

— 빅토르 카사우스

4-2

멀리서 온 편지 그리고
끝나지 않은 일기
(1953~1954)

공산주의 색채가 짙게 묻어나는 시 몇 편

사랑하는 어머니께

이 서두가 아버지의 마음을 기쁘게 해드리기 위한 것이라면 믿지 못하시겠지요. 그러나 상황이 나아지고 있다는 징조들이 보이고, 저의 경제적 전망도 더 이상 그렇게 비참하지는 않습니다. '페소의 비극'은 어쩌다가 나타나게 된 것이며, 아버지는 제가 어떤 상황에 닥치더라도 견뎌낼 수 있을 만큼 강인하다고 여기시리라 생각합니다.

어머니는 동화 같은 이야기를 더 좋아하시니 매우 아름다운 이야기를 들려드리지요. 고요한 나날들 속의 제 일상은 이렇습니다. 짐과 서류가방을 들고 반은 걷고 반은 차를 얻어 타며 창피하지만 요금의 절반 정도만 내면서(이마저 정부가 나에게 주었던 10달러 덕분이지만) 길을 떠났어요.

살바도르에 도착했을 때 과테말라에서 가져온 책 몇 권을 경찰에 압수당했어요. 하지만 저는 가까스로 과테말라로 다시 돌아갈 비자를 받았습니다. 모든 일이 해결되고 나서 저는 피필레스족의 유적을 보러 갔어요. 그들은 트라스칼텍스족의 한 갈래인데, 남쪽을 정복하기 위해 내려와(그들의 중심지는 멕시코에 있었습니다) 스페인 사람들이 침략해올 때까지 이곳에 머물렀습니다. 그 유적은 마야 양식과는 전혀 상관없고, 잉카문명과는 더욱 관계가 없습니다.

그리고 나서 저는 비자가 나오기를 기다리면서 바닷가에 며칠 동안 머물렀어요. 비자를 신청한 것은 온두라스의 화려한 유적을 보기 위해서였습니다. 밤에는 바닷가에서 침낭에 들어가 잠을 잤어요(침낭은 어쩌다 얻게 된 것이지요). 매 끼니를 챙기는 건 아니지만 햇볕 때문에 가벼운 화상을 입은 걸 빼고는 건강합니다.

모든 중앙 아메리카인들과 마찬가지로 술을 잘 마시는 초차무족 사람들을 몇 명 사귀었어요. 그들에게 과테말라식 선동의 일부와 공산주의 색채가 짙게 묻어나는 시 몇 편을 낭송해주었습니다. 그 결과 우리 모두는 감옥에 갇히는 신세가 되었어요.

하지만 지휘관이 몇 마디 하니까 곧장 우리를 풀어주었습니다. 그는 좋은 사람처럼 보였는데, 저에게 오후의 장미와 다른 아름다운 것들에 대해 노래해보라고 했지요. 그렇지만 저는 그를 위해 아스라이 사라지는 연기에 관한 시를 지어주었어요.

온두라스는 제가 과테말라에서 지낸 적이 있다는 것을 평계로 저에게 비자를 내주지 않았습니다. 말할 필요도 없지만 제가 그곳에 갔던 이유는 그곳에서 벌어지고 있는 파업 상황을 보려는 건전한 의도였습니다. 이 파업은 전 노동 인구의 25퍼센트의 지지를 받고 있는데, 이 수치는 어떤 나라의 경우에도 높은 것이지만, 파업할 권리도 없고 노조도 비밀스럽게 조직해야 하는 이 나라에서는 아주 특별한 일입니다. 그 과일 회사(유나이트 프루트 회사)는 분개하고 있고 덜레스(1953년 CIA 국장으로 취임 -옮긴이)와 CIA는 과테말라에 개입하고 싶어합니다. 미국이 과테말라에 오랫동안 탄약 한 통 팔지 않았는데도, 과테말라가 아무 데서나 무기를 사는 무서운 범죄를 저지르고 있기 때문이라는 것이지요.

당연히 저는 그곳에 머물 수 있으리라고 생각하지 않았습니다. 지갑이 텅 비어버려 돌아오는 길에는 반쯤 버려진 길을 따라 걸었습니다. 이곳에선 1달러가 1페소 정도의 가치밖에 안 돼 20달러로도 얼마 갈 수 없거든요. 어떤 날은 50킬로미터 정도 걸었어요(약간 과장일지도 모르겠지만, 먼 거리인 것은 확실해요).

며칠 후에 작지만 매우 아름다운 유적이 남아 있는 그 과일 회사의 병원에 도착했습니다. 그곳에서 라틴아메리카의 피가 흐르는 제가 인정하고 싶지 않은 사실을 분명히 알게 되었습니다. 우리의 선조는 아시아인이라는 것을요(아버지에게 그들이 곧 아버지로서의 권위를 빼앗을 거라고 말씀해주세요). 그곳에는 고대의 힌두 문명들에서 나타나는 것들과 세부 묘사가 완전히 똑같은 부조로 된 부처상이 여러 개 있었어요.

이곳은 정말 아름답습니다. 너무 아름다워 배고픔을 참고 카메라를 빌리고 필름을 사기 위해 1달러 조금 넘게 썼답니다. 그러고는 병원에서 약간의 음식을 얻어먹었지만 간에 기별도 안

갔습니다.

과테말라까지 기차로 갈 돈이 없었기 때문에 푸에르토 바리오스로 발길을 돌렸습니다. 그곳에서 시간당 2달러 63센트에 12시간씩 타르가 든 드럼통을 하역하는 일을 했습니다. 피에 굶주린 모기들이 떼지어 달려드는 그곳에서 악착같이 일했습니다. 손은 끔찍한 상태였고 등은 더 심했지만, 기분은 무척 좋습니다. 저녁 6시부터 다음날 새벽 6시까지 일하고 바닷가의 빈집에서 잠을 잤습니다. 그후 저는 과테말라로 향했고 앞으로는 좀더 나은 상황을 예상하고 있습니다….

그만 써야겠어요. 편지가 이렇게 엉성한 것은 저의 색다른 생각 때문이 아니라, 바로 옆에서 서로 옳다고 떠들어대는 4명의 쿠바인들 때문입니다.

좀더 조용한 기회에 또 소식을 보내겠습니다.

모두 사랑해요.

나는
낙관적인 운명론자다

9일 동안 지낸 일을 한 마디로 쓴다. 이 며칠은 내적 삶으로 가득 차 있고, 다른 아무것도 없다. 온갖 실수의 집합체, 변치 않는 희망의 소용돌이.

의심할 나위 없이, 나는 낙관적인 운명론자다.

요즘 천식이 심해졌는데, 최근 며칠 동안은 방 밖으로 나갈 수조차 없었다. 어제 베네수엘라인들과 니카노르 무히카와 함께 아마티틀란에 갔던 일을 빼고는. 그곳에서 우리는 심한 논쟁을 벌였는데, 뚱보 로호를 빼곤 모두들 나에게 반대했다. 로호는 내가 그 논쟁에 참여하기에는 도덕적 자질이 부족하다고 말했다.

오늘 나는 하루에 1시간씩 일해서 1달에 80을 받고 의사로 일할 수 있는지를 알아보러 갔다. 과테말라 사회보장국(IGSS)에서는 극도로 확신에 찬 목소리로 그런 자리는 없다고 말했다. 솔로르사노는 친절하고 일처리가 깔끔한 사람이었다. 이제야 오늘 하루를 끝내고 푹 쉴 수 있겠다. 곧 알게 되겠지.

내 삶은 모순적인 결정들로 이루어진 바다이다

1953년 12월 10일 코스타리카의 산호세에서

이모, 나의 이모(베아트리스)

용감하게 다른 짐은 버리고 내 등에 질 수 있는 짐만을 꾸려, 나의 동지인 가르시아와 함께 굽이진 길을 따라 이곳에 오게 될 때까지, 제 삶은 모순적인 결정들로 이루어진 바다였습니다.

엘 파소에서는 유나이티드 프루트의 '영지'를 여행할 기회가 있었습니다. 거기서 저는 이 자본주의의 문어발이 얼마나 끔찍한지 다시 확인할 수 있었습니다. 저는 스탈린의 사진 앞에서 이 자본주의의 문어발을 쓸어버리기 전까지는 쉬지 않겠다고 맹세했습니다. 과테말라에서 제 자신을 갈고닦아 진정한 혁명가가 되기 위해 해야 할 일을 하려고 합니다.

의사 노릇을 하는 외에, 기자 겸 강연자로서 (적지만) 달러를 벌고 있다는 말을 빼놓을 수가 없군요.

다른 분들에게도 포옹과 키스를 보냅니다

강철 같은 몸집, 텅 빈 위장, 사회주의의 미래에 대한 빛나는 신념을 가진 조카로부터

안녕히,
고집쟁이로부터

나처럼 회의적인 사람까지도

나는 수단을 가리지 않고 성공해야만 하며 내가 그렇게 하리라 믿는다. 그러나 나는 또한 그 성공은 내가 갖고 있는 믿음보다 나의 타고난 자질(내 잠재의식이 믿고 있는 것보다 더 훌륭할 것이다)의 결과일 것이라고 생각한다.

그 쿠바인들이 침착하게 거창한 연설을 하는 것을 듣고 나는 마치 작은 아이가 된 듯한 기분이 들었다. 나는 그것보다 10배 이상 객관적으로 연설을 할 수 있으며, 상투적인 표현을 쓰지 않고도 더 잘할 수 있고, 내가 진실을 말하고 있다고 청중들을 확신시킬 수도 있다.

그러나 나는 내 자신을 확신시키지 못하지만, 쿠바인들은 그렇게 한다. 니코는 마이크에다 자신의 영혼을 불어넣었는데, 나처럼 회의적인 사람에게까지도 열정을 갖도록 불을 질렀다.

내 속에서 싸우는 두 명의 나,
사회개혁가와 여행자

1954년 5월 10일

어머니께

여전히 계속 힘들 것으로 보이는 상황은 제쳐 두고, 이 부서들의 고질적인 관료주의에도 불구하고 거주 허가가 날 것 같습니다. 그리고 1달 안으로 친절한 이웃의 신세를 지지 않고도 영화를 볼 수 있게 될 것 같습니다.

제가 아버지께 어렴풋하게 말씀드린 적이 있는 것으로 생각되는 제 계획을 수행하리라 스스로 다짐하고 있어요. 이곳에서 5월 15일쯤 떠나기로 결심했습니다. 이곳을 지나간 동포에게서 물려받은 침낭을 들고 밖으로 나갈 작정입니다.

이렇게 하면 가보고 싶었던 모든 지역을 돌아볼 수 있을 거예요. 페텐은 빼고요. 그곳은 장마철이기 때문에 들어갈 수 없어요. 또 화산도 한두 개쯤 올라갈 수 있을 거예요. 요즘 한 동안 '대지의 편도선'을 보고 싶었어요(얼마나 멋진 표현인가요!). 여기는 모든 취향을 만족시켜주는 화산지대입니다. 내가 좋아하는 화산들은 단순한 것들이에요. 아주 높지도 않고 아주 활동적이

지도 않은.

마음만 먹으면 과테말라에서 부자가 될 수도 있을 거예요. 의과대학에서 학위를 따는 비참한 일을 끝내고, 병원을 차려 알레르기를 치료한다면 말이죠(이곳엔 코맹맹이 환자들이 많답니다).

하지만 그렇게 하는 것은 내 속에서 싸우는 두 명의 나, 사회 개혁가와 여행자 모두를 배신하는 끔찍한 일일 겁니다.

후덥지근한 포옹을 보냅니다. 오늘은 하루 종일 비가 내리고 있으니까요(마테차를 마시는 시간 동안은 매우 낭만적이지만요).

최근의 사건들은 역사에 남을 것이다

최근의 사건들은 역사에 남을 것이다. 처음으로 내 노트에 중요한 일이 기록되는 것 같다.

며칠 전, 온두라스에서 날아온 몇 대의 비행기가 온두라스-과테말라 국경을 넘어 도시 위로 날아와 백주대낮에 사람들과 군사 시설물을 폭격했다. 나는 공공보건연대에 가담하여 의료부문에서 일하고, 청년단에 참가하여 밤에 거리를 순찰했다.

사건의 진행은 다음과 같다. 이들 비행기가 날아간 뒤에, 온두라스로 망명한 과테말라인 카스티요 아르마스 대령이 지휘하는 군대가 국경을 넘어 치키물라라는 작은 도시로 진격한 것이다.

과테말라 정부는 온두라스에 항의를 표시하기는 했지만, 저항하지 않고 그들이 국경을 넘도록 내버려두었다가 이 사건을 유엔에 제출했다.

양키의 충실한 하수인인 콜롬비아와 브라질은 이 일을 미주기구(OAS)에서 다루어야 한다고 주장했다. 그러나 정전협정을 선호하던 소련은 이를 반대했다. 비행기에서 투하한 무기로 대중의 봉기를 유도하려던 침략자들의 시도는 실패했다. 그러나 침략자들은 바나나 농장의 사람들을 포로로 잡았고, 푸에르토 바리오스 철로를 끊어버렸다.

용병들의 목적은 분명했다. 푸에르토 바리오스를 점령한 후 많은 무기들을 실어들이고 이어서 더 많은 용병을 끌어들이려는 것이다. 범선 시에스타 데 트루히요 호가 항구에 무기를 내리려다 나포되었을 때 이것이 명백해졌다. 마지막 공격은 실패했지만, 침략자들은 내륙 지역에서 극도로 잔인한 공격을 감행했다. SETUFCO(유나이티드 프루트 노동조합)의 회원들을 공동묘지에서 살해했다. 그들의 가슴에 수류탄을 던져서.

침략자들은 자신들이 명령을 내리기만 하면 민중들이 그들을 따라 하나같이 봉기할 것이라 믿었다. 그래서 낙하산으로 무기를 투하했던 것이다. 그러나 민중은 곧장 아르벤스의 명령에 따랐다. 침략군들은 온두라스 치키물라를 넘어 국경 근처까지 밀릴 정도로 모든 전선에서 저항에 부딪히고 패배했다.

그러나 온두라스와 니카라과 기지로부터 날아온 비행기들이 전선과 도시에 폭격을 가했다. 치키물라에 엄청난 폭탄이 투하됐고, 과테말라 시에도 폭탄이 투하됐다. 이 폭격으로 인해 몇몇 사람들이 다쳤고, 3살짜리 소녀가 죽었다.

내가 했던 활동은 다음과 같다. 먼저 나는 청년단 본부에 나갔다. 공중보건장관이 우리를 병원으로 보내기 전까지 거기서 며칠간 머물렀다. 그 병원은 내 숙소가 있던 지역에 있는 교사의 집에 있었다. 전방에 가기 위해 지원 신청을 했지만, 그들은 나를 거들떠보지도 않았다. 오늘 6월 26일 토요일, 일다를 보러 간 사이에 공중보건장관이 왔다 가버려서 머리끝까지 화가 치밀었다. 그에게 전선으로 보내달라고 요청하고 싶었는데.

저는 허풍으로 가득 찬 호사가가 아닙니다

1954년 2월 12일

친애하고 늘 존경하지만, 한번도 제대로 찬사를 드린 적이 없는 이모(베아트리스)에게

이모의 이번 편지를 받고 정말 기뻤습니다. 저는 앞서 보내주신 명문장이 담긴 두 편의 편지 중 하나만 받았습니다. '민주적'

우편배달부가 '부'를 공평하게 분배하느라 그랬던 모양입니다.

  제게 더 이상 돈을 보내지 마세요. 그 돈은 이모에게 페루의 모든 은화와 맞먹는 것이니까요. 저는 도로 닦는 일로 여기서 필요한 돈을 벌 수 있어요. 이 일을 하며 수없이 허리를 굽혔다 폈다 하니 요통이 생기고 말았습니다. 저는 요즘 공공위생 기준을 지키느라 열흘에 하루 정도 일하고 있어요. 이곳은 일이 더디고 도로는 위험하기 때문입니다.

  이후 몇 년의 제 계획은 이렇습니다. 2년 동안 머무는 데 필요한 충분한 돈을 벌 수 있는 일을 구하지 못해도, 적어도 6개월은 과테말라에 있을 예정이에요. 돈을 벌지 못하는 경우에는 1년 정도 다른 나라에 가서 일을 하려고 해요. 가능성이 높은 나라부터 말한다면, 베네수엘라, 멕시코, 쿠바 그리고 미국입니다.

  2년짜리 계획이 끝나면 아이티와 산토 도밍고를 포함하여 멕시코, 쿠바, 미국을 방문할 겁니다. 그 후에는 서유럽으로 가서 빈털터리가 될 때까지 머물 예정이에요. 그러는 동안에 시간과 돈이 있다면, 공짜 비행기나 배를 이용하거나 여행하면서 의사로 일하는 등 값싼 방법으로 이모를 보러가려고 해요.

  이 대략적인 계획에는 두 가지 중요한 가변적인 요소가 있습니다. 이들이 계획을 바꿔놓을 수도 있죠. 첫째는 돈이에요. 저에게는 그리 크게 중요하지는 않지만 머무는 기간을 줄이고 여행 일정을 수정해야 하는 등의 일을 만들겠지요. 둘째이자 더 중요한 것은 바로 정치적 상황입니다. 저는 허풍만 치고 아무것도 하지 않는 호사가가 아니에요. 저는 과테말라 정부와 그 안에 있는 공산주의자들이 만든 PGT를 지지하는 확고한 입장을 견지해 왔습니다. 이곳에서 잡지를 발행하고 있는 공산주의적 성향을 지닌 지식인들과도 관계를 맺어 왔어요.

게다가 저는 노동조합들의 의사이기도 합니다. 이러한 상황은 제가 완전히 반동적인 의대와 맞서도록 만들었습니다. 이모가 이러한 상황에 놓인 저에게 충고하고 비판하실 말들을 잘 알고 있어요. 하지만 적어도 제가 솔직하지 않다고 불평하지는 않으시겠지요.

저는 지금 사회의료 분야에 관한 저의 경험을 토대로 잘난 체하는 책을 한 권 쓰고 있어요. 2년 정도 걸릴 듯해요. 제목은 《라틴아메리카에서의 의사의 역할》입니다. 아직까지는 개략적인 계획을 세우고, 첫 두 장을 썼을 뿐이에요. 약간의 인내심과 방법론을 가지면 좋은 책을 쓸 수 있을 거라고 생각해요.

프롤레타리아인 조카가 두려움 없는 포옹을 드리며,

중요한 추신 : 아파트에 사는 것이 어떤지 말해주세요. 그리고 책을 보내면 맡아주실 수 있는지도요. '수상한' 책들은 아니니 걱정은 마세요.

'체볼'이라는 새로운 이름을 얻다

비록 나에게 개인적으로 많은 영향을 준 것은 아니지만, 이틀 동안 정치적 사건들이 잇달아 발생했다. 그것들은 다음과 같다. 전면적 폭격을 가하겠다는 미국의 협박을 받고 온두라스와 니카라과가 전쟁을 선언했으며, 미국이 개입할 것으로 여겨지는 이 상황에서 아르벤스가 사임했다.

아마도 아르벤스가 예측하지 못했을 일이 뒤이어 일어났다. 첫째 날 공공연한 반공주의자인 산체스와 페호 몬손 대령이 디아즈를 지지한다고 선언했다. 첫 포고령은 PGT를 불법화하는 것이었다. 바로 탄압이 시작되었고 대사관들은 망명 요청자들로 가득 찼다.

다음날 일찍 가장 나쁜 일이 일어났다. 디아즈와 산체스가 물러나고 몬손이 정부의 대표가 된 것이다. 2명의 중령을 부하로 해서. 〈민중의 소리〉에 따르면, 그들은 카스티요 아르마스에게 완전히 충성을 바치고 있으며, 금지된 어떤 무기라도 소지한 자들은 처벌한다는 내용의 계엄령이 발표되었다.

나의 개인적 상황은 대략 이렇다. 나는 내가 현재 머물고 있는 이 작은 병원에서 아마 내일쯤 쫓겨날 것이다. 왜냐하면 나는 '체볼(체+ 볼셰비키)'이라는 새로운 이름을 얻었고, 탄압이 다가오고 있기 때문이다.

초상이 있는 일기

 대사관에서 머무는 동안 별다른 획기적인 사건 없이 며칠이 지나갔다. 카스티요 아르마스 정권은 이제 완전히 자리를 잡았다. 장교들이 몇몇 체포되었고 그게 다였다. 많은 사람들과 같은 대사관의 지붕 아래서 공동생활을 하면서 나는 각각에 대해 겉핥기 분석을 하게 되었다.

 로베르토 카스타네다: 과테말라인. 직업은 사진작가지만 그다지 뛰어난 것 같지는 않다. 무용가이기도 하다. 예술가적 기질을 가진 사람이며, 명료한 지성과 자신이 하는 모든 일에서 완벽주의적 열성을 가진 사람 같은 인상을 준다.
 그는 '철의 장막' 뒤를 여행했으며, 비록 당원(공산당)은 아니지만 열성적인 숭배자다. 하지만 마르크시즘의 이론적 지식이 부족하다. 말하자면 이런 부르주아적 결함들 때문에 그는 훌륭한 전사가 되긴 어려울 것이다. 그러나 행동이 시작될 때 우리와 함께 할 것이라는 사실에는 의심의 여지가 없다. 그의 인간관계에서 드러나는 훌륭한 품성은 나를 감동시킨다. 그리고 그는 사실상 무용가 특유의 나약함은 가지고 있지 않다.

 루이스 아르투로 피네다: 과테말라인. 21세. PGT의 회원. 진지한 젊은이이며, 자신의 전투성을 자랑스러워하고 당의 무오류성을 굳게 믿는 친구다. 그래서 그의 가장 높은 포부는 과테말라나 어쩌면 라틴아메리카의 당 서기장이 되어 말렌코프(소련 공산당 서기장 -옮긴이)와 악수하는 것이다.

그는 원칙에 대한 전투적 열의 때문에 당의 규율에 복종하지 않는 모든 것을 깔본다. 스스로를 대단히 지적인 사람이라고 생각하지만, 사실은 아니다. 바보는 절대 아니지만. 자신의 전투성으로 그는 당을 위해 어떠한 종류의 희생도 할 수 있을 것이다.

리카르도 라미네스: 아마 가장 유능한 청년 지도자들 가운데 한 명일 것이다. 분명히 그에게 당은 가정을 대신한다. 그는 청년기부터, 좀더 정확히 말하면 유년기부터 가정을 가진 적이 없는 것 같다. 이제 겨우 23세이므로. 그는 부에노스아이레스로 갈 것이다. 그곳에서의 당 활동 경험이 그에게 도움이 될 것이 확실하다. 그는 상당히 교양이 있고, 그의 문제해결 방식은 다른 동지들보다 훨씬 덜 독단적이다.

움베르토 피네다: 그는 아마도 우리 모두와 대사관 눈에 지도자로 인식되고 있을 것이다. 합리성과 평안을 위해 자신의 아들들과 달리 자신의 폭력적인 충동을 단념한 사람이다. 그의 지적 능력은 대단하지 않으며, 지적인 훈련 또한 마찬가지이다. 그러나 자신에게 기대되는 일이면 무엇이든 해낼 수 있는 훌륭한 전사이다.

아메리카 대륙은 제 모험의 무대가 될 것입니다

1954년 4월 과테말라에서

사랑하는 어머니께

저에 대해 그렇게 높게 평가하시다니 기쁘군요. 어떤 경우에도 고고학이 어른이 됐을 때 저의 독점적인 관심사가 될 것 같지는 않아요. '이미 죽은' 것을 연구하는 것이 제 '삶'의 '길잡이별'이 된다는 것은 다소 역설적이라고 느껴집니다.

두 가지는 확실해요. 그 첫째는 서른다섯 살쯤 되어서 제 인생의 가장 창조적인 시기에 들어서게 된다면, 저의 독점적인 또는 적어도 주요한 관심사는 핵물리학이나 유전학이 될 겁니다. 아니면 지식의 가장 흥미로운 측면들을 조합하는 또 다른 어떤 학문이겠죠.

둘째는 아메리카대륙이 내가 생각해온 것보다 훨씬 중요한 모험의 무대가 될 것이라는 점입니다. 저는 정말 이 대륙을 이해하게 된 것 같아요. 제게 라틴아메리카는 이 세상의 그 어디와도 다르게 느껴져요. 자연스럽게 저는 세계의 나머지 부분도 여행할 겁니다.

"대대한 모험의 첫 단계가 행복하게 마무리되었다. 나는 여기 멕시코에 안착했다. 비록 앞으로 어떻게 될지 알 수는 없지만."

1954년 9월 중순쯤 체 게바라가 자신의 일기에 적어놓은 글이다. 이 생생하고 교훈적인 일기들에서 우리는 그 '기록자'의 삶을 이해할 수 있는 열쇠를 찾을 수 있다. 그의 일기에서 몇 번이고 되짚고 있는 주제들, 곧 새로운 도시에서의 생존을 위한 전투, 수입을 위해 직업적으로 찍은 사진들 그리고 과학적 주제에 대한 관심, 특히 의학에 대한 관심 등.

그는 부모님과 이모에게 보낸 편지에서 "나의 프롤레타리아적 삶을 특징짓는 희망과 절망의 일상적인 연속" 한가운데서 자신이 살아온 과정, 배운 것을 되짚어보고 있다. 독서나 철학, 역사, 문학에 대한 끊임없는 공부 이상으로, 모험적인 라틴아메리카 '순례'에서 얻은 통찰력이 그의 시각을 날카롭게 만들었고, 오늘날까지도 수많은 사람들이 경탄하는 개인적 헌신의 영역으로 그를 이끌었다.

체 게바라가 과테말라에서 얻은 균형잡힌 경험은 현실에 대해 질문하며 끝없이 자신의 변화를 추구하는 그의 삶에서 의심할 바 없이 획기적인 것이었다.

멕시코는 체 게바라의 개인적 삶에서 중요한 사건들이 일어난 곳이다. 그의 첫째 아이인 일디타가 태어난 것을 예로 들 수 있다. 그는 아버지라는 새로운 역할이 가져온 환희와 호기심을 "이제 그 아이에 대해서 말씀드릴게요"라는 편지에서 적고 있다.

자신을 둘러싼 세계를 탐험하는 결연한 여행자이며, 모든 상황과 정세 속에서 자신의 의지력을 시험하는 에르네스토는 '포포카테페틀' 정상에 올랐던 친구들 중의 하나였다. 포포카테페틀이란 그가 자신의 삶에 놓은 거대한 과업의 은유이자, 자신의 의지와 자신이 받아들이기로 결정한 도전 사이의 끊임없는 긴장을 가리키는 은유인 듯하다.

그가 당시 이를 미처 깨닫지 못했더라도, 과테말라에서의 쿠바혁명가들과의 첫 만남은 그를 새로운 탐색, 조사, 모험을 위한 길로 나아가게 할 것이었다. 이런 가능성은 멕시코에서 더욱 구체화되었다. 그의 일기에 재빠르게 기록된 한 가지 사실과 더불어.

"한 가지 정치적 사건은 쿠바혁명가 피델 카스트로를 만난 것이다. 그는 스스로에 대한 확신에 차 있고 극히 대담한 지성적인 젊은이다. 우리는 서로를 좋아하는 것 같다."

우리는 주로 체의 편지를 통해 젊은 시절 그가 부닥친 복잡한 상황을 그 정황에 따라 재구성하거나 그려보거나 상상해볼 수 있다. 우리가 그의 정치사상의 형성, 구체적인 정치적 지식, 그의 의구심과 확신을 추적할 수 있다면, 그것은 그의 편지들 덕분이다.

그는 일기를 통해 어머니를 비롯해 깊이 사랑했던 사람들의 비판을 논평하고, 명료하게 하고, 반박함으로써 고독감, 일시적인 실망감 그리고 떠오르는 확신 사이에서 자신의 길을 찾아나갔다.

우리는 이 글들로부터 고집 센 여행자이자 좋은 경치와, 소명 그리고 운명을 찾아가는 사람인 에르네스토 게바라 르 세르나가 자신이 인생의 전환점에 서 있음을 발견했다는 것을 알 수 있다. 저울의 눈금이 몇 년 앞의 역사를 향하여 기울기 시작했다.

목격자 체 게바라는 일상적 사건들에 대한 묘사를 통해 자신의 변화하는 진로를 알려주고 있다. 다음과 같은 문장을 보자.

"제안되었던 다섯 개의 일자리에서 어느 것 하나도 얻지 못해, 작은 회사의 사진사로 일하기로 했다. 나의 사진기술은 빠르게 발전하고 있다. 미래에 대한 계획은 막연하지만, 두 가지 조사 작업은 끝내고 싶다. 올해는 나의 미래를 위한 중요한 시간이 될 것이다. 이미 병원 일은 그만둔 상태다. 나중에 자세히 써야겠다."

그 해에 게바라는 새로운 땅, 쿠바로 가는 배에 몸을 싣는다. 그곳에서 '우리의 아메리카'를 위한 모험과 투쟁은 새롭고도 더욱 희망 찬 모습을 띠기 시작했다.

—빅토르 카사우스

4-3 멀리서 온 편지 그리고 끝나지 않은 일기
(멕시코 1954~1956)

나는 멕시코에 안착했다

대단한 모험의 첫 단계가 행복하게 마무리되었고, 나는 여기 멕시코에 안착했다. 비록 앞으로 어떻게 될지 알 수는 없지만. 약간의 의구심을 가진 채 나는 과테말라를 떠났다. 마침내 나는 국경에 다다랐다. 국경을 통과하는 데는 돈이 적게 들었지만, 멕시코로 넘어가서부터 전문적인 거간꾼들을 마주치게 되었다.

나는 국경을 넘으려던 괜찮은 과테말라 친구랑 어울리게 되었다. 그는 공대 학생이고 이름은 훌리오 로베르토 카세레스 발레다. 그 역시 여행에 미쳐 있는 것 같다. 나는 큰 도약을 위해 베라크루스로 옮길까 생각중이다. 그 친구와 함께 멕시코에 왔지만, 지금 나는 혼자다. 아마도 (…) 돌아올 것이다.

미국에 대해서라면 나는
털끝만큼도 투쟁심을 잃지 않았어요
1954년 11월

어머니, 나의 어머니
(날짜를 모르겠네요)

제 현재 생활을 말씀드리는 것은 같은 이야기를 되풀이하는 거예요. 왜냐면 전혀 새로운 게 없거든요.

사진은 먹고살기에 충분한 수입이 되고, 빨리 그만둘 수 있을 것 같지는 않습니다. 비록 아침마다 병원 두 곳에서 연구 일을 하고 있지만요. 수도와 아주 가까운 시골 어딘가에서 비공식적인 부문의 의사로 취직할 수 있다면 그게 제일 좋을 것 같습니다. 그러면 몇 달간 의학에 몰두하기가 쉬울 겁니다. 이렇게 하는 건 미국에서 공부한 정통적인 학문에 밝은 학생들과 정보를 교환하고 있기 때문이에요. 저는 피사니에게 알레르기에 대해 많이 배웠다는 것을 확실히 느끼고 있습니다. 제 생각에 피사니의 방법은 아주 뛰어나요. 그래서 저는 그가 쓰는 방법의 모든 면면들을 연습해보려고 합니다. 그러고 나면 저도 제 발로 설 수 있을 거예요. 어디에서든지 말이에요.

저는 여기에서 굉장히 열심히 지내고 있어요. 매일 아침마다 병원 일로 바쁘고 오후와 일요일엔 사진작가로 일하며, 밤에는 조금씩 공부를 하고 있어요. 제가 좋은 아파트에 산다는 건 이미 말씀드렸을 거예요. 요리도 제가 하고 모든 걸 스스로 하죠. 그리고 따뜻한 물을 쓰고 싶은 만큼 쓸 수 있는 덕에 매일 목욕을 하고 있어요.

보시다시피 이런 면에서 저는 변했어요. 하지만 다른 면에서는 똑같아요. 빨래는 자주 하지 않고, 하더라도 엉망으로 하죠. 그러나 아직 세탁소에 맡길 만큼은 충분히 벌지 못하고 있지요.

장학금은 이미 포기한 꿈이에요. 이렇게 큰 나라에서는 그것을 요청할 수 없을 것 같기 때문입니다. 네 일은 네가 해라, 그뿐이죠. 제가 언제나 과감하게 결정을 하는 편이라는 걸 알고 계시죠. 여기서 그 대가는 대단해요. 모두가 굼뜨지만 남이 하는 일에 끼어들지 않아요. 그래서 저는 이곳에서 자유롭게 행동할 수 있고, 시골에 가더라도 마찬가지일 거예요.

당연히 이런 것들이 저의 목표를 놓치게 하지는 않아요. 유럽에는 무슨 일이 있더라도 갈 계획을 세우고 있습니다. 미국에 대해서라면 털끝만큼도 투쟁심을 잃지 않았어요. 하지만 최소한 뉴욕에 대해서는 잘 알고 싶어요. 무슨 일이 일어날지는 전혀 걱정하지 않아요. (만약 내가 뉴욕에 정말 간다면) 그곳에서 반미주의자인 상태로 나올 거예요. 들어갈 때와 마찬가지로.

저는 사람들이 조금씩 깨어나는 것이 기쁩니다. 무엇이 그들을 그렇게 이끄는지 잘 모르겠지만요. 일반적으로 우리가 밖에서 보는 모습으로는 아르헨티나가 주목할 만큼 발전하고 있고, 양키들이 잉여농산물을 헐값으로 팔아넘겨서 일어나는 위기에서 완전히 자신을 보호할 수 있으리라 생각합니다. 하지만 어머니도 아시는 것처럼 아르헨티나는 너무나 무미건조합니다.

공산주의자들 사이에는 어머니가 생각하는 의미의 우정은 없어요. 그렇지만 그들 사이의 우정은 어머니가 생각하는 의미와 같거나 더 나은 거예요. 저는 그것을 분명히 보아왔습니다. 과테말라에서 정부가 전복된 후 벌어진 재난 속에서 모두가 자신만을 돌볼 때, 공산주의자들은 변함 없이 신념과 동지애를 간직했고 그곳에서 활동을 계속 해 나가는 유일한 집단이었어요.

제 생각에 그들은 존경을 받기에 충분합니다. 저는 조만간 그 당에 가입할 겁니다. 당분간 그렇게 할 수 없는 건 제가 유럽 여행을 몹시 하고 싶기 때문입니다. 내가 그런 엄격한 규율을 따라야 한다면 여행을 할 수 없을 테니까요.

파리에 갈 때까지 안녕히.

나의 프롤레타리아적 삶을 특징짓는
희망과 절망의 일상적 연속

나의 프롤레타리아적 삶을 특징짓는 희망과 절망의 일상적 연속과 함께 한 시절이 지났다. 도서박람회에 가는 것은 이젠 끝나버린 꿈이지만, 지금 나는 무언가 새롭고 더 멋진 꿈을 갖고 있다. 똑같이 불안정한 일이긴 하지만. 〈아젠시아 라티나〉의 사장이 일주일에 3번 멕시코에서 일어나는 사건들을 종합하는 기사를 쓰는 일자리를 제안했다. 그 일로 한 달에 500페소를 벌 수 있을 것이다. 지금은 사진사 일을 계속 하고 있지만, 점점 계속하고 싶은 마음이 없어진다. 그 일을 계속할지는 아직 결정하지 않았지만, 우리는 현금이 필요하다.

여행은 꽤나 길었고 우리는 후퇴했습니다

1954년 말
멕시코에서

어머니, 나의 어머니

어머니가 강조하셨다고 생각하는 의견 차이는 잠시 동안의 일이 될 거라고 약속드릴게요. 어머니가 그렇게나 염려하시는 일은 두 가지 길을 통해 도달할 수 있습니다.

하나는 긍정적인 길인데, 누군가를 직접적으로 확신시키는 거죠. 반면 부정적인 길은 모든 것의 환상을 깨는 겁니다. 저는 두 번째 길을 따라왔습니다. 하지만 곧 첫째 길을 따르는 게 중요하다는 것을 확신하게 되었어요. 외국인들(그들이 양키라는 것을 기억하시죠)이 남미를 다루는 방식이 저를 점점 분노하게 만들어요. 하지만 동시에 저는 그들이 취하는 행동을 연구했고, 그 행동이 '과학적'이라는 것을 알게 되었습니다.

그런 후 과테말라의 일이 벌어졌어요. 어떻게 사람들의 열정의 대상이 그놈들의 의도 때문에 옅어져버릴 수 있는지, 어떻게 빨갱이들의 범죄라는 새롭게 꾸며낸 이야기가 이미 날조되고 있었는지, 어떻게 과테말라의 배반자들이 새로운 질서의 식탁 밑에서 빵 부스러기라도 얻어 보려는 속셈으로 그런 이야기를 퍼뜨리고 다녔는지 자세히 설명하기는 어렵습니다.

정확하게 어느 순간부터 제가 이유를 따지는 것을 접어놓고 신념과 같은 것을 얻게 되었는지, 대략이라도 말씀드리기 어렵군요. 여행이 꽤나 길었고 많은 후퇴가 있었기 때문입니다.

우리는 서로를 좋아하는 것 같다

요즘 한 가지 정치적 사건은 쿠바혁명가 피델 카스트로를 만나는 것이다. 그는 스스로에 대한 확신에 차 있고 극히 대담한 지성적인 젊은이다. 우리는 서로를 좋아하는 것 같다.

사건에 대해 말씀드릴게요

1956년 6월 6일
멕시코 연방 교도소

부모님께

아버님이 보낸 편지를 이곳 미구엘 슐츠에 있는 저의 '아름다운 새 집'에서 받았습니다. 페티트가 방문해 부모님들이 걱정하신다는 이야기도 해주었습니다. 그 사건에 대해 설명해드리겠습니다.

얼마 전, 꽤 오래 전에, 한 젊은 쿠바인 지도자가 저에게 그의 운동에 동참하라고 요청했습니다. 그것은 쿠바의 해방을 위한 무장운동이었고, 저는 당연히 받아들였어요.

제가 맡은 일은 언젠가 쿠바에 발을 들여놓게 될 한 무리의 지원자들을 육체적으로 훈련시키는 일인데, 지난 몇 달은 선생 신분으로 비밀리에 이 일을 수행했습니다.

제가 교외의 어느 목장에 가느라 멕시코시티의 집을 떠나 있던 때인 6월 21일에 피델이 한 무리의 동지들과 함께 체포되었습니다. 그 집에서 우리가 머물던 곳의 주소가 발견되어 모두가 그물에 걸렸지요.

저는 러시아 학생 증명서를 갖고 있었고, 그들은 이것만으로도 충분히 제가 조직에서 중요한 직책을 맡고 있다고 결론을 내렸습니다. 그러자 아버지께서 존경해 마지않는 언론매체들이 온 세상에 떠들어대기 시작했지요.

이것이 여태껏 일어난 일들을 종합한 것입니다. 미래는 두 가지로 예상할 수 있습니다. 하나는 중장기적인 것이고 다른 하나는 임박한 것입니다. 중장기적으로 말하면, 저의 미래는 쿠바혁명의 미래에 달려 있습니다. 쿠바혁명과 함께 승리하거나 거기서 죽을 것입니다(이것이 얼마 전에 보냈던 제 편지가 알 듯 모를 듯하고 낭만적이었던 이유입니다).

임박한 미래에 대해서는 말씀드릴 수 있는 것이 별로 없습니다. 저에게 무슨 일이 일어날지 알 수 없으니까요. 저의 운명은 재판관의 손에 달려 있어요. 제가 중립적인 어떤 나라로부터 망명 허가를 얻어내지 못한다면, 아르헨티나로 추방되기 쉬울 겁니다. 망명할 수 있다면 그것이 저의 정치적 건강에 좋을 거예요.

감옥에 머물게 되든지 자유인으로 떠나게 되든지, 어떤 경우라도 저는 새로운 목적지를 향해 떠나야 합니다. 일단은 새로운 정부가 정치범 사면을 선언한 페루로 돌아갈 겁니다.

이런 이유들 때문에 이제부터는 제가 보내는 편지가 드물어질 겁니다. 게다가 멕시코 경찰은 편지를 몰수하는 '멋진' 버릇이 있으니, 앞으로는 집안 일이나 평범한 일 말고는 다른 것은 쓰지 마세요. 베아트리스 이모에게 키스를 전해주시고, 제가 왜 편지를 못 쓰는지 설명해주세요. 그리고 한동안은 신문 보내는 일도 걱정하지 말라고 전해주시고요.

우리는 불법적인 구금과 동지들에게 가해진 고문에 항의하기 위해 무기한의 단식에 들어가려고 합니다. 모두들 사기가 높은 상태입니다.

당분간은 집에서 저에게 편지를 쓰세요.

어떤 이유로든 제가 더 이상 편지를 쓰지 못하고, 수감자들 속에서 삶을 마치게 된다면, 이 글을 마지막 인사로 생각해주세요. 거창하진 않지만 진심이 담겨 있어요.

저는 나 자신의 진실을 찾으려고 비틀거리며 제 인생을 보냈습니다. 그러다가 그 길 어느 곳에서 저를 불멸케 할 딸을 남기며 저의 한 시대를 마감했습니다. 나는 지금 이 순간부터 죽음을 좌절로 받아들이지 않고, 히크멧이 말했던 의미 정도로만 받아들일 것입니다.

"나는 아무것도 후회하지 않으며 나의 무덤 속으로 들어가리라, 오직 못다 부른 노래만을 아쉬워하며."

모두에게 키스를,
에르네스토로부터

오늘은 좋은 할아버지가 된 듯한 기분이다

 오늘은 훌륭한 조언을 해주는 좋은 할아버지가 된 기분이다. 파토호는 그의 '악당' 동생과 함께 과테말라로 떠났다. 이것은 우리가 나눈 대화의 결과였다. 나는 그가 싸우지 않고 무언가로부터 달아나고 있다고 말했다. 그가 나에게 읽어준 자기 어머니에게 보낸 편지에서 말했듯이. 그는 다음날 떠나기로 마음을 먹었고 얼마 지나지 않아 그의 동생이 따라나섰다.

그가 이전에 내게 빌려 주었던 돈을 갚은 데다가 피아자에게서 빌린 150달러를 보태주었다.

나는 지금 이상한 상황에 있다. 〈아젠시아 라티나〉에서 나오는 월급에 의지해 살아가고 있는데, 그들은 내게 매우 불분명한 약속을 하면서 나를 속이고 있는 것이다.

나는 학문적인 분야에 커다란 희망을 가지고 있지만, 현실은 내가 그 희망을 위해 무언가 할 수 있게 놔두지 않는다. 나는 거름종이를 갖고 전기 이동 과정을 공부하기 시작했고, 그걸로 1주나 2주 쯤 지나 새로운 일을 시작할 희망을 품고 있다.

집에 거의 편지를 쓰지 않아 무슨 일이 일어나고 있는지 모르겠다.

위대한 일에는 열정이 필요하다

1956년 7월 15일, 멕시코

저는 예수나 박애주의자가 아니에요, 어머니. 오히려 저는 예수같은 인물의 반대이며, 박애주의는 나에게 (판독불가)처럼 보여요. 그렇지만 저는 제가 믿는 바를 위해서는 저의 손에 닿는 모든 무기를 가지고 투쟁하고 있습니다. 저는 제가 십자가나 다른 어디에 못 박히는 대신 다른 사람을 눕히고자 합니다.

단식투쟁에 관해서는 어머니가 완전히 틀리셨어요. 우리는 단식투쟁을 2번 했는데, 첫 번째 투쟁 때 당국은 24명의 수감자 중 21명을 석방했습니다. 두 번째 투쟁 때에는 그들이 이 운동의 지도자인 피델 카스트로를 석방하겠다고 발표했어요. 내일이죠. 그리고 만약 그들이 말한 대로 실행한다면, 단지 2명만이 감옥에 남게 돼요.

일다가 넌지시 말했던 것처럼, 혹시 어머니가 저를 포함해서 남은 2명이 희생당하고 있다고 믿지 않았으면 좋겠어요. 우리는 단지 서류가 준비되지 않아 우리 동지들이 이용한 조건을 이용할 수 없을 뿐이에요.

저의 계획은 망명할 수 있는 가장 가까운 나라로 가는 겁니다. 그들이 저에게 떠맡긴 범아메리카적인 '명성' 때문에 어렵겠지만. 또 제 활동이 필요한 때를 대비해 준비를 하는 것입니다. 다시 한 번 말씀드리지만, 다소 오랜 동안 편지를 못 쓸 것 같아요.

진짜로 저를 괴롭게 하는 것은 어머니가 이 모든 것을 이해하시지 못한다는 것과 어머니가 충고하시는 온순함, 자기중심주의 등입니다. 달리 말하면 개인이 가질 수 있는 가장 형편없는 자질이지요. 저는 온순하지 않을 뿐만 아니라, 그렇게 되려고 하지도 않을 것입니다. 그리고 언젠가 제 안의 성스러운 불꽃이 소심하고 조그만 봉헌 촛불로 바뀌는 것을 알게 된다면, 저는 메스꺼워서 제 똥 위에 토하게 될 겁니다.

어머니가 권하시는 적당한 자기중심주의는 노골적이고 줏대 없는 개인주의입니다. 저는 그와 같은 20세기의 미덕을 제 안에서 없애기 위해 무척 노력해왔습니다. 제가 의미하는 것은 제가 모르는 겁쟁이 유형이라기보다는 방종한 사람입니다. 오해나 다른 이유로 자신의 힘을 자각하면서 생겨나는 자기만족으로 이웃에 무관심한 사람 말입니다.

이전에 훈련을 하던 때도 그리고 감옥에 갇힌 요즘도 저는 저 자신을 다른 무장한 동지들과 완전히 동일시합니다. 예전에는 어리석다거나 최소한 이상하다고 느꼈던 말이 생각납니다. '나'라는 생각이 '우리'라는 생각에 자리를 모두 내줄 정도로 투사집단 구성원들이 서로를 완전히 동일시하는 것에 관련한 것이지요. 그것은 공산주의 원칙이었습니다. 이론적인 과장인 것처럼 보일 수 있으나, '우리'를 위해 '나'를 거부하는 이 느낌은 정말 아름다웠으며, 여전히 아름답습니다.

(이 얼룩들은 피눈물이 아니고 토마토즙입니다.)

위대한 발명이나 예술 작품들이 온순함 또는 '적당한 자기중심주의'로부터 나온 것이라고 생각하시면 크게 잘못된 것입니다. 위대한 일에는 열정이 필요하며 그리고 대담성도 상당한 정도 필요합니다. 이런 자질은 인간으로서 우리가 일반적으로 가지고 있습니다.

그리고 또 한 가지 이상한 것은 어머니가 되풀이하시는 '아버지 하나님'이라는 말입니다. 저는 어머니가 유년기의 양우리로 돌아가지 않았으면 좋겠습니다. 또한 어머니가 보내신 구조요청들이 아무런 소용이 없었음을 알립니다.

페디트는 머뭇거렸고, 레시카는 문제를 피하고 (나의 지시를 거부하고) 일다에게 정치적 유랑자의 의무에 대해 설교를 했어요. 라울 린치는 멀리서 잘 해나가고 있고, 파디야 네르비오는 그들이 다른 부서에서 왔다고 말했어요.

제가 스스로 이상을 저버릴 경우에만, 그들 모두가 제게 도움이 될 수 있습니다. 그리고 나는 어머니가 어디서고 자신의 의무를 다하다가 죽은 아들보다 바라바(예수 대신 석방된 도둑 —옮긴이)처럼 행동하여 살아 있는 아들을 더 반길 것이라 생각하지 않습니다. 이런 식으로 도움을 주려는 시도는 그들과 저에게 부담만 줄뿐입니다.

다시 말하지만 쿠바의 잘못들을 바로잡은 뒤에는 어디든지 갈 것입니다. 그리고 단언하건대 관료들의 사무실이나 알레르기나 치료하는 병원 같은 곳에 갇힌다면 저는 망가지고 말 거예요.

결론적으로 이 고통, 아들이 살아 있길 바라는 늙어 가는 어머니의 고통은 이해할 만하며, 제가 반드시 마음을 써야한다고 생각합니다. 그리고 그 이상으로 마음을 쓰려고 해요. 저도 어머니가 보고 싶어요. 어머니를 위로해드리기 위해서만이 아니라, 때

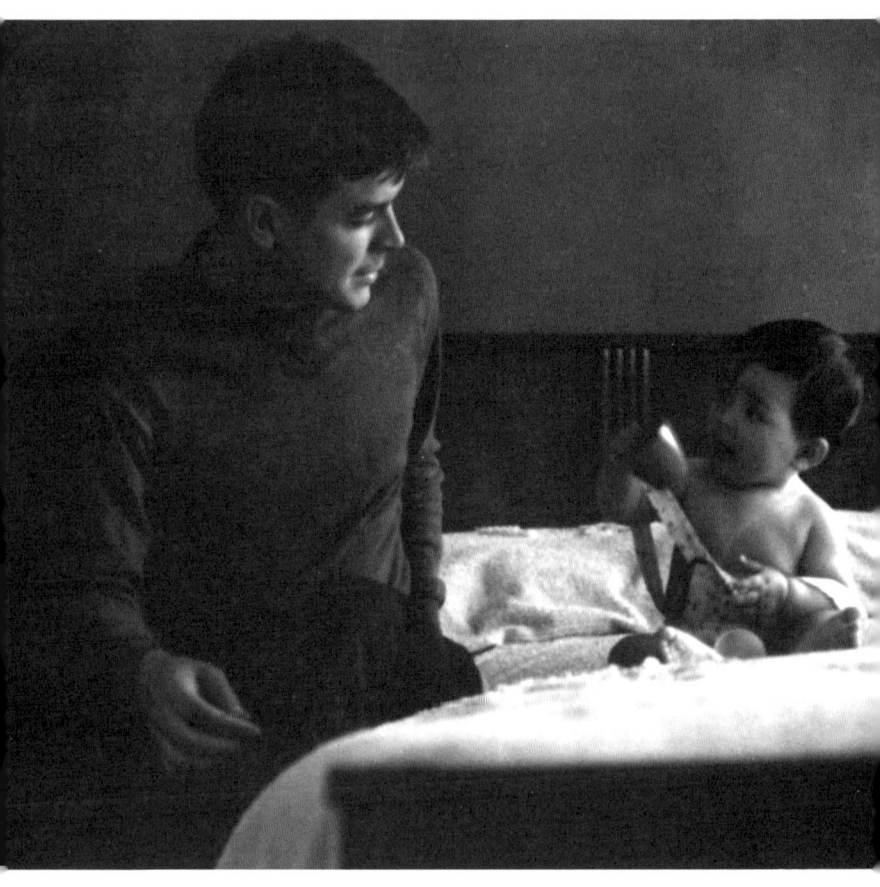

때로 일어나는 부끄러운 제 향수를 위로하기 위해서도요.

어머니에게 키스를 보내요. 그리고 아무 일도 없다면 찾아 뵐 것을 약속드릴게요.

당신의 아들, 체

나는 아버지가 되었다

오랜 시간이 흘렀고, 나는 많은 것들을 알려주지 못했다.

가장 중요한 사건만 이야기해야겠다. 1956년 2월 15일부터 나는 아버지다. 일다 베아트리스 게바라가 내 첫 아이다.

이제 그 아이에 대해 말씀드릴게요

멕시코, 1956년 4월 13일

사랑하는 어머니

이제 글 쓰는 습관조차 잃어버렸지만, 이것만이 부에노스아이레스의 상류층으로부터 소식을 얻을 수 있는 유일한 방법이라는 것 또한 확신하고 있습니다.

이제 그 아이에 대해서 말씀드릴게요. 저는 그 아이 때문에 굉장히 행복하답니다. 나의 공산주의적 영혼이 기쁨으로 가득 찼어요.

아이는 마치 마오쩌둥 같아요. 벌써 조그만 머리통 가운데에서 머리가 벗겨지기 시작하는 조짐과 온화한 지도자의 눈빛, 튀어나온 턱을 볼 수 있답니다. 지금은 5킬로그램이 채 안 되지만, 시간이 지나면서 몸무게가 늘겠지요.

아이는 어떤 아기들보다도 응석받이고 먹는 것도 어릴 때의 저와 똑같아요. 적어도 이 아이의 할머니 이야기대로라면 말이죠. 우유가 코로 나올 때까지 숨도 쉬지 않고 빨아들인답니다.

방패를 들고, 공상의 나래를 펴고

1956년 10월쯤

사랑하는 어머니

기억하시겠지만, 만일 기억이 나지 않는다면 지금 제가 상기시켜 드릴게요. 저는 의사의 역할 등에 관한 책을 쓰고 있었습니다. 아직은 '육체와 영혼' 같은 제목이 붙은 팜플릿 냄새를 풍기는 두 장을 끝냈을 뿐이지만.

하지만 그것은 모든 대목에서 주제의 기본에 대한 완전한 무지를 드러내는 형편없이 쓰여진 쓰레기에 지나지 않았어요. 그래서 공부를 더 하기로 결심했습니다. 다시 그것을 쓰기 위해 모험을 좋아하는 나의 본질적인 행로에 모순되는 일련의 결론을 내렸지요.

저는 중요한 일부터 해결하기로 했습니다. 방패를 들고, 공상의 나래를 펴고 세상의 질서에 맞서기 위해서 그리고 만약 적들이 내 머리를 깨뜨리지 않는다면 나중에 더 쓰기 위해서.

또 한 번의 키스, 아직 변변치 않은 작별인사지만 사랑을 담아.

당신의 아들

올해는 나의 미래를 위한 중요한 시간이 될 것이다

제안되었던 다섯 개의 일자리에서 어느 것 하나도 얻지 못해, 작은 회사의 사진사로 일하기로 했다. 나의 사진기술은 빠르게 발전하고 있다. 미래에 대한 계획은 막연하지만, 두 가지 조사 작업은 끝내고 싶다. 올해는 나의 미래를 위한 중요한 시간이 될 것이다. 이미 병원 일은 그만둔 상태다. 나중에 자세히 써야겠다.

에르네스토 게바라는 시에라 마에스트라에서 목격자로서의 자신의 사명을 재확인한다.

멕시코에서 해방전쟁을 준비하던 시기에, 그의 쿠바인 동지들은 이후 그가 자신의 일과 전쟁을 수행하는 동안 따라다니게 된 '체'라는 이름을 지어주었다. 그러나 19세기의 혁명적 쿠바 언론의 성격을 간직한 신문 〈엘 쿠바노 리브레〉에는 '프란코티라도르(저격수)'라는 필명으로 기고한다.

이 간단한 논평들은 아직 혁명전쟁의 일화들을 다루고 있지 않다. 그 이야기는 1959년 승리 이후에 정기간행물인 〈베르데 올리보〉에 실리게 되며, 1963년 〈에디시오네스 유니온〉에 의해 책으로 출판되면서 다시 빛을 보게 된다.

'장전되지 않은 총으로'라는 칼럼에 쓴 이 기사들은 전쟁의 압박 속에서 빠른 정보의 전달과 이념적 목적을 가지고 급하게 쓰여진 것으로 두 가지 다른 주제를 다루고 있는데, 필자의 날카로운 유머와 뛰어난 풍자로 결합되어 있다.

반군 신문을 위해 긴박한 글을 쓰는 이 사람은 방랑하던 그 라틴 아메리카인이다. 또한 아니기도 하지만. 그는 조사와 분석 능력을 유지하면서 이제 자신의 길을 찾아내게 되었다. 이런 능력은 그를 다른 땅, 다른 위업, 다른 전투로 이끌게 된다.

그에게 우정을 넘어서는 가치는 없었다. 그것은 이제 전투에서 형성되고 강해진다. 지금까지 출판된 적이 없는 시로 레돈도에 관한 그의 인물 묘사가 여기에 실려 있다.

시에라 마에스트라에서 호르헤 리카르도 마세티가 진행한 인터뷰 '내가 몇 년만에 만난 동포'도. 이 인터뷰에서는 날카로운 유머가 돋보인다.

후에 《혁명전쟁의 에피소드들》에 실리게 되는 그 자신의 이야기 '살해당한 강아지'에서는 일상에서 일어나는 자잘한 사건들을 따뜻하게 바라볼 줄 아는 활기차고 감수성이 풍부한 작가의 모습을 볼 수 있다.

―빅토르 카사우스

5

시에라 마에스트라에서 쓰는 이야기

신이 아르헨티나에 있다는 것을 믿으세요

셀리아 데 라 세르나 앞
아라오스가 2180번지
부에노스 아이레스, 아르헨티나

사랑하는 부모님께

저는 잘 지내고 있습니다.

목숨 둘은 잃었지만, 아직 다섯은 남았어요.*

저는 여전히 같은 일을 하고 있습니다. 제 소식은 띄엄띄엄 전해질 것이고 앞으로도 계속 그럴 것입니다. 그렇지만 신이 아르헨티나에 있다는 것을 믿으세요.

아르헨티나, 부에노스 아이레스
모두에게 힘찬 포옹을,
테테**로부터

* 서양 여러 나라 미신을 보면 고양이는 목숨을 아홉 개 가지고 있지만, 스페인 미신에서는 일곱 개를 가지고 있다.
** 체가 쿠바에서 쓴 가명이 테테 칼바체였다.

우리의 영혼은 연민으로 가득 차 있다

(장전되지 않은 총으로, 저격수가)

한 동물보호단체가 로켓에 실려 우주를 날고 있는 시베리아산 개 라이카에 대한 온정적 조치를 요구하며 유엔 빌딩 앞에서 여섯 마리의 개를 데리고 행진했다.

우리의 영혼은 그 동물이 자신이 이해하지 못하는 '고상한' 이유로 영광스럽게 죽어갈 것을 생각하며 연민에 빠진다.

그러나 우리는 미국의 어떤 박애주의 단체도 그 고귀한 빌딩 앞에서 우리 농부들에 대한 온정적 조치를 요구하는 행진을 하고 있다는 소식을 들은 적이 없다. 우리 농부들이 P-47기와 B-26 폭격기가 난사하는 기관총에 맞거나 폭격을 당하거나 군인들이 쏘는 M-15의 총탄으로 벌집이 되어 떼죽음 당하고 있는데도.

박애주의 단체의 회원들은 농부들의 죽음이 미국정부 내에 있는 자기 동포들이 시원한 무기 때문이라는 것을 알고 있을까? 아니면 정치적 편의주의의 틀에서는 시베리아산 개 한 마리의 목숨이 수천 명의 쿠바 농민의 목숨보다 더 가치가 있다는 것인가?

시로에 관한 전기적 소묘

(장전되지 않은 총으로, 저격수가)

7월 26일 시로 레돈도는 섬의 먼 동쪽에 있는 아르테미사에서 몬카다로 왔다. 피델이 이끄는 한 무리의 전사들과 함께 이 땅에서 독재에 맞서 싸우려고.

사람들은 평화로운 해결책이 있으리라는 기대를 버리고 마지막 국면으로 치닫고 있는 머나먼 혁명의 길에 나서고 있었다.

그는 피네스 감옥 섬에서 오랜 동안 그리고 멕시코에서의 훈련 기간 내내 피델 카스트로와 함께 있었다. 그는 전사로서 그란마 호를 탔던 82명 가운데 하나였다. 그가 죽은지 5일 뒤에 첫번째 기념일이 돌아오는 그 미숙한 전투에서 곧바로 대위로 진급되었다.

그의 혁명에 대한 흔들리지 않는 신념과 절대적인 충성심은 남달랐다. 그는 가장 눈에 띄는 전사들 중에서도 눈에 띄었다. 언제나 위험에 맞서고 전투의 최전선에 섰으며, 겨우 26살이라는 나이로 분대를 이끌다가 전사한 곳도 여기이다.

비할 데 없는 친구, 완벽한 혁명가인 시로 레돈도는 오직 선택받은 자들만이 밟은 영원한 역사의 길을 밟는다.

이 인민의 대위가 가진 독수리 눈빛이 혁명의 최종적인 승리를 기념할 동상 속에 내가 지금 기억하는 그대로 담겨져야 한다. 그것이 시로를 정당하게 대우하는 길이다.

우리에게 세계는 얼마나 쿠바처럼 보이나

(장전되지 않은 총으로, 저격수가)

라디오와 신문을 통해 바깥 세계의 목소리가 시에라 마에스트라의 땅에 들려온다.

이 매체들은 바깥 세계의 사건들을 더 명확하게 보도하고 있다. 여기서 날마다 저질러지는 범죄와 연관시킬 수 없기 때문이겠지만. 그리하여 우리는 키프러스, 알제리, 이프니 그리고 말레이에서 일어나는 혼란과 죽음에 대해 알게 되었다. 이 모두는 공통된 특징을 갖고 있다.

1) 정부군은 '반란군을 공격해 엄청난 사상자'를 만드는 전과를 거뒀다.

2) 포로는 없다.

3) 정부는 "새로운 것은 없다"고 보도한다.

4) 나라와 지역을 불문하고 모든 혁명가들은 '공산주의자들로부터 비밀스런 지원'을 받는다.

우리에게 세계는 얼마나 쿠바처럼 보이는가! 어딜 가나 마찬가지다. 애국자들은 무장을 했든 아니든, 반군이든 아니든, 살해당한다. 무장한 압제자들은 '치열한 전투 뒤에' 전적을 얻는다. 목격자들은 모두 살해되기 때문에 당연히 포로는 없다.

정부군측에서는 절대로 사상자가 나지 않는다. 때때로 이것은 사실이다. 비무장한 민중을 죽이는 것이 그리 위험한 일은 아니기 때문이다. 그렇지만 이것이 터무니없는 거짓말인 때도 있다. 시에라 마에스트라가 그것을 입증할 수 있다.

마지막으로 그들이 늘 내뱉는 낡아빠진 비난이 '공산주의자들'이란 것이다. '공산주의자들'이란 세계의 어느 곳에서든 비참한 생활에 너무나 지쳐서 무기를 드는 사람들이다. '민주주의자들'은 비참한 생활에 분노한 사람들을 죽이는 자들이다. 남자든 여자든 아이들이든 가리지 않고 말이다.

전 세계는 쿠바를 닮았다. 여기서 일어나는 일이 모든 곳에서 벌어지고 있다. 야만적인 폭력과 불의에 맞서서 인민들이 마지막 말을 할 것이다. '승리'라는.

참으로 오랜만에 만난 동포
(1958년 4월, 아르헨티나 기자 호르헤 리카르도 마세티와의 인터뷰)

잠에서 깼을 때 나는 실망했다.

5시까지 총성도 듣지 못한 채 평화롭게 잠을 잤던 것이다. 정부군이 잠시 공격을 펼쳤으나, 체가 오틸리아 지역에 없으며 매복을 준비한다는 것을 알고 곧바로 기지로 물러난 것이었다.

나는 반쯤 어두워진 방에 누워 총소리가 나기를 애타게 기다렸다. 안전장치를 푼 기관총을 들고 있던 비렐레스는 탱고를 들으러 부에노스아이레스에 갈 거라고 다짐하고 있었다. 새벽 2시경에 소리 마린과 나는 2개밖에 없는 매트리스에 몸을 눕혔다. 2개를 붙이면 3명까지도 누울 수 있었지만, 5명은 안 된다는 것을 깨어났을 때 알게 되었다.

비렐레스는 보초를 서기 위해 나간 상태였고, 칸텔롭스는 안락의자에서 코를 골고 있었다. 릴리브레가 나타나 침대 발치에서 몸을 긁적이며, 갑자스레 배에 난 뽀루지 때문에 밤새도록 힘들었다고 이야기했다.

몇 분 만에 기숙사 같았던 장소가 식당, 사무실 그리고 진료소가 되었다. 이제 모두가 일어서 있고, 무엇을 하고 있는지에 상관없이 그들이 묻는 유일한 것은 사령관이 도착했는지다.

게바라는 오전 6시에 도착했다. 분주하게 움직이는 젊은이들

(그들은 내가 오래 전에 그만둔 일인 세수를 하고 있었다)을 감탄하며 바라보고 있을 때, 땀에 젖은 한 무리의 반군들이 가벼운 배낭을 메고 무거운 무기를 든 채 각각 다른 방향에서 나타나기 시작했다. 그들의 주머니는 총탄으로 불룩했고, 단추 없는 셔츠의 보호조차 없이 가슴에 탄창 벨트를 비껴 두르고 있었다.

그들은 전날 밤 산체스 모스케라 부대를 겨냥한 매복작전에서 나갔다가 돌아오는 사람들이었다. 지치고 졸린 표정이었으나, 혐오스런 그 대령의 군대와 싸우려는 열의로 들끓고 있었다.

잠시 후 에르네스토 게바라가 도착했다. 그는 다리를 달랑거리며 노새를 타고 있었다. 그의 등 뒤에는 언뜻 봐도 건장한 그의 몸을 지탱하는 2개의 막대처럼 보이는 베레타 한 정과 망원렌즈가 장착된 라이플이 삐져나와 있었다.

노새가 다가오자 탄창들과 권총 한 정이 꽂혀 있는 가죽 탄창 벨트가 그의 허리에 매달려 있는 것이 보였다. 그의 셔츠 주머니에는 잡지 두 권이 꽂혀 있었다. 목에는 카메라가 걸려 있었고, 턱에는 턱수염이 되려는 듯한 털이 조금 나 있었다.

그는 진흙투성이의 커다란 장화를 차분히 땅에 디디며 노새에서 내렸다. 내게 다가오는데 키가 178센티미터쯤 되어 보였다. 그가 앓았던 천식조차 그의 성장을 방해하지 못한 것 같았다.

소리 마린이 우리 둘을 서로에게 소개해주었다. 2명의 아르헨티나인이 함께 있는 것을 본 적이 없는 20명의 군인들은 우리가 약간 무심하게 인사하는 것을 보고 실망한 눈치였다.

그 유명한 체 게바라는 내 눈에 전형적인 아르헨티나 중산층 출신 젊은이이자, 젊어진 칸틴플라스처럼 보였다.

그는 나를 아침식사에 초대했고 우리는 거의 아무 말 없이 밥을 먹었다. 당연히 그가 먼저 몇 가지 질문을 했다. 그리고 당연히 그것들은 아르헨티나의 정치적 상황에 관한 것이었다.

나의 대답은 그를 만족시킨 것 같았다. 이야기를 시작한지 얼마 지나지 않아 우리가 많은 것들에 동의하고 있고, 우리 둘은 사실 전혀 위험한 인물들이 아니라는 것을 깨닫게 되었다. 우리는 같은 세대의 두 아르헨티나인 사이에서 으레 보이는 약간의 신중함을 유지하긴 했지만, 곧 꽤 솔직하게 이야기를 나누기 시작했다. 그리고 반말을 쓰기 시작했다.

우리의 이야기를 들으려고 노력하던 농민 출신 병사 한 사람은 게바라에게 우리가 이야기하는 모습을 쿠바인들이 얼마나 재미있어 하는지에 관해 재미있는 논평을 해주었다. 서로가 느끼는 즐거움 때문에 우리는 곧 덜 무거운 대화를 나누게 되었다.

그 후 그에게 내가 왜 시에라 마에스트라에 왔는지 이야기했다. 쿠바혁명에 대해 분명히 알고 싶다는 것을, 특히 나 자신이. 지난 17개월간 쿠바에서 일어나고 있는 혁명에 대해서 누가 책임을 지고 있는지, 어떤 외국의 도움도 받지 않으면서 어떻게 그토록 오랜 기간 지속해나갈 수 있는지, 쿠바인들이 진정으로 혁

명가들을 지지한다면 왜 단호하게 바티스타 정부를 엎어버리지 않는지 등. 다른 수많은 질문도 던졌다. 사실 그 가운데 상당수는 오틸리아로 오는 동안 이미 답을 찾은 것들이었다.

마을에서 일어나는 테러를 가까이에서 보았고, 산에서는 총격을 경험했고, 실전에서 쓸 수 있는 무기들을 손에 넣기 위해 자살적인 매복작전에 참가하는 비무장 게릴라들을 보았다. 까막눈인 농민 출신 전사들이 자신의 목소리로 그러나 명확하게, 그들이 왜 싸우는지 이야기하는 것도 들었다.

나는 우두머리의 말이라면 무엇이든 받아들이는 광신도들 속에 있는 것이 아니었다. 그들이 그토록 자랑스러워하는 진정한 노선으로부터 이탈하면 모든 것(새로운 반란을 포함하여)이 끝장이라고 자각하고 있는 사람들 속에 있다는 것을 깨달았다.

그러나 그 모든 것에도 불구하고 나는 믿지 않았다. 그들의 지도자들이 무슨 생각을 가졌는지 철저하게 밝혀 수긍하기 전까지는 싸우는 농민들에게 완전히 공감하는 것을 거부했다. 미국 항공대가 바티스타 측에 넘겨준 비행기들이 내가 있던 곳을 몇 번 폭격했음에도 불구하고, 어떤 양키 콘소시옴이 피델 카스트로를 후원하는 데 열심이지 않다고 분명히 인정하기를 거부했다.

젊은 아르헨티나 의사에서 자신의 조국과 아무 관련도 없는 혁명의 창조자이자 영웅, 곧 '사령관'으로 변한 게바라에게 내가 첫 번째로 던진 구체적인 질문은 이것이었다.

"당신은 왜 여기에 있는가?"

그는 파이프에 불을 당겼고 나도 담배에 불을 붙였다. 그리고는 길어질 수도 있음을 예상한 공식적인 대화를 시작했다. 그는 쿠바인들이 매우 아르헨티나적이라고 믿는 차분한 방식으로 대답했다. 내게는 쿠바적이면서 멕시코적인 방식으로 보였지만.

"나는 단지 아메리카에서 독재자들을 제거하는 유일한 길은 그들을 타도하는 것이라고 생각하기 때문에 여기에 있습니다. 타도는 그들의 몰락을 어떤 수단으로든 돕는 것인데, 직접적일수록 더 낫다고 생각합니다."

"당신은 당신의 나라가 아닌 나라의 내부문제에 개입하는 것이 간섭으로 비칠 수 있다는 것을 걱정하지 않습니까?"

"나는 아르헨티나뿐만 아니라 라틴아메리카 전체가 나의 조국이라고 생각합니다. 내 조국의 역사는 마르티(호세 마르티. 1853-1895. 스페인으로부터 쿠바 독립을 위해 싸운 시인이며 정치가 —옮긴이) 조국의 역사만큼이나 영광스럽습니다. 그리고 내가 그의 가르침을 따르는 곳도 정확히 그의 나라 안에서입니다.

내가 나 자신, 내 모든 것을 바친다면, 내가 정당하고 대중적이라고 생각하는 대의를 위해 내 피를 바친다면, 사실상 무기, 비행기, 돈, 군대의 고문단 같은 외세의 간섭을 허용하는 독재정권 그 자체를 없애기 위해 어떤 국민을 돕는다면, 나의 헌신은 간섭으로 묘사될 수 없다고 생각합니다.

아직까지 어떤 나라도 미국이 쿠바의 상황에 참견하는 것을 비난하지 않았습니다. 양키들이 국민들을 학살하는 바티스타 정부를 돕고 있는데도, 그 어떤 언론도 이를 비난하지 않았습니다. 그런데 많은 사람들이 나에 대해서는 신경을 씁니다. 그들에 따르면 나는 내 온몸을 바쳐 반란군을 간섭하는 외국인입니다. 내전에 무기를 대는 사람들은 간섭하는 것이 아니고, 나는 간섭을 하는 사람이란 이야기죠."

게바라는 꺼진 파이프에 다시 불을 붙이려고 잠시 말을 멈추었다. 말을 하는 내내, 그의 입술에는 끊임없이 미소가 감돌고 있었다. 어느 대목을 강조하는 일도 없고 감정이 섞이지도 않았다. 그러나 나는 매우 심각했다. 나는 여전히 그에게 물어볼 것이 많이 남아 있었다. 하지만 이미 그것들은 터무니없는 것들이라고 생각하고 있었다.

"피델 카스트로의 공산주의에 대해서는 어떻게 생각하십니까?"

다시 한 번, 그의 얼굴에 뚜렷한 미소가 떠올랐다. 그는 담배연기를 길게 들이마신 뒤, 앞서처럼 태연한 말투로 답변했다.

"피델은 공산주의자가 아닙니다. 만약 그랬다면 최소한 몇 개의 무기를 더 가지고 있겠지요. 하지만 이 혁명은 전적으로 쿠바적입니다. 아니 라틴아메리카적이라고 하는 게 더 낫겠군요. 정치적으로 피델과 그의 운동은 '혁명적 민족주의'라고 표현될 수 있을 것 같습니다. 물론 그는 미국이 반혁명적인 것만큼 반미주의자입니다. 우리는 미국에 반대합니다(그는 이 대목을 개념을 명확하게 하기 위해 강조했다). 미국이 우리 '국민들'에게 적대적이기 때문입니다. 그러나 우리는 반미주의를 마치 개종을 강요하듯이 휘두르고 있지 않습니다."

나는 그가 이야기를 이어나갈 수 있도록 가만히 있었다. 날씨는 지독하게 더웠으나, 신선한 담배 연기는 우리가 큰 잔에 마시고 있던 커피만큼이나 상쾌했다. 게바라의 'S'자형 파이프는 그의 입술에 매달려 쿠바와 멕시코의 억양이 섞인 그의 말이 나올 때마다 리듬에 맞춰 연기를 내며 흔들리고 있었다.

"공산주의자라는 이런 넌센스의 주된 표적은 바로 나입니다. 이곳 시에라로 온 모든 양키 언론인들이 꺼내는 첫 마디는 나의 과테말라 공산당 활동에 관한 것입니다. 내가 그 나라의 공산당 활동에 적극적이었음이 틀림없다고 생각하면서 말입니다. 그때나 지금이나 내가 하코보 아르벤스 민주정부의 진지한 지지자였다는 단순한 이유로."

"과테말라 정부에서 어떤 직책을 맡았었나요?"

"아니, 그런 적 없습니다."

그는 입에서 파이프를 떼지 않고 차분하게 이야기를 이어나갔다.

"그렇지만 미국이 침략했을 때, 나 자신과 같은 젊은 사람들을 모으려고 노력했습니다. 유나이티드 프루트 회사의 용병들과 싸우기 위해서였죠. 과테말라에서는 싸울 필요가 있었지만 거의 아무도 싸우지 않았어요. 저항해야 되는 상황이었는데도 거의 아무도 저항하지 않았습니다."

나는 더 이상 질문하지 않고 그의 설명을 듣고 있었다. 더 이상 질문할 필요가 없었다.

"유나이티드 프루트 회사와 결탁한 정부를 위협할 수 있는 모든 사람을 죽이기 위해 FBI 요원들이 이미 사람들을 잡아넣기 시작했습니다. 나는 거기에서 빠져나와 멕시코로 갔어요. 아즈텍의 나라에서 한때 과테말라에서 만난 적이 있는 몇몇 '7월 26일 운동'의 사람들과 다시 만나게 되었습니다. 그리고 피델의 동생인 라울과 친해지게 되었죠. 그는 이미 쿠바 공격작전을 짜기 시작한 시점에서 그들의 지도자를 소개해주었습니다."

어느 틈에 그의 파이프가 꺼져 있었다. 그는 담뱃불을 붙이려고 잠시 멈추었고 나에게도 한 대를 권했다. 내가 자욱한 연기의 장막 뒤에 계속 있었다는 것을 보여주기 위해, 그가 어떻게 쿠바 혁명가들과 힘을 합치게 되었는지를 물었다.

"나는 피델과 이야기하며 하룻밤을 완전히 지새웠어요. 새벽녘에 나는 미래에 만들어질 그의 원정대에서 의사가 되기로 마음먹었습니다. 사실 나는 남미를 두루 여행한 경험이 있고, 과테말라에서의 일을 겪었기 때문에, 나를 설득해 독재자에 대항하

는 어떤 혁명에라도 가담시키는 데는 오랜 시간이 걸리지 않았습니다.

그렇지만 피델은 비범한 사람이라는 인상을 남겼습니다. 그는 가장 불가능한 상황을 맞이하고 또 해결했습니다. 그는 남다른 신념을 갖고 있었습니다. 만일 그가 쿠바로 떠난다면, 그는 쿠바에 도착할 겁니다. 그가 쿠바에 도착하면, 그는 싸울 겁니다. 그리고 싸우게 되면, 그는 이길 겁니다.

나는 그의 낙관주의를 공유했습니다. 그것은 해야 할 일이었고, 우리는 그것을 이루기 위해 싸워야 했습니다. 울기를 멈추고 맞서 싸워야 했습니다. 그리고 피델은 자신이 한다고 말한 것은 하는 사람이기 때문에 쿠바인들에게 자신을 믿어도 좋다는 것을 증명해야 했습니다.

'1956년이면 우리는 자유를 얻었거나 순교자가 되어 있을 것이다.' 이렇게 공언하면서 그 해가 가기 전에 원정대를 이끌고 쿠바의 어딘가에 상륙할 계획이었습니다."

"그 상륙작전은 어떻게 되었습니까?"

대화는 이제 30명이 넘는 청중들의 관심사가 되었다. 무기를 무릎 사이에 끼우고 땅바닥에 앉아, 햇빛으로부터 눈을 보호하기 위해 모자를 쓴 '체의 부하들'은 한 마디도 거들지 않고 담배를 피우면서 주의 깊게 듣고 있었다.

턱수염을 기른 어느 젊은 의사는 오로지 듣는 일에 모든 것을 집중하면서도 한 손가락에 완벽하게 붕대를 감았다. 혁명의 지도자를 열렬히 존경하지만 경계를 늦추지 않는 이론가였던 릴리브레는 체가 하는 한마디 한마디를 분석하면서 흙이 낀 손톱으로 배의 뽀루지를 긁고 있었다. 비렐레스는 졸면서도 듣고 있었다. 아직 수염이 나지 않았지만 매우 긴 머리를 가진 기예미토는 의사가 손가락에 기울였던 것과 같은 주의력으로 자신의 총을 닦고 있었다. 야외 어디선가 돼지고기를 굽는 냄새가 담배 냄새와 섞여 바람에 실려 왔다.

게바라는 입에 담배를 물고 다리를 편하게 뻗은 채 계속 이야기를 이어나갔다.

"도착하자마자 정부군이 우리를 공격했습니다. 82명의 원정대와 선원들이 탄 그란마 호의 항해는 정말 끔찍했습니다. 우리는 폭풍 때문에 항로를 벗어났고, 대부분이 뱃멀미로 고생했어요. 물과 음식은 떨어졌고 엎친 데 덮친 격으로 우리가 섬에 닿았을 때 배가 갯벌에 좌초했습니다.

공중과 해안에서는 누그러지지 않을 기세로 총알이 날아왔고, 원정대의 반 정도만이 살아남았습니다. 그것도 온전치 못한 상태로 말이죠. 결국 82명 가운데 12명만이 피델과 함께 살아남았습니다. 그리고 초기에 5명이 흩어져버렸기 때문에 일곱으로 줄어들었지요. 이것이 야심 찬 '7월 26일 운동'에 참가한 침공부대의 모습이었습니다. 땅바닥에 누워 위치가 드러날까봐 총도 쏘지 못한 채 우리는 피델의 최종 결정을 기다렸습니다. 멀리서 해군의 포격소리와 공군 기관총의 파열음이 들려오고 있었습니다."

게바라는 무언가가 기억났다는 듯 짧게 웃었다.

"이런 친구를 봤나, 피델 말입니다. 기관총 소리를 엄호 삼아 일어나서 이렇게 말했습니다.

'그들이 우리를 향해 어떻게 총을 쏘아대는지 들어보라. 그들은 겁을 먹었다. 그들은 우리가 그들을 없앨 것을 알기 때문에 두려워하는 것이다.'

그리고 더 이상 아무 말 없이 총과 짐을 들고 우리의 짧은 행렬을 이끌었습니다. 우리는 시에라에서 가장 높고 가장 접근하기 어렵다는 투르키노 산을 향했습니다. 그곳에 첫 막사를 세웠지요. 농민들은 우리가 지나가는 것을 무심하게 바라보고 있었습니다. 하지만 피델은 움츠려들지 않았어요. 그는 웃으면서 그들에게 인사했고, 금방 어느 정도 마음을 터놓는 대화를 하게 됐습니다. 농부들이 우리에게 음식주기를 거부하면 우리는 말없이 행군을 계속했습니다.

오래지 않아 농민들은 이 수염 난 '반란자'들이 우리를 쫓고 있는 부대와는 정반대라는 것을 깨달았습니다. 바티스타의 군대는 여자는 물론이고 농민들의 오두막에서 탐나는 것이면 무엇에든 손을 댑니다. 그러나 피델 카스트로의 사람들은 농민의 소유물을 존중했고, 그들이 제공하는 모든 것에 값을 후하게 치렀습니다.

우리는 놀랍게도 농민들이 우리의 태도에 당황하고 있다는 것을 알게 되었습니다. 그들은 바티스타의 군대가 자행하는 야만적 대우에 '익숙해져' 있었습니다. 그들은 점차 참다운 친구가 되어갔고, 산에서 정부군과의 교전이 잦아지면서 많은 이들이 합류하고 싶어했습니다.

그러나 무기를 구하기 위한 우리의 매복공격이 정부군을 자극했고, 그들은 상상하기조차 힘든 만행을 저지르기 시작했습니다. 모든 농민이 잠재적인 반란군으로 간주되어 살해되었습니다. 우리가 어떤 지역을 지나갔다는 것을 알게 되면, 우리가 들렀을 가능성이 있는 오두막들을 모두 태워 버렸습니다. 그들은 집에 들어가서 남자가 없으면 집에 남아 있는 사람 모두를 죽였습니다. 일하러 갔거나 마을에 나갔거나 상관없이, 그들이 나날이 불어나는 우리의 대열에 합류했다고 짐작했기 때문인지 아닌지 모르지만 말입니다. 당시에 바티스타 정부가 자행한 만행은 의심할 바 없이 우리의 가장 효과적인 '동맹자'였습니다. 그 만행은 농민들에게 바티스타 정권을 끝내야 한다는 것을 잔악한 웅변으로 보여준 셈입니다."

엔진 소리가 우리 모두의 주의를 끌었다.

"비행기다!"

누군가 소리쳤고, 모두들 라오틸리아 안으로 뛰어 들어갔다. 순식간에 커피 건조장에 있던 마구와 짐들이 흔적도 없이 사라졌다. 햇살에 빛나는 나뭇잎과 마른 시멘트 바닥 그리고 붉은 진흙길 외에 야영지 주변에서는 아무것도 보이지 않았다.

짙은 회색의 비행기가 산등성이 뒤쪽에서 나타나, 사격은 하지 않고 꽤 높은 고도를 유지하며 라오틸리아 전체를 두 바퀴 빙 돌았다. 그러고는 몇 분 뒤 사라졌다. 우리는 몇 시간이나 집안에 갇혀 있기라도 한 듯이 밖으로 나왔다.

나는 게바라에게 가능한 한 빨리 피델을 만나 기사를 작성하고, 송신소에 가서 부에노스아이레스로 그것을 보내려는 내 계획을 상기시켰다. 그들은 피델이 작전을 펴고 있을 히바코아 지역을 잘 아는 안내자와 상처가 좀 있었지만 어쨌든 건강한 노새 한 마리를 금방 마련해주었다.

"지금 떠나야 할 겁니다."

게바라가 말했다.

"너무 늦기 전에 첫 번째 막사에 닿으려면 말입니다. 그리고 내일 아침에 라스 메르세데스로 가세요. 어쩌면 사람들이 피델을 어디서 찾을 수 있는지 알려줄 겁니다. 운이 좋으면 사흘 안에 찾을 수 있을 겁니다."

나는 노새에 짐을 싣고 모두에게 작별인사를 했다. 며칠 뒤에 작성된 기사를 가지고 라 메사에서 게바라를 만나기로 일정을 잡으면서. 나는 릴리브레에게 송신소에 맡겨달라고 여러 통의 현상된 필름과 2개의 녹음 테이프를 주었다.

정오쯤이었는데 이제 비행기의 위협이 사라졌으므로 그들은 다시 돼지고기를 볶고 있었다. 처음에는 기름 냄새가 내 속을 울렁거리게 만들었지만 이제는 맛있게 느껴졌다. 놀랍도록 맑은 시에라 마에스트라의 공기는 내 위장에 훌륭한 강장제 역할을 했다. 소리 마린은 말테뇨스라고 불리는 바나나 6개를 가져다주었다.

게바라는 안내자에게 라스 미나스에 다다랐을 때 매우 조심해야 한다고 누누이 주의를 주었다.

"그는 몇 년 만에 처음으로 만난 동포란 말야!"

그는 소리치며 웃었다.

"그리고 나는 그가 최소한 기사를 부에노스아이레스에 넘길 때까지라도 살기를 바래."

"잘 있어요!"

내가 멀리서 말했다.

약 30명의 목소리가 한꺼번에 대답했다. 그들은 마치 내 말이 그들이 생각해낼 수 있는 가장 재미있는 작별인사라고 느끼는 듯 웃으며 소리를 질렀다.

우리는 라오틸리아로 가는 길에서 벗어나 커피 밭을 가로질렀다. 커피콩들은 여전히 녹색이었고 신선한 향기를 내뿜고 있었다. 40센티 정도 길이의 말테뇨스를 벗기려고 정신을 파는 동안 나뭇가지들이 내 모자를 낚아채려고 했다.

식욕까지 없앨 정도는 아니었지만, 라스 미나스에 가까이 왔다는 사실은 노새를 부리는 문제나 바나나를 벗기는 문제보다 훨씬 나의 주의를 집중시켰다. 안내자는 이빨이 거의 없고 수염이 시커먼 농부였는데, 각선미 좋은 프랑스 쇼걸에게나 어울릴 '니니' 라는 별명을 갖고 있었다.

갑자기 그가 노새에서 내려 수북이 쌓인 나뭇잎을 밟으며 나에게 다가왔다. 나 역시 노새에서 내렸고 우리는 단숨에 노새로부터 멀리 떨어졌다. 철모 같은 것이 나뭇가지에 스치는 소리가 이제는 확실하게 들렸다. 니니는 권총의 안전장치를 풀었다.

"이봐, 친구!"

그는 갑자기 소리를 질렀다.

한 농부가 어렵사리 커피 나뭇가지 사이를 헤치며 다가왔다. 어깨에 지고 있는 직사각형의 흰 나무상자가 나뭇가지에 걸리지 않게 하느라 애쓰면서.

"무슨 일이야?"

숨을 헐떡이며 그가 대답했다.

살해당한 강아지

 시에라 마에스트라의 그 모든 어려운 상황에도 불구하고 그 날의 날씨는 멋있었다.

 우리는 끈기있게 산체스 모스케라의 부대를 쫓아 투르키노의 가장 가파르고 미로같은 골짜기들 가운데 하나인 아구아 레베즈를 지나가고 있었다. 잔혹한 살인자는 온 지역에 불타버린 농장들, 슬픔, 절망을 곳곳에 남기고 지나갔다. 그러나 그 길은 모스케라 부대를 시에라마에스트라의 두세 지점 중 하나로 이끌 것이다. 카밀로 시엔푸에고스가 기다리고 있을 곳으로. 네바다 능선이거나, 우리가 '불구자의 능선'이라고 불렀던 곳으로(지금은 '죽음의 능선'으로 알려져 있다).

 카밀로는 그의 선봉대의 일부인 약 12명의 병사와 함께 다급하게 떠났다. 이 적은 수의 사람들이 100명이 넘는 군인 대열을 막아내기 위해 세 지점으로 흩어져야 했다. 나의 임무는 뒤에서 산체스 모스케라를 공격하고 포위하는 것이었다.

 우리의 근본적인 목표는 포위였다. 그래서 우리는 적당한 거리를 두고, 적 행렬의 후미가 태우고 지나가는 농가들의 고통스런 흔적을 지나치며 참을성 있게 뒤따라갔다.

 적군은 멀리 있었지만 우리는 그들이 소리치는 것을 들을 수 있었다. 그들이 전부 몇 명인지는 알 수 없었다. 적들은 좁은 골짜기의 중심으로 행군하고 있었고, 우리 행렬은 산비탈을 따라 어렵사리 행군하고 있었다.

우리에게 새로 생긴 마스코트만 없었더라면 모든 것이 완벽했을 것이다. 마스코트란 생후 몇 주밖에 안 된 사냥개를 말한다. 펠릭스가 요리사들이 머물고 있는 본부의 숙소로 쫓아 보내려고 계속 겁을 주었음에도 강아지는 계속 행렬을 따라왔다. 시에라 마에스트라의 그 지역은 길이 나 있지 않았으므로 산등성이를 타는 것이 너무나 어려웠다.

우리는 오래 된 죽은 나무들이 새로운 수풀에 덮여 있는 지점을 통과하고 있었다. 매우 어려운 행군이었지만 안내자로부터 떨어지지 않기 위해 나무 등걸과 덤불을 뛰어넘어야 했다.

나뭇가지 하나 부러지는 소리가 산속의 바람소리를 뚫고 나가지는 못하겠지만, 짧은 행렬은 말없이 행진했다. 갑자기 강아지가 슬프고도 신경질적으로 짖는 바람에 침묵의 규율이 깨졌다. 강아지는 뒤처져 있었고, 그의 주인들에게 자신을 어려움에서 구해달라고 절박하게 짖고 있었다. 누군가가 작은 동물을 집어 왔고, 우리는 행진을 계속했다. 그런데 우리가 보초를 한 명 세우고 적의 움직임을 살피면서 시냇가에서 쉬고 있을 때, 강아지가 다시 신경질적으로 짖기 시작했다. 달래는 말도 더 이상 효과가 없었다. 그 짐승은 버림받는 것을 두려워하는 듯했다.

나는 나의 단호한 명령을 기억한다.

"펠릭스, 개가 더 이상 짖으면 안 돼. 그건 자네 책임이야. 목을 졸라. 더 이상 짖지 않을 테니까."

펠릭스는 아무런 표정 없는 눈으로 나를 바라보았다. 지쳐 있는 병사들 한가운데, 마치 원의 중심에 점을 찍듯이 펠릭스와 개가 서 있었다. 그는 아주 천천히 줄을 꺼내 그 짐승의 목에 둘렀다. 그리고 잡아당기기 시작했다. 그 사랑스런 꼬리의 움직임이 고통스러운 경련으로 변했다. 줄을 단단히 맸는데도 불구하고 개는 신음소리를 흘렸다. 최후를 맞이하기까지 얼마나 오랜 시간이 걸렸는지 알 수 없지만, 우리 모두는 그 순간이 영원처럼 느껴졌다.

강아지는 최후의 몸서리를 치더니 발버둥을 멈추었다. 작은 머리는 나뭇가지 위에 걸쳐지고, 다리는 축 늘어뜨려진 채.

우리는 이 일에 대해 한 마디도 하지 않고 행군을 계속했다. 산체스 모스케라 부대는 좀더 멀어졌고, 얼마 지나지 않아 총성이 들렸다. 우리는 적군의 후미로 갈 수 있는 가장 좋은 길을 찾으면서 험한 산비탈을 내려갔다. 카밀로가 공격했다는 것을 알고 있었다. 계곡 건너편으로 가기 전에 있는 마지막 집까지 이르는 데도 시간이 꽤나 걸렸다.

우리는 언제 적과 마주칠지 몰라 조심스럽게 움직였다. 맹렬한 총격전이 오고갔지만 오래 지속되지 않았다. 우리 모두는 긴장했다. 마지막 집은 버려져 있었다. 거기엔 군대의 흔적이 전혀 없었다. 두 명의 정찰병이 '불구자의 능선'에 올랐고, 곧 새로운 소식을 가지고 돌아왔다.

"저 위에 무덤이 있습니다. 그걸 파봤더니 철모를 쓴 사람이 묻혀 있었습니다."

그들은 희생자의 셔츠 주머니에서 발견한 신분증을 가지고 왔다. 교전이 있었고 한 명이 죽은 것이다. 죽은 자는 저쪽 편이었고, 그것이 우리가 아는 전부였다.

우리는 낙담한 채 천천히 돌아왔다. 두 정찰조가 마에스트라 산등성이 양쪽을 따라 나 있는 수많은 발자국을 발견했지만, 그것이 전부였다. 이번에는 골짜기를 따라 천천히 돌아왔다.

밤에 어느 집에 도착했는데 역시 비어 있었다. 그곳은 마르 베르데 농가였고 거기서 쉴 수 있었다. 곧 약간의 유카를 곁들인 돼지고기 요리가 완성되었고 우리는 그것을 먹었다. 주인이 급하게 떠나버린 농가에는 모든 것들이 그대로 남아 있었다.

누군가 기타에 따라 노래를 시작했다. 그것이 감상적인 곡조였는지, 밤이 어둡 때문이었는지, 단순한 피곤함 때문이었는지는 모르겠다.

펠릭스가 바닥에 앉아 돼지고기를 먹으려다가 뼈 하나를 떨어뜨렸다. 그 집의 개들 가운데 한 마리가 온순하게 다가와 그것을 물었다. 펠릭스가 손으로 개의 머리를 쓰다듬어주자, 개는 그를 쳐다보았다. 펠릭스도 개를 바라보았고, 그와 나는 죄책감이 담긴 눈길을 주고받았다. 갑작스레 조용해졌다.

 감지할 수 없는 동요가 우리를 뒤덮었다. 그곳에, 우리 바로 앞에, 온순하며 장난기 어린, 가볍게 질책하는 듯한 눈빛이 있었다. 살해당한 강아지가 다른 개의 눈을 통해서 우리를 바라보고 있었다.

"만물의 척도인 인간으로서의 나는 여기에 내가 본 것들을 나만의 언어로 풀어갈 것이며, 또 나만의 입을 통해 이야기할 것이다."

게바라의 초기작에서 뽑은 이 구절(앞으로 다가올 모든 시간, 그의 전 생애 동안 유효한)은 우리에게 작가 파블로 데 라 토리엔테 브라우가 스페인 내전(1936년 7월에서 1938년 3월까지 있었던 내전-옮긴이)에 참전하기 위해 떠나면서 남겼던 말을 떠올리게 한다.

"내 눈은 특별한 것들을 보기 위해 만들어졌다. 나의 타자기는 그것들을 말하기 위해 만들어졌다. 이것이 전부다."

만약 체 게바라였다면, 이 말에 한 가지를 더 덧붙였을 것이다. 바로 사진 이미지이다. 체는 사진과 이중적인 관계를 맺고 있다. 먼저, 체는 피사체로서 사진과 관계를 맺고 있다. 오늘날 우리는 수많은 책들과 다른 출판물에서 그를 찾아볼 수 있다. 사진 속의 그는 베레모를 쓰거나 헝클어진 머리를 한 채, 웃고 있거나 심각한 표정을 짓고 있는데, 언제나 카리스마가 넘친다.

또한 체는 그 자신이 사진작가로서 사진과 관계를 맺고 있다. 목에 카메라를 매고 세상 어딘가를 여행하면서, 장비들을 손보고, 망원렌즈를 돌리고 있는 체의 모습을 상상해보라. 여기 친근감이 느껴지는 사적인 앨범 안에는 우리를 대신해서 세상을 보던 '사진작가' 체 게바라의 알려지지 않은 이야기의 단편들이 있다.

이 앨범 안에는 산간마을의 어린이, 미나스 데 프리오의 젊은 신병들, 쿠바 혁명 초기의 농장 노동자의 투쟁이 담겨 있다. 인도 뉴델리 어느 거리의 활기찬 모습, 한 산업 구조물의 추상적인 영상이 그 뒤를 잇는다. 쿠바의 자파타 스웜프 운하들에서 목격자 체는 헬리콥터에서 내려다보며 카메라렌즈로 작은 배를 쫓는다.

마지막에 우리는 그 목격자가 콩고에서 끔찍하고 위험한 전투가 끝난 뒤 자신의 카메라를 응시하는 모습을 본다. 그 기간 동안 체는 자신이 머물렀던 탄자니아의 어느 방에서 자신을 사진에 담기도 했다. 이 영상을 위해 그는 자신의 몸과 정신을 '예술가적 즐거움'으로 단장하였다.

피델이 '게릴라 전투의 예술가'라고 불렀듯이, 체 게바라는 끈기와 정열, 아름다움과 섬세함으로 우리의 기억 속에 각인되어 있는 언어 예술가이며 사진 예술가이기도 했다. 만물의 척도, 그것이 전부다.

-빅토르 카사우스

6
렌즈 너머로

▲ 멕시코, 1955년

▲▼ 멕시코, 1955년

▲▲ 멕시코 밀타의 고대 유적지에서 찍은 셀프포트레이트, 1954년
▲ 멕시코 치첸 – 이차의 천 개의 기둥 속에 있는 차크물, 1955년멕시코, 1955년

▲ 멕시코 치첸 - 이차에 있는 전사들의 사원, 1955년

▲ 쿠바의 카니 드 라스 메스세데스에서 피델의 옆모습, 1959년

▲▼쿠바 오리엔터 주. 산업화의 진보, 1961년

▲인도, 1959년
▼동남아시아, 1959년

◀아르헨티나. 셀프포트레이트, 1951년
▼탄자니아. 셀프포트레이트, 1966년

▲쿠바, 셀프포트레이트, 1959년

목격자 체. 이 장은 기자들의 질문에 답하는 체의 인터뷰들을 짧은 몽타주로 담고 있다.

이 인터뷰들에서 우리는 기자들의 호기심, 짓궂음 혹은 잘못된 신념에서 나오는 질문들에 대해 빠르게 대응하는 그의 모습을 볼 수 있다. 그러면서도 그는 솔직하게 자신의 의견을 밝히고 진실을 벗어나지 않으며, 필요한 비판을 소홀히 하지 않는다.

체는 적극적이고 진솔한 접근방식으로 자신의 관점을 제시하면서 대결을 피하지 않고 정면으로 맞선다. 그는 비판 혹은 자기비판을 피하지 않으며 오히려 혁명투쟁의 또 다른 무기로 사용한다.

여기 실린 사진들은 대담자로서 때때로 어려운 역할을 수행하는 체의 또 다른 면을 보여주고 있다. 아르헨티나 여행일기에 묘사된 바 있는 첫 번째 인터뷰('투쿠만의 한 신문을 위해 내가 첫 인터뷰를 한 것은 여기에서였다'는)에 대한 사진 자료는 없지만, 우리는 쿠바 중부의 시에라 마에스트라에서 한 기자의 질문에 답하고 있는 사진들과 라디오나 텔레비전에서 재미있는 답변을 하고 있는 사진들을 가지고 있다.

캐리커처 작가들의 연필은 유머러스한 관점에서 이야기를 포착하면서 그의 개성의 본질적인 특징들을 추적하기도 한다. 때때로 그 캐리커처들은 체의 동포인 호르헤 리카르도 마세티의 말을 확인시켜준다. 쿠바의 산악지대에서 처음 체를 보았을 때 그는 "캔틴플라스(영화 〈80일간의 세계일주〉의 주연 배우 옮긴이)가 다시 젊어진 모습처럼 보였다"라고 썼다.

쿠바혁명이 승리한 몇 달 후, 아르헨티나의 라디오 방송 〈라디오 리바다비아〉와 있었던 체의 인터뷰 기록을 보면, 매우 재치 있는 이 대담자는 오늘날의 상황에도 잔인하게 들어맞는 문제들을 우리에게 상기시킨다.

"만약 국제통화기금(International Monetary Fund)이 라틴아메리카 해방의 한 요소라면, 나는 IMF가 그것을 보여주었어야 한다고 믿습니다. 하지만 지금까지 나는 어떤 증거도 보지 못했습니다. IMF는 완전히 다른 역할을 하고 있습니다. 라틴아메리카 외부의 자본이 라틴아메리카의 모든 것들을 통제하도록 하는 기능이 정확히 그것입니다."

―빅토르 카사우스

7
질문들에 재치 있게 대답하다

체와 만난 언론

(에두아르도 갈레아노 씀)

 수요일 밤, 체 게바라는 수많은 질문에 답했다.

 벌떼처럼 몰려든 기자들은 무자비하게 질문을 퍼부어댔지만, 체에게는 오히려 자신의 정치적 능력을 보여줄 기회였다. 중간 휴식도 없이 그는 경제발전 문제에서 캐나다의 미주기구(Organization of American States) 가입 문제로, 또 동유럽 국가들에 대한 쿠바의 관계로, 다시 바로 그날 쿠바로 공중 납치된 팬아메리칸항공 비행기 문제 등으로 '뛰어다녀야' 했다.

 게다가 그는 기자들의 무례함과 멍청함까지 참아야만 했다. 그렇지만 필요하다 싶을 때는 황소의 뿔을 잡아채듯 그것들을 역이용하여 기자들을 비꼬기도 했다.

 영국식 억양의 한 남자가 이렇게 말했다.

 "전 영국 기자입니다. 우리는 전쟁 중입니까, 전쟁 중이 아닙니까?"

 "그 질문은 영국인다운 질문이 아닌데요."

 체가 대답했다. 그런 다음 체는 눈에 띌 정도로 분개하면서 사에타 TV의 밀턴 폰테이나 기자에게 말했다.

 "나에게는 모국이 없습니다. 당신은 내 나라가 당신의 나라보다 훨씬 더 크다는 것을 알아야 합니다. 라틴아메리카 전체가 나

의 나라입니다."

박수갈채가 프레야 호텔 방에 울려 퍼졌다. 많은 목소리들이 한꺼번에 질문을 던지기 시작했다.

"나는 당신들이 얼마나 많은지 물어 본 것이 아닙니다. 차례차례 질문하시기 바랍니다."

체는 한 번에 한 명씩 질문해달라고 정중히 요청했다.

어느 혁명가의 프로필

기사에 활기를 불어넣기 위해 나는 당신이 어떻게 일하며, 술은 마시는지 담배는 피우는지 '여자들'은 좋아하는지 등을 묻고 싶습니다.

"난 술은 안 마십니다. 담배는 피우죠. 내가 여자들을 좋아하지 않는다면 남자이길 그만둬야죠. 그리고 만일 이런저런 이유로 내가 혁명가로서의 임무를 다하지 못한다면 혁명가이기를 그만둬야죠. 나는 하루에 16시간에서 18시간 일하고 되도록 6시간 정도는 자려고 합니다."

"일상의 즐거움이나 가정, 나 자신의 안전, 어쩌면 목숨까지 희생하더라도 이 세상에서 이루어야 할 사명이 내게 있다고 생각합니다. 이것이 내가 헌신하는 까닭이며, 내가 살아 있는 한 나는 거기에서 결코 벗어날 수 없습니다."

"나는 아르헨티나에서 태어났습니다. 하지만 마르티(엘살바도르에서 활동한 게릴라 지도자인 파라분도 마르티 옮긴이)와 피델이 라틴아메리카인이라는 것을 지적하고 싶군요. 나의 문화적 뿌리는 아르헨티나이지만, 나는 다른 누구보다도 나 자신이 쿠바인이라고 느낍니다. 그리고 나는 아메리카 대륙 어느 나라의 고통도 내 것으로 느끼며, 세계 어느 곳, 어떤 나라의 고통도 역시 마찬가지입니다."

장 다니엘과의 인터뷰

"게바라, 당신은 1961년 4월에 카리브해의 한 공화국인 쿠바가 마르크스 레닌주의를 전적으로 수용하겠다고 선언하는 것 이외에 다른 어떤 일을 할 수 있었다고 생각하십니까?"

답변을 준비하던 체는 갑자기 진지해지며, 쿠바인 특유의 애교 넘치는 태도를 버렸다.

"우리가 지금 알제리에 있으며, 저개발국가가 제국주의라는 상황에도 불구하고 공산주의국가 진영에 포함되지 않으면서 혁명을 수행할 수 있지 않느냐고 묻는 것이라면, 나는 이렇게 대답하겠습니다. 글쎄요, 잘 모르겠습니다만 가능할 수도 있겠죠. 나

도 의구심을 가지고 있습니다. 하지만 판단할 사람은 내가 아닙니다."

"그러나 쿠바의 경험을 알고자 하는 것이라면, 난 명백히 답할 수 있습니다. 아니오, 우린 다른 방식으로 할 수는 없었습니다. 어느 시점을 지나면서부터는 다른 방식으로 하길 원하지도 않게 되었습니다. 우리가 사회주의 진영에 가담한 것은 50%는 외부 압력의 결과이고, 50%는 우리의 적극적인 결정의 결과입니다. 누구의 그 어떤 가르침보다도 우리가 처해 있던 상황 자체가 제국주의의 본질에 대해 더 잘 알게 해주었습니다. 우리는 그것이 우리로서는 효과적으로 싸울 수 있는 최선의 방식이라는 것을 배웠습니다."

"직설적인 당신의 질문에 약간 지나치게 대답을 하는 데는 또 다른 이유가 있습니다. 우리가 공산주의 진영에 막 가담한 이 시점에 공산주의국가들 사이에 불화가 일어나고 있는 것을 우리는 개탄합니다."

"…쿠바에서는 처음부터 소련과 중국의 책들을 모두 똑같이 존중하며 발간해오고 있습니다. 우리가 수행해야 할 역할이 있다면 그것은 공산주의세계의 단결에 이바지하는 일입니다. 아마도 우리의 특수한 지리적 상황과 제국주의에 맞서 싸운 승리자라는 사실 덕분에, 우리는 우리의 목소리에 귀 기울이도록 만들고 공산주의국가들의 단합을 위해 어느 정도 영향력을 발휘할 수 있을 것입니다."

미묘한 낱말
(1963년 11월 11일)

경제의 수익성과 질이 하락하는 원인에는 몇 가지 요인들이 있습니다. 당신은 다음의 것들을 어떤 순서로 꼽겠습니까? 관료주의, 제국주의의 봉쇄, 기술자의 부족, 무질서, 노동조합 문제들….

"나는 봉쇄를 첫 번째로 꼽겠습니다. 당신은 마치 이런 요인들이 각각 독립적인 것처럼 말하고 있습니다만, 그것들은 봉쇄와

침략의 직접적인 결과물입니다."

"예를 들자면, 우리의 기술력이 부족한 건 사실입니다. 그렇지만 그 주요한 원인 가운데 하나는 비겁함이나 이기주의 때문에 상당수의 기술자들이 조국을 버리고 제국주의세계로 떠났기 때문입니다. 따라서 이 문제 역시 봉쇄와 침략으로 말미암은 것입니다."

"두 번째로는 관료주의를 꼽겠습니다. 하지만 관료주의라는 것은 미묘한 낱말입니다."

미국에서 온 학생들과의 인터뷰

체 게바라와 학생들의 긴 대담 후, 학생들은 그에게 혁명에서 무엇을 가장 좋아하지 않는지 물었다. 이 산업부 장관은 이렇게 대답했다.

"내가 가장 좋아하지 않는 것은 어떤 현실에 맞서는 용기가 우리에게 이따금씩 부족하다는 점입니다. 어떤 때는 경제적이고, 어떤 때는 정치적인 문제인데, 특히 경제적인 문제에서 그렇습니다. 때때로 모래 속에 머리를 파묻는 타조의 방식을 택하는 동지들이 있습니다. 우리는 경제적 문제들을 가뭄이나 제국주의 탓으로 돌렸습니다…. 때로 우리는 나쁜 뉴스거리를 방송하고 싶지 않아 망설인 적도 있습니다. 그렇게 되면, 미국의 대외선전 방송인 〈미국의 소리(Voice of America)〉 같은 방송만 남게 되겠죠."

큰 어려움은 행동원칙을 지키는 데 있다
(1959년 11월 3일, 아르헨티나의 〈라디오 리바다비아〉와의 인터뷰)

아바나에서 녹음되고 〈라디오 리바다비아〉가 오늘밤 여기에서 방송한 한 보도에서 쿠바혁명군 사령관 에르네스토 체 게바라는 이렇게 말했다.

"피델 카스트로 같이 미국에 갔다가 명료한 문제의식을 가지고 돌아올 수 있는 정부 지도자는 드물 것입니다(피델 카스트로는 1959년 4월 미국에 간 일이 있다)."

사령관 게바라는 피델 카스트로의 행동에서 드러나는 다른 지도자들과의 차별성에 대해 이렇게 말했다.

"권력을 잡기 전과 잡은 뒤에 나타나는 행동의 변화를 볼 수 있습니다. 일단 권력을 잡게 되면, 외국의 독점자본주의와 경제적 압력으로부터 오는 피할 수 없는 공격들에 맞서면서 행동원칙을 지키기가 매우 어렵습니다."

"이러한 행동원칙이 라틴아메리카에서 유지될 수 있다면, 국

제사회에서 자신의 입장을 효과적으로 방어하기에 충분한 정치적 결속력을 얻을 수 있습니다. 이른바 반둥회의(비동맹운동의 선례)를 고수하는 아프리카-아시아 국가들이 채택했던 입장과 비슷하게 말입니다. 사실상 사회주의라고 할 수 있는 체제에서부터 국제적인 술탄 통치체제에 이르기까지, 그 체제의 커다란 차이에도 불구하고 그들은 우리 아메리카 국가들이 부러워할 만한 단결을 유지하고 있습니다."

국제통화기금(IMF)과 관련하여 사령관 게바라는 이렇게 말했다.

질문들에 재치 있게 대답하다 277

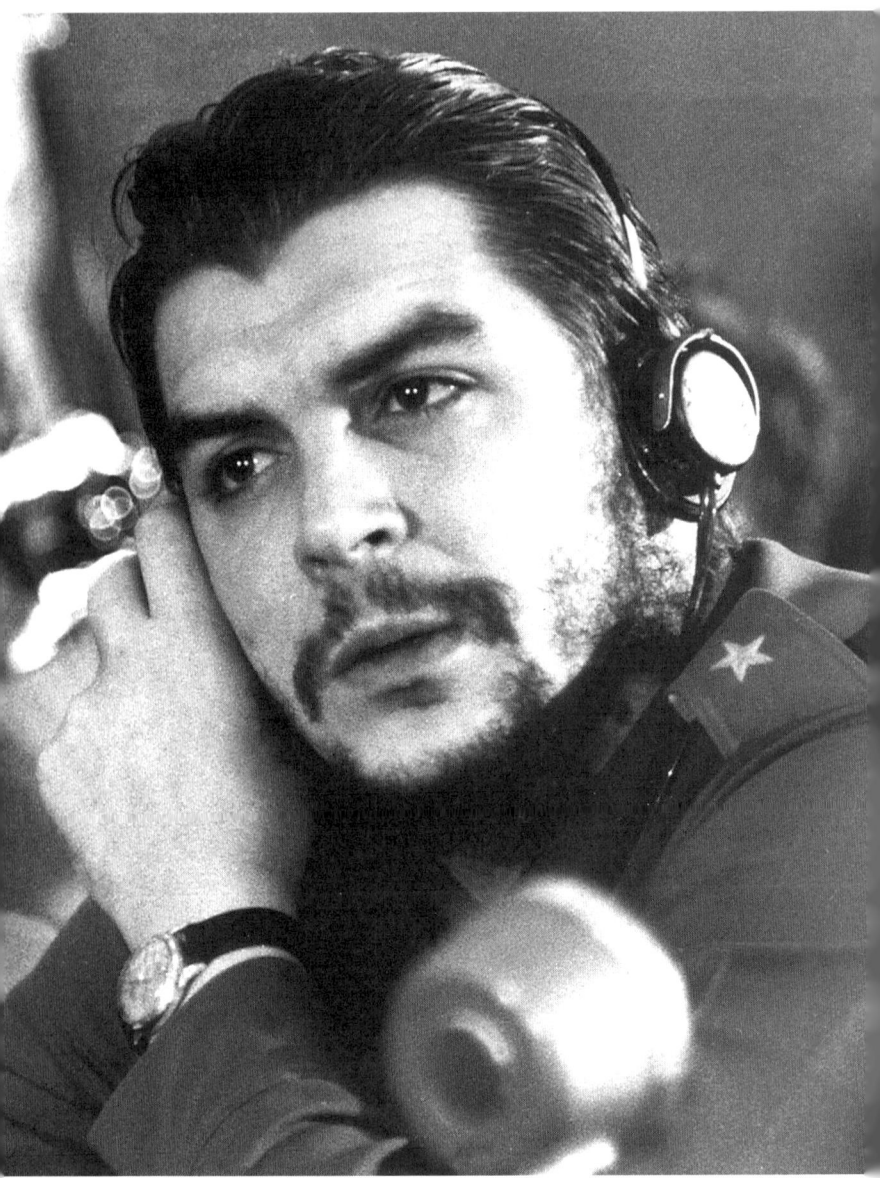

"만약 국제통화기금이 라틴아메리카 해방의 한 요소라면, 나는 IMF가 그것을 보여주어야 한다고 믿습니다. 하지만 지금까지 나는 어떤 증거도 보지 못했습니다. IMF는 완전히 다른 역할을 하고 있습니다. 라틴아메리카 외부의 자본이 라틴아메리카의 모든 것들을 통제하도록 하는 기능이 정확히 그것입니다."

게바라는 이렇게 덧붙였다.

IMF는 "우리를 공격할 경우, 우리가 그들이 예상하는 방식으로 대응할 것임을 알고 있습니다. IMF의 이해관계는 오늘날 월스트리트에 세워지고 집중되는 듯한 국제적 이해관계를 대변합니다."

"무역수지 적자라는 복잡한 문제는 생산과 무역 관계를 다양화함으로써 해결될 수 있습니다. 내가 아프리카와 아시아 나라들을 방문한 것은 전 세계에 걸쳐 새로운 시장을 찾으려는 쿠바 정부의 결정에 따른 것입니다. 우리는 모든 나라들과 무역하고자 합니다. 무역에는 이데올로기 장벽이 없습니다."

게바라는 또 말했다.

"다른 나라에 대한 쿠바의 유일한 관심사는 그들이 쿠바 상품과 교환할 어떤 상품을 가지고 있는가, 어떤 조건으로 그렇게 하기를 원하는가 하는 것입니다."

그는 외국을 방문하는 동안에 그리고 뒤에 수많은 나라들과 무역협정을 맺었거나 맺을 예정이며, 유고슬라비아, 인도, 실론,

인도네시아, 덴마크, 파키스탄 등과도 무역할 가능성이 있다고 발표했다.

그는 자신이 방문한 나라들이 쿠바와 비슷한 정치·사회적 환경에 처해 있으며, "그들의 시장과 대외무역이 식민지적 이해관계에 의해 통제되고 있기 때문에 그들은 자신들의 자유를 위해 싸우고 있다"라고 말했다.

그는 덧붙였다.

"그들은 완전한 농업개혁이 필요합니다. 그 다음으로는 공업화를 위한 투쟁이 필요합니다. 완전한 경제적 회복을 향해 같은 길을 채택하고 있다는 점에서 쿠바는 그 나라들과 단결하고 있습니다."

그는 쿠바가 동유럽과 서유럽의 모든 국가들과 무역관계를 발전시켜 나가고자 하며, "이는 우리가 무역과 이데올로기 문제는 전혀 다른 것이라고 생각하기 때문"이라고 말했다.

쿠바는 특히 아메리카의 다른 나라들과의 무역에 관심을 가지고 있으며, 다른 대륙의 국가와의 협상에서보나 라틴아메리카 국가와의 협상에 우선권이 주어질 것이라고 강조했다.

경제적 의미가 곧장 정치적 의미로 이어진다고 말한 뒤 게바라 사령관은 이렇게 덧붙였다.

"현 혁명정부에 반대하는 일부 쿠바 사람들은 정부의 일에 직접적인 영향을 받는 자본주의 기생충들이고, 그들 가운데에는 대지주들이 포함되어 있습니다."

그는 미국이 통제하는 15만 헥타르에 이르는 방대한 토지(아틀란티코 델 골포)를 언급하며, 이런 이해관계는 어떤 형태로든 미국의 토지소유 자본과 연계되어 있다고 지적한다.

"그들은 우리가 최근 목격하는 쿠데타 시도들에 돈을 댔습니다. 앞으로 그런 모습을 더 많이 보게 될 것임은 의심의 여지가 없습니다."

쿠바혁명 정부에 대한 대중의 지지를 언급하며, 게바라는 이렇게 말했다.

"경제적으로, 도덕적으로 무언가 얻을 게 있는 모든 부분에서 혁명정부를 지지하고 있습니다. 기본적으로는 농민들과 노동자들이며, 전문가와 정직한 상인을 포함한 중산층이 그들입니다."

그는 덧붙였다.

"민중은 사고방식, 곧 이데올로기의 재현입니다. 이런 사고방식은 폭넓은 대중적 기초에 의해 지탱되어야 합니다. 라틴아메리카에는 연대를 형성하고, 라틴아메리카의 경제적·정치적 종속을 거부하는 입장을 지지하는 움직임들이 존재합니다."

그는 이렇게 덧붙였다.

"멕시코의 카르데나스 장군, 베네수엘라의 라라자발, 아르헨티나의 파라치오스, 브라질의 데 아라나 등이 어느 정도 이 조건을 충족시키고 있습니다."

게바라 사령관은 이렇게 지적했다.

"대중의 열망을 이끌어내는 비슷한 경제적 구조와 비슷한 정치적 지향을 가진 국가들에서 쉽게 일어날 것 같은, 비슷한 기본적 특징을 가진 어떤 라틴아메리카 운동의 구조도 완전한 해방을 위한 라틴아메리카의 투쟁에 매우 유익한 수단이 될 것입니다."

"올해 7월 26일 아바나에서 카르데나스 장군이 했던 훌륭한 연설은 쿠바와 멕시코의 관계를 굳건히 하는 데 이바지하고 있습니다."

마지막으로 사령관은 이렇게 말했다.

"쿠바 전역에 단 한 포기의 밀도 재배되지 않는다는 사실은 아르헨티나와 쿠바가 무역협정에 이를 수 있는 토론을 가능하게 하는 하나의 기초가 됩니다."

쿠바정부가 그에게 '그곳에서 태어나야만 얻을 수 있는' 쿠바 시민권을 주었음에도 불구하고 아르헨티나 시민권을 포기하지 않았음을 분명히 하면서, 자신이 태어난 나라로 여행가는 것이 힘들다고 덧붙였다.

"혁명정부의 구성원들이 수행하는 치열한 임무로 인해 특별한 목적, 예를 들어 동유럽 국가들을 방문하는 것 같은 그런 일이 없으면 이 나라를 떠나는 것이 불가능합니다."

우정은 이 사나이의 삶을 관통하고 있다. 알타그라시아의 집 뒷마당에 스페인 내전의 전투 장면을 본떠서 만들어놓은 참호 속에서 뛰놀던 어린 시절에서부터, 1967년 10월 쿠에브라다 델 유로에서 벌어진 마지막 전투에 이르기까지.

이 책에는 아름다운 인간적 감성이 스며 있다. 각 장에서 우리는 우정과 그 위대한 가치에 관련된 어떤 사람을 강조하거나 어떤 일화를 부각시킬 수 있을 것이다. 아르헨티나와 라틴아메리카의 여러 나라들을 여행하면서 겪은 모험들과 두 대륙에서 수행했던 게릴라로서의 경험은 여러 사건과 이야기들을 제공해 준다. 그런 사실들에서 우정은 두드러지게 또는 은근히 에르네스토의 인간성과 경외심을 보여준다. 그러나 이 장은 우정과 관련한 단편들을 이곳저곳에서 뽑아 실어놓은 짧막한 장에 불과하다.

이 장, 아니 이 책 전체를 우정 그 자체의 상징인 체의 삶에 스며 있는 위대한 우정에 바칠 수 있다. 특히 카밀로 시엔푸에고스와의, 우정에. ≪게릴라 전쟁≫의 서문에서 체는 이렇게 썼다.

"위대한 지휘자이며, 이 혁명이 낳은 가장 위대한 게릴라 지도자에게, 결함없는 혁명가이며 무장한 형제에게…"

공들여 쓴 카밀로의 편지는 포성 가득한 전쟁의 소용돌이 속에서 쓰여진 것으로 중대한 변화가 이루어지는 결정적 순간에 두 사람이 맺은 인간관계의 복잡성을 드러내는 두 사람이 나눈 대화의 일부이다. 체는 침공작전(1950년 11월, 그란마 호로 쿠바에 상륙한 작전 ─ 옮긴이)의 동지를 추모하는 연설에서 지혜로운 말을 남겼다.

"혁명은 완전히 순수한 운동은 아닙니다. 그것은 인간에 의해 수행되며, 내부 투쟁, 야심, 서로에 대한 무지 등이 뒤섞여 이루어지는 것입니다. 이 모든 것들은 일단 극복되면 좋든 나쁘든, 또는 옳건 그르건 간에 조용히 사라지는 역사의 한 단계가 됩니다."

"우리의 이야기 또한 이러한 불일치들, 때때로 폭력적인 전투들 그리고 우리 자신의 무지 등으로 가득 차 있습니다. …바로 여기에서 카밀로가 한 일은 중요했습니다. 비록 그가 알지 못하지만 이것은 분명히 우리를 통합하는 힘이었습니다."

이 장에는 엘 파토호를 되새기는 체의 글도 실려 있다. 이는 하코보 아르벤스 정부를 무너뜨린 1954년 쿠데타 직후에 과테말라를 떠난 두 사람이 이후 멕시코의 고독한 상황을 함께 견디며 그리고 생존을 위한 싸움을 함께 하면서 만들어진 우정을 잘 보여준다.

그 시절을 돌아보는 글에서 에르네스토는 새로 만난 친구와의 공통적인 특성에 대해 기술하고 있다.

"그의 이름은 훌리오 로베르토 카세레스 발레인데, 나처럼 여행에 집착하는 듯하다."

그들이 함께 한 여행에 대해 이렇게 쓰고 있다.

"멕시코시티의 한쪽 끝에서 다른 쪽 끝까지 돌아다니면서, 우리들이 찍은 형편없는 사진들을 배달하면서, 그 도시를 훤히 알게 되었다. 우리는 다양한 고객들을 상대로, 사진에 찍힌 꼬마 소년이 너무나도 귀여우니, 1페소로 이렇게 멋진 사진을 얻는 것은 공짜나 다름없는 것이라고 열심히 설득했다."

1959년 혁명이 승리하면서 엘 파토호는 과업을 수행하기 위해 쿠바에 들어갔다가, 모국 과테말라의 독립을 위한 투쟁을 벌이기 위해 쿠바를 떠났다. 그는 갓 태어난 게릴라 부대를 이끌고 참여한 전투에서 죽음을 맞이한다.

체의 〈혁명전쟁의 에피소드〉에 등장하는

8

무장한 동지들

마지막 이야기는 "내성적이고, 매우 지적이며, 폭넓은 교양을 갖추었을 뿐 아니라, 매우 감성적이었다. 꾸준히 스스로를 성숙시켰으며, 삶의 마지막 순간에는 자신의 뛰어난 감수성을 민중에게 바칠 준비가 되어 있었던" 이 친구에게 보내는 작별인사이다.

우정어린 대화는 서로 다른 시간과 공간을 넘어 대화하는 두 개의 글에서 이어진다. 첫 번째 글은 에르네스토가 멕시코에 머물던 1956년 10월 무렵, 대학 시절부터 친구였던 티타 인판테에게 보낸 편지글이다. 당시 그는 "숨어 지내며 아무런 전망도 없는 상황"에도 불구하고, 자기 삶의 방향을 결정하려는 순간에 있었다.

"나는 그저 혁명이 어떻게 되어 가는지 지켜보고 있어. 혁명이 순조롭게 진행되면, 쿠바로 갈 계획이야."

또 다른 글은 수년간 편지를 주고받았던 티타가 쓴 감동적인 증언이다. 체가 죽은 지 1년 후에 씌어진 이 글은 코르도바 시절부터 시작된 오랜 사랑의 선물이라고 할 만하다. 거기에서 그녀는 체를 '가장 진정한 세계 시민'이라고 묘사했다.

―빅토르 카사우스

그 거인은 잘 하고 있어요

(카밀로 시엔푸에고스로부터)

내 영혼의 형제 체에게

당신이 보낸 편지를 받았습니다. 피델이 당신을 군사학교의 책임자로 임명했다니 무척 기뻐요. 미래의 일급 군인들을 기대할 수 있으니까요.

그들이 내게 '당신이 우리와 함께 하기 위해' 오고 있다고 말했을 때, 나는 그다지 기쁘지 않았습니다. 당신은 이 싸움에서 가장 중요한 역할을 맡아 왔습니다. 봉기 단계에 있는 우리가 당신을 필요로 하는 것보다, 일단 전쟁이 끝나면 쿠바가 당신을 훨씬 더 필요로 할 것입니다. 그래서 그 거인이 당신을 보살피는 것이 나을 것입니다.

나는 늘 당신 곁에 있고 싶습니다. 당신은 오랫동안 나의 지도자였으며, 앞으로도 영원히 그러할 것입니다. 내가 더 쓸모 있게 될 기회를 주어서 고마워요. 당신이 초라해보이지 않도록 내가 어려운 일을 떠맡고 싶습니다.

1958년 4월 24일
당신의 영원한 추종자
카밀로

카밀로에게

(카밀로 시엔푸에고스의 죽음 앞에서, 1959년)

이 책은 애초 카밀로 시엔푸에고스의 동의를 얻어 출간될 예정이었다. 운명이 지금과 달랐다면, 그가 이 책을 읽고 수정을 가했을 것이다. 이 글과 뒤따르는 것들은 위대한 지휘관이자 이 혁명이 낳은 가장 위대한 게릴라였으며, 결함 없는 혁명가이자 형제 같은 동지였던 카밀로에게 바치는 반란군들의 헌정서라 할 수 있다.

카밀로는 수백의 전투를 함께 한 동지였고, 전쟁의 위기상황에서 피델의 신뢰를 한 몸에 받았던 사람이었다. 늘 자신의 개성을 누그러뜨리고 군대의 특성을 만들어내기 위해 희생을 마다하지 않았던 헌신적인 전사였다. 나는 우리의 게릴라 경험을 종합한 이 교본, 게릴라로서의 삶 그 자체의 산물인 이 책의 출간에 그가 동의했을 것이라고 믿는다. 그리고 사실 여기 묶인 글들에 틀, 활력, 지성, 내남성을 부여한 것은 바로 그였다. 역사적으로 극히 소수만이 성취했을 정도로.

그러나 카밀로를 자신의 천재적 능력만으로 위대한 업적을 이룬 고립된 영웅으로 보아서는 안 된다. 전투에 참가한 수많은 사람들 가운데서 영웅, 순교자, 지도자를 만들어내는 것은 민중이다. 그러므로 카밀로는 그와 같은 불굴의 상황에서 그를 있게 한 민중들의 일부이다.

나는 카밀로가 혁명운동에 관한 당통의 격언, "대담하라, 대담하라, 더욱 대담하라"를 알고 있었는지는 모른다. 어떤 경우든 카밀로는 행동을 취할 때 이 격언을 실천했다. 게릴라에게 필수적인 다른 요소들까지 덧붙여. 상황에 대한 정확하고도 신속한 분석, 미래에 해결해야 할 문제들에 대한 사전적인 조정 등.

개인적인 헌사이자 우리의 영웅에 대한 전체 민중의 헌사이기도 한 이 글은 카밀로의 전기를 만들려거나 그의 이야기를 하려는 것은 아니지만, 카밀로야말로 수많은 일화의 주인공이었다. 그는 가는 곳마다 자연스럽게 일화를 만들어냈다. 민중 속에서 편안하게 지내고, 민중을 존중했던 그의 모습은 그의 성품의 일부였다.

때때로 잘 알려지지 않았거나 잊혀진 이러한 면모야말로 카밀로의 성품을 드러내는 가장 뚜렷한 특징이라고 할 수 있다. 이런 점 때문에 그와 함께 활동을 한 사람들은 작전이 끝나고도 그를 떠나려 하지 않았다. 피델은 이미 이렇게 말한 적이 있다.

"카밀로는 책으로 배우지는 않았지만, 민중이 가진 타고난 이해력을 가지고 있다. 사람들은 수천의 사람들 가운데서 그를 뽑아 특권적인 지위에 추대했다. 그는 비교할 수 없는 대담성, 끈기, 지성, 헌신으로 그 지위를 획득했다."

카밀로는 종교적 열정으로 충성심을 실천했다. 민중에 대한

충성에서나 누구보다도 민중의 의지를 잘 체현한 피델에 대한 충성에서 드러나듯이. 민중과 피델은 하나가 되어 진군했으며, 백전백승하는 게릴라의 헌신 또한 그러했다.

누가 그를 죽였는가?

우리 스스로에게 물어보는 것이 더 나을 듯하다.

"누가 그의 육체적 존재를 없앴는가?"

카밀로와 같은 사람들은 민중 속에서 '내세'를 찾으므로, 민중들이 승인하지 않는 한 그의 삶은 끝나지 않는다.

적들은 그를 죽였다. 그들이 그의 죽음을 원했기 때문에. 완전히 안전한 비행기는 없다. 비행사들은 필요한 모든 경험을 완벽하게 가지고 있지 않다. 그는 과로해서 아바나에서 몇 시간을 보내길 원했다. 그의 성격이 그를 죽인 것이다. 카밀로는 위험을 헤아리지 않았다. 그는 위험을 일종의 게임으로 생각해, 가지고 놀고, 놀리고, 꼬드기고, 통제했다. 하늘의 구름 따위가 게릴라 정신으로 무장한 카밀로를 붙들거나 가던 길을 벗어나게 할 수는 없었다.

모든 사람들이 그를 알고 존경하고 사랑하고 있을 때, 그 같은 일이 벌어졌다. 그런 일은 이전에도 일어날 수 있었으며, 한 게릴라 지휘관의 평범한 이야기가 될 수도 있을 것이다. 피델이 말한 것처럼 수많은 카밀로들이 생겨날 것이다. 나는 또 다른 카밀로들이 있었다는 말을 덧붙이고 싶다. 역사에 기록될 만한 위대한 업적을 이루기 전에 삶을 마감한 사람들이 있었다고.

카밀로와 또 다른 카밀로들(위업을 이루지 못한 채 삶을 마감한 이들과 앞으로 그럴 이들)은 민중의 힘을 보여주는 척도이다. 가장 순수한 이상을 지키기 위해 기꺼이 전쟁에 나갈 준비가 되어 있고, 가장 고귀한 목표를 획득하는 데 총력을 집중하는 한, 그들은 민중이 보여줄 수 있는 최상의 표현이다.

우리는 카밀로를 분류하지 않을 것이며, 그를 특정한 틀에 가두지 않을 것이다. 그것은 그를 죽이는 것이다. 그 자신이 완벽하게 정의하지 못한 사회경제적 이데올로기로 그를 덧씌우지 말

자. 우리가 지금까지 그를 이해해온 대로 대략적인 모습으로만 그를 이해하자. 우리는 해방 전쟁에서 카밀로에 견줄 만한 군인이 없었음을 강조하고자 한다. 모범적인 혁명가이자, 민중의 편에 선 인간이며, 또한 쿠바인들이 스스로 수행해온 쿠바혁명의 한 설계자인 카밀로의 마음 속에는 조그마한 피로감이나 실망의 그림자도 지나갈 수 없었다.

게릴라 카밀로는 계속해서 그리고 날마다 떠올려야 할 대상이다. '카밀로의 업적들' 가운데 일부를 성취했던 이로서, 쿠바혁명에 세세하고 지워지지 않는 흔적을 남긴 사람으로서, 그리고 과업을 달성하지 못한 이들과 앞으로 올 이들 속에 존재하는 카밀로서.

끊임없이, 그리고 영원히 새로 태어나는 카밀로는 민중의 얼굴이다.

나를 지평선의 꿈으로 이끈 이 무정부주의적 정신

티타에게

마지막으로 편지를 보낸 후 너무나도 많은 시간이 흘러, 습관적인 우리의 편지들 속에서 태어난 자연스러움을 잃어버린 지 오래인 것 같다(내가 손으로 쓴 이 편지 내용을 잘 이해하지 못할 거야. 왜 그런지는 차차 설명할게).

먼저, 나의 인디오 소녀가 벌써 아홉 달이 되었다는 것을 알려주고 싶다. 그 아이는 너무나도 예쁘고 활기에 가득 차 있어, 또….

다음으로 알려줄 것이 더 중요할 듯하군. 얼마 전 쿠바 친구들, 혁명가들이 내 의료 '지식'으로 자신들의 운동을 도와달라고 요청해왔어. 너도 알겠지만 이런 일이야말로 내가 좋아하는 것이기에 기꺼이 받아들였지. 그래서 이곳 멕시코로 와서 산에 있는 어느 농장에서, 훈련을 감독하거나 병사들에게 예방접종을 해주었지.

하지만 곧 불행(일종의 쿠바주의)을 맛봐야 했는데, 우리 모두는 경찰의 급습을 받아 잡혀가게 되었어. 내 여권 체류기간이 이미 끝나 있었기 때문에(일종의 멕시코주의), 2개월을 감옥에서 보내야 했어. 그리고 그놈들은 내가 가진 자잘한 물건들은 물론이고 타자기까지 훔쳐가 버렸어(이 편지를 손으로 쓴 것은 바로 그 때문이야). 그런데, 그 후 정부는 내 말을 듣고 나를 선량한 사람으로 믿는 큰 실수를 저질렀지.

10일 이내에 이 나라를 떠난다는 조건으로 나를 석방한 거야. 그렇지만 3개월이나 지난 지금도 나는 여전히 여기에 머물고 있어. 비록 멕시코에서 숨어 지내며, 아무런 계획도 없는 상황이지

만. 나는 그저 혁명이 어떻게 되어 가는지 지켜보고 있어. 만약 혁명이 순조롭게 진행되면 쿠바로 갈 계획이야. 만약 혁명의 상황이 나빠진다면, 내가 무언가를 할 수 있는 나라를 찾아볼 거야. 올해에 내 삶은 극적으로 변할 수도 있을 거야. 그렇지만 이미 그런 변화는 수없이 겪었기 때문에 크게 놀라거나 흔들리지는 않을 거야.

물론 학문적 직업들은 모두 실패로 끝났고, 그저 나는 칼 마르크스와 프리드리히 엥겔스 같은 이들의 저작을 조금씩 읽고 있을 뿐이야. 아참, 잊은 게 있군. 내가 체포됐을 때, 그들은 러시아어로 된 몇 권의 책들과 러시아어를 배우던 '멕시코-러시아 교류 협회'에서 발급한 증명서를 찾아냈고, 그 때문에 나는 '조건반사'를 겪었지.

내 결혼 생활이 거의 파경에 이르러, 다음 달 쯤에는 완전히 끝장날 것 같다는 사실이 어쩌면 너에게 흥미로울지도 모르겠다. 아내는 8년이나 얼굴을 보지 못한 자기 가족들을 만나기 위해 페루로 갈 예정이야.

파경에 이르기까지 쓰라린 아픔이 나를 따라다녔지. 그녀는 충실한 동지였으며, 내가 감옥에서 강요된 '휴가'를 보내고 있을 때에도 나무랄 데 없는 혁명가의 모습을 보여주었어.

그러나 그녀와 나 사이의 정신적 불일치가 너무나 컸지. 나는 지평선을 꿈꾸게 하는 무정부주의적 정신을 가지고 살고 있어.

내가 조금 읽은 파블로 네루다가 말했듯이, 나는 '그대의 팔로 된 십자가와 그대의 영혼이 깃든 땅'을 가지고 있기 때문이지.

이만 글을 접어야겠다. 다음 편지를 받을 때까지 답장은 하지 마. 다음 편지에서 더 많은 소식들과 편지를 받을 수 있는 안정된 주소 정도는 알려줄게.

언제나 넘치는 사랑을 담아 친구로부터,

1956년 10월쯤
에르네스토

태양이 떠오르지 않는 전투의 날
(체의 1주기에 바치는 티타 인판테의 헌사)

이곳 아르헨티나 시절의 일을 증언해달라는 부탁을 받았을 때, 나는 그 일이 내 능력을 벗어난다는 것을 알았고 또 그렇게 말했다.

하지만 그러한 명예를 어떻게 거부할 수 있겠는가? 아니 어떻게 그러한 의무를 저버릴 수 있겠는가!

그러나 막상 하얀 종이를 마주하니 목적을 이루기가 어려울 듯한 두려움이 생긴다. 한 위대한 인물에 대한 기억을 되살린다는 것은 늘 어려운 작업이다. 그것도 1968년에 에르네스토 게바라를 회상하는 일이라면, 이는 불가능해 보인다.

오랫동안 떠났다가, 다시 이 나라(아르헨티나)로 돌아온 지도 어느덧 1년이 지났다. 처음 펼쳐든 신문에서 그의 비극적 죽음을 확인하고 내 눈은 놀랐고, 손은 떨렸으며, 숨결은 거칠어졌다. 터무니없는 그 암살에 대해 언젠가 아메리카는 그 정당성을 물을 것이다.

벌써 1년이란 세월이 흘렀다. 그러나 그에 대한 기억은, 마치 볼리비아의 대지를 적신 그날의 피와 같이, 죽음을 뛰어넘은 그의 커다란 눈과 같이, 시간과 공간의 한계를 넘어 여전히 생생하다. 초라한 가마니 위에 있는 그의 용감한 몸, 게릴라의 턱수염과 갈기가 만들어내는 후광에 싸여 있는 아름다운 그의 머리, 그리스도처럼 고통의 흔적조차 없는 그의 얼굴… 땅과 숲, 샘물, 야생의 생명력…. 에르네스토는 죽었지만, 이미 영원 속에서 다시 태어났다.

비극으로 이어진 길을 그는 늘 즐겁게 살았다. 죽음은 그의 여행을 끝나게 했지만, 그가 그토록 열망했던 '다른 삶'으로 이르는 문을 열어주었다. 에르네스토, 그의 삶, 그의 투쟁에 대한 기억은 이 세상 민중들의 가슴 속에 영원히 살아 있을 것이다. 에르네스토 게바라는 운명의 여신이 인류에게 준 귀한 선물들 가운데 하나였다.

그가 죽은 지 1년이 지난 지금, 에르네스토를 기리는 수많은 글들이 나와 있다. 책, 기사, 연구서, 에세이, 전기 등. 내가 무엇을 더 말할 수 있을까?

우리는 수년간 긴밀한 우정을 나누었다. 거의 6년간 만나며 지냈고, 그 후로도 편지를 주고받았다.

우리의 우정은 1947년에 시작되었다. 의학부에 재학했던 시절 어느 해부학 강의 시간에 나는 때때로 그의 따뜻하고도 근엄한 목소리를 들었다. 장차 내과의가 될 우리들 가운데 가장 둔감한 학생조차도 충격을 받았던 광경 앞에서 그의 풍자적인 목소리는 그 목소리의 주인공이나 듣는 사람 모두에게 용기를 심어주었다. 억양으로 미루어 보아 그도 지방 출신임을 알 수 있었다.

그는 잘생기고 자신감에 가득 찬 젊은이였다. 끝내 에르네스토의 존재를 불태우게 될 그 불길은 그의 부드럽고도 무뚝뚝한 공손함 속에 가려져 있었지만, 그의 눈빛에서는 이미 불꽃을 일으키고 있었다. 수줍음, 도도함 그리고 대담함까지 하나로 뒤섞여, 그의 깊은 지성과 끝없는 지식욕을 감싸고 있었다. 그리고 깊은 내면에는 무한한 사랑이 숨어 있었다.

우리는 문화적인 것이든 정치적인 것이든 한 번도 같은 조직에 속한 적이 없었다. 어울리는 교우 집단도 달랐다. 우리 두 사람은 각기 다른 이유로 학부에서 다소 괴짜로 통했다. 에르네스토의 경우에는 아마도 자신이 추구하는 것을 의학부에서는 거의 찾을 수 없다는 것을 깨달았기 때문이리라. 그래서 우리는 항상 대학이나 카페, 혹은 내 집, 드물게는 그의 집에서 사적으로 만났다.

우리는 또한 매주 수요일에 '신경체계의 계통발생을 연구하기 위해' 자연과학 박물관에서 만나곤 했다. 이야기의 주제는 물고기 연구에서부터 해부, 조직 표본, 파라핀, 마이크로톰, 횡단면 박제하기, 현미경 작업 등으로 종횡무진 옮겨갔다. 때로는 독일인 노교수의 도움을 받으며. 에르네스토와 대화하는 것은 무척 즐거웠으므로 그 시간은 내게 늘 짧게 느껴졌다. 그는 결코 약속을 어기는 법이 없었으며, 늘 시간을 잘 지켰다. 전화를 놓치는 경우도 전혀 없었다. 이 얼마나 기이한 방랑자인가!

어떤 결정이 옳았음이 증명될 때마다, 우리는 두 사람 모두 좋아했던 구티에레스의 시구를 읊곤 했다.

승리의 구호를 외치지 말라
태양이 떠오르지 않는 전투의 날에는

그 후 나는 때때로 에르네스토가 시에라 마에스트라에서, 콩고에서, 볼리비아 등지에서 얼마나 자주 그 시구를 읊조렸을지 궁금했다. 그의 전 생애는 투쟁이었고, 이러한 까닭으로 그 시구는 확실히 그의 것이었을 것이다.

나는 걱정스러워 하고, 심각해하며, 생각에 잠겨 있는 모습의 에르네스토를 여러 번 보았다. 그러나 그는 정말로 슬퍼하거나 쓸쓸해하지는 않았다. 그를 잘 아는 모든 이들이 높이 평가한 그 미소와 온화한 부드러움이 사라진 모습을 나는 단 한 번도 본 적이 없다.

그와의 대화에는 시시하다고 할 만한 것이 하나도 없었다. 그는 짧은 말 속에서도, 매우 비판적인 모습이었다가 이내 긍정적인 말로 이어갔으며 건설적인 미래로 옮겨 갔다. 에르네스토는 무언가에 반대하는 사람이라기보다는 늘 무언가를 찾는 사람이었다. 아마도 이런 면모 때문에 그에게 사소한 악의조차도 갖는 사람이 없었던 것 같다.

그는 일분일초도 헛되이 보내는 인물이 아니어서, 버스에서조차도 늘 책을 들고 있었다. 때때로 그것은 프로이트의 책이었다.

"내가 흥미를 갖고 있는 사례와 관련된 임상 기록을 다시 한번 읽어보고 싶어."

어떤 때는 교과서나 고전이있다.

그는 결코 여윳돈이 있어 본 적이 없다. 그 시절 그는 피사니 교수의 알레르기 연구를 돕는 것으로 생계비를 벌었다. 그렇지만 경제적 곤란 따위는 그에게 별다른 근심거리가 되지 못했다. 그런 곤란 때문에 자신의 의무라고 생각하는 일들을 수행하지 않은 적도 없었다. 근심이 없다는 것이나, 옷차림에 신경을 안 쓴다는 것이 그의 냉철한 기품을 가리지는 못했다.

사소한 기억 하나가 떠오른다. ⋯우리는 종종 책을 돌려 읽곤 했는데, 언젠가 나는 파나이트 이스트라티가 쓴 《해면동물 낚시꾼》을 에르네스토에게 빌려준 적이 있었다. 그는 그 책을 무척 좋아했고 우리는 함께 토론했다. 다시 읽다가 그 책을 잃어버렸는데, 그는 나에게 돌려주려고 같은 책을 한참 찾았다. 결국 같은 책을 찾아내었다. 내가 빌려주었던 책은 아주 흔한 형태인 조그만 보급판에다, 제본도 엉망이었으며, 아베니다 코리엔테스에 있는 헌책방에서 구입한 것이었을 뿐이었는데!

우리는 커다란 믿음과 깊은 친밀감으로 결합되어 있었기 때문에 개인 생활에서 일어나는 사소한 일들까지 서로 털어놓을 수 있었다. 즐거운 일들뿐만 아니라 부끄러운 일들까지도. 그리고 그의 특징인 온화함 덕분에 우리는 그리 많은 말을 하지 않고서도 서로 많은 것을 알아들을 수 있었다.

학생 시절 에르네스토는 많이 공부하지는 않았으나 효과적으로 공부했다. 그에게 떠나라고 윽박지르는 '발꿈치 밑에 있는 로시난테(돈키호테가 타고 다닌 말 이름 - 옮긴이)의 갈빗대'를 느끼며 항상 '모험'을 준비하고 있었던 젊은 에르네스토의 내면 깊은 곳에는 지식에 대한 커다란 갈증이 자리 잡고 있었다. 그는 착잡한 심정으로 보물을 추구한 것이 아니었다. 다만 지치지 않고 진리를 추구했다. 그리고 그 운명도 함께. 에르네스토와 관련한 모든 것들은 일관되었고, 그것이 무엇이든, 모든 경험과 사실은 그의 존재와 통합되었다.

그는 여행, 일, 스포츠(그 무렵 그는 럭비와 골프를 즐겼다)에 시간을 할애하고, 생활의 큰 부분을 독서와 교우에 바쳤음에도 불구하고, 에르네스토는 6년이 채 지나지 않아 학교를 졸업했다. 에르네스토는 공부하는 법을 알고 있었다. 그는 문제의 핵심으로 들어갔고, 거기에서 자신의 계획이 허락하는 한 최대한 뻗어나갔다.

그는 나병학, 알레르기, 신경 생리학, 정신분석학 같은 문제들에 흥분했을 때, 멈춰서 그것들을 깊이 있게 분석할 줄 알았다. 마찬가지로 시험 전날 밤이면 에르네스토는 칼로리나 단백질 함유량에 따라 식물을 A, B, C 등으로 분류하는 방법이 없느냐고 전화로 물어오기도 했다. 그는 장애물들을 뛰어넘듯이, 실습이나 이론 수업을 이처럼 쉽게 뛰어넘었다. 그러나 그는 일단 말을 내뱉으면 어떤 대가를 치루더라도 약속을 지켰다. 기말고사를 통과하고 나서도 영양학 실습을 끝까지 마무리하던 그의 모습을 본 적도 있다.

에르네스토는 깊은 인간성에서 우러나오는 헌신과 배려로 친구들을 사귀었다. 그에게 우정이란 희생적 의무를 부과하는 것이며, 그 만큼 정당한 권리도 보장하는 것이었다. 그는 두 가지를 다 실천했다. 그는 삶의 모든 영역에서, 자신이 주는 것처럼

자연스럽게 요구했다.

멀리 떨어져 있는 것도 에르네스토에게는 문제가 되지 않았다. 여행 때마다, 우정어린 대화를 지속할 수 있는 편지를 (도로 사정이나 경제 형편에 따라 약간씩 차이가 있었지만) 거의 규칙적으로 보내왔다. 사진을 좋아했던 그는 가끔씩 자기 삶의 다양한 주변 모습을 찍어서 보냈다. 남부 아르헨티나를 여행하다가 아파서 병원에 입원했을 때의 너무 야위어 알아볼 수조차 없었던 모습, 브라질 정글의 원주민들에 둘러싸여 자전거에 앉아 있던 모습, 몇 주간 쉬고서 좀 살찐 모습, 그리고 그라피코에서 보내온 광고에 나온 모습 등. 그는 친구들에게 받은 편지를 꼭 보관했고, 답장을 빠뜨린 일이 없었다.

젊은 시절의 마지막에서 두 번째였던 여행에서 돌아왔을 때, 에르네스토는 그의 삶에서 가장 험난하고 가혹한 시절이었다며 마이애미에서 보낸 20일을 회상하곤 했다. 그곳에 머물도록 강요했던 경제적 궁핍 때문만이 아니라(상세한 것은 이야기하지 않겠다. 그의 전기라면 이느 것에나 그 시절에 대한 이야기가 나와 있으므로)!

젊은 날의 마지막 여행을 준비하고 있던 무렵, 에르네스토는 내 집을 방문해 이야기 하나를 들려주었다. 그는 자주 웃고 가끔은 화를 내면서, 자신에게 비자 발급을 거부한 베네수엘라 영사에 관해 상세히 이야기했다(에르네스토가 그곳에 마지막으로 체류했을 때, 우리 아메리카의 관료들이 그에게 '나쁜 기억'을 남겼음이 틀림없었다). 그 영사는 에르네스토의 천식을 악성 콜레라로 착각했던 것이다.

가장 친한 친구들과 함께 에르네스토의 집에서 환송회를 연 날, 그의 뛰어난 절제력을 볼 수 있었다. 그는 담배를 피우지 않았으며, 술도 커피도 마시지 않았다. 먹는 것도 매우 제한되어 있었다. 천식은 그의 삶에 많은 제약을 가했지만, 그는 그것을 완벽하게 지켜내고 있었던 것이다.

에르네스토의 편지는 문학적이었고, 애정, 우아함, 풍자로 가득 차 있었다. 그는 자신이 겪었던 모험이나 재난을, 가장 어려웠던 순간까지도 유머 있는 붓놀림으로 그 심각함을 지우고 재구성해 이야기하곤 했다. 어느 나라를 가든지 에르네스토는 그곳의 참모습을 찾아내고자 했으며, 잉카 유적에서부터 나환자촌이나 구리 광산과 텅스텐 광산에 이르기까지 자신의 관심이 미치는 모든 곳으로 발걸음을 옮겼다.

그는 이내 그곳 사람들의 생활에 적응하여 그들의 일원이 되었으며, 사회적, 정치적인 영역에서 자신의 위치를 찾아냈다. 그의 이야기는 유쾌하며, 문장은 단순하지만 순수하고 우아했다. 그는 사물이나 사람들을 사실적이고 객관적으로 묘사했다. 어떠한 완곡어법도 없이. 자신의 개인사를 들려줄 때에는 그것이 기쁜 일이든 슬픈 일이든 늘 온건하게 이야기했으며, 듣는 사람이 늘 철저한 분별력을 갖도록 요구했다.

그는 삶에 대한 사랑이 너무도 컸기에, 삶에서 가장 큰 시련에 부딪쳤을 때조차도 늘 자신의 내면적 논리에서 낙관주의를 찾아낼 수 있었다고 생각한다.

"상황이 나쁠 때조차도 이런 생각이 내게 위안이 돼. 더 나빠질 수도 있고, 더 좋아질 수도 있지 않은가."

1958년 8월 내가 아르헨티나를 떠날 준비를 하고 있던 무렵의 일이다. 전혀 알지 못하는 신문기자가 어느 카페에서 만나자고 연락을 해왔다. 그는 마세티였다. 그는 시에라 마에스트라에서 2개월을 보내고 막 돌아왔는데, 두 통의 편지를 가지고 있었다. 한 통은 에르네스토의 어머니에게, 다른 한 통은 나에게 전해줄 편지였다.

그는 가능한 한 빨리 답장을 써달라는 에르네스토의 요청을 전해주었다. 아직도 나는 그때 보았던 테테 칼바체라는 에르네스토의 가명을 기억하고 있다. 또한 하바나의 여러 주소들도 기억한다. 그의 다정다감한 성격은, 힘든 투쟁의 나날들 속에서도 굳어지지 않고 오히려 더 풍부하게 변해 있었다. 그는 또한 고향과 어머니와 친구들에 대한 향수를 느끼고 있었다.

마세티는 시에라 마에스트라에서 겪은 일들과 거기서 만난 사람들의 이야기를 길게 들려주었다. 피델, 라울, 야영지 등. 그러나 그에게 에르네스토의 인간적 품성이나 용맹함 그리고 다재다능함 만큼 인상적인 것은 없었다. 문서 작업, 교육, 빵 굽기, 무기 수리나 제작, 어떤 일이 요구될 때에는 늘 에르네스토가 책임을 맡고 움직였다. 전투가 벌어지면, 늘 앞장서는 사람도 그였다.

그의 전설적인 용맹함에 대한 이야기가 이미 떠돌고 있었다. 그를 알고 있었고, 아르벤스의 실각 이후 아르헨티나로 몸을 피해 특이한 피난처를 찾아냈던 젊은 과테말라인들의 이야기를 통해 이미 많은 일화들이 서서히 형태를 갖추어 가고 있었다.

피렌체에 머물던 1월 2일 나는 쿠바혁명의 승리 소식을 들었다. 1959년 1월 2일 이후 에르네스토의 삶은 사적인 영역을 넘어 이제 역사의 일부가 된다.

여기에 내가 덧붙일 수 있는 것은 없다.

이렇게 나는 그를 깊이 알고, 그의 믿음을 받고, 아무런 격식이나 스스럼없이 그와 깊은 우정을 나누는 기묘한 특권을 가졌던 것이다. 나는 그가 단지 에르네스토였을 뿐이었던 아주 젊은 시절에 그를 만났다. 그러나 미래의 에르네스토 체 게바라는 그 시절부터 이미 그 안에 존재하고 있었다.

젊은 시절부터 나는 멈추지 않고 끊임없이 앞으로 나아가면서 발전해가는 그의 개인사를 지켜보았다. 에르네스토를 아는 사람이라면, '그는 자신의 목표에 도달할 때까지 결코 멈추지 않는 사람'일 뿐만 아니라, 결코 평범치 않았던 자신의 운명을 향해 나아가는 사람이었다는 것을 잘 이해했다. 나는 그것이 어떻게

그리고 언제일지는 몰랐지만, 긴 여행 끝에 그가 그 운명에 도달할 것임을 늘 확신하고 있었다. 나는 그의 편지, 전화, 그에 관한 뉴스 등을 접할 때마다 놀랐지만, 진정으로 놀랐던 적은 한번도 없다.

그가 죽은 지 1년도 더 지났지만, 내 머릿속에 남아 있는 수많은 기억들, 모습들을 정리하는 일은 여전히 힘들다. 그것들이 애정으로 물들어 있고, 고통과 존경으로 뒤엉켜 있기 때문이다.

거인 같은 풍모, 그리스 신화와 중세의 영웅들을 떠올리게 하는 그 반신반인 같은 풍모를 지닌 그를 그렇게 가깝게 느끼면서도 그렇게 멀게 느껴야 한다는 것은 힘든 일이다.

그런 위대한 면모를 그가 보여주었던 감수성, 다정다감함, 그리고 인간적인 풍요로움과 통합하는 것은 무척 어렵다.

돌로 조각하기에는 그는 너무도 따뜻한 인물이다.

우리의 것으로 떠올리기에는 그는 너무도 위대한 인물이다.

가장 위대한 아르헨티나인이었던 에르네스토 게바라는 아마도 가장 참다운 세계시민일 것이다.

엘 파토호

며칠 전, 몇몇 과테말라 애국자들의 죽음을 알리는 소식이 외신으로 전해졌다.

사망자 명단에는 훌리오 로베르토 카세레스 발레도 포함되어 있었다.

힘든 혁명가로서의 과업을 수행하는 과정에서, 또 전체 대륙을 뒤흔들고 있는 계급투쟁의 소용돌이에서 죽음이란 흔한 일이다. 그러나 어려운 시절에 동지로 지냈고, 더 나은 미래를 함께 꿈꾸던 친구의 죽음은 그 소식을 듣는 사람에게 늘 고통스럽다.

그리고 훌리오 로베르토는 참으로 위대한 친구였다. 작고 연약한 체구를 지닌 그를 우리는 '엘 파토호'라고 불렀다. 과테말라 속어로 '땅딸보'나 '아이'를 뜻하는 말이다.

엘 파토호는 멕시코에 머물던 무렵 혁명이 시작되는 것을 목격하고는, 자신도 합류하겠다고 자원해왔다. 그러나 피델은 내가 영광스럽게 참전하고 있던 그 민족해방투쟁에 더 이상 외국인을 끌어들이기를 원치 않았다.

혁명이 승리로 끝난 며칠 후, 엘 파토호는 얼마 안 되는 소지품을 처분하고 조그만 손가방 하나만을 들고서 쿠바에 나타났다. 그는 정부 행정기관의 다양한 부서에서 일했으며, 국가농업개혁연구소(INRA) 산업국의 초대국장이 되었다. 그러나 그는 결코 자신의 일에 만족하지 않았다. 엘 파토호는 무언가 다른 것을 찾고 있었다.

그는 자기 조국의 해방을 열망하고 있었던 것이다. 우리 모두에게 해당되는 말이지만, 혁명은 그를 근본적으로 바꾸어놓았다. 패배가 어떤 것인지 충분히 이해하지 못한 채 과테말라를 떠났던 물정 모르던 한 젊은이는 이제 완전히 의식적인 혁명가가 되어 있었다.

우리는 1954년 아르벤스 정부가 실각하고 2개월이 지난 후 과테말라를 떠나던 기차 안에서 처음 만났다. 우리는 타파출라로 향했고, 거기서 멕시코시티로 갈 수 있었다. 엘 파토호는 나보다 몇 살 어린 나이였으나, 곧 우리는 평생 친구가 되었다. 우리는 치아파스에서 멕시코시티로 가는 여행을 함께 했다.

멕시코시티에 도착한 후 우리는 똑같은 곤란에 처해 있었다. 둘 다 무일푼이었고, 좌절을 맛본 상태였으며, 적대적이진 않다 하더라도 냉담한 환경 속에서 돈을 벌어야만 했다. 엘 파토호는 땡전 한 푼 없었고, 내가 가진 것도 기껏해야 몇 페소였다. 나는 카메라를 구입했으며, 우리는 함께 공원에서 사람들을 찍는 '불법적인' 일을 하게 되었다. 사진 현상이 가능한 암실을 소유한 한 멕시코인이 우리의 동업자가 되었다.

우리는 멕시코시티의 한쪽 끝에서 다른 쪽 끝까지 돌아다니면서, 우리들이 찍은 형편없는 사진들을 배달하면서, 그 도시를 훤

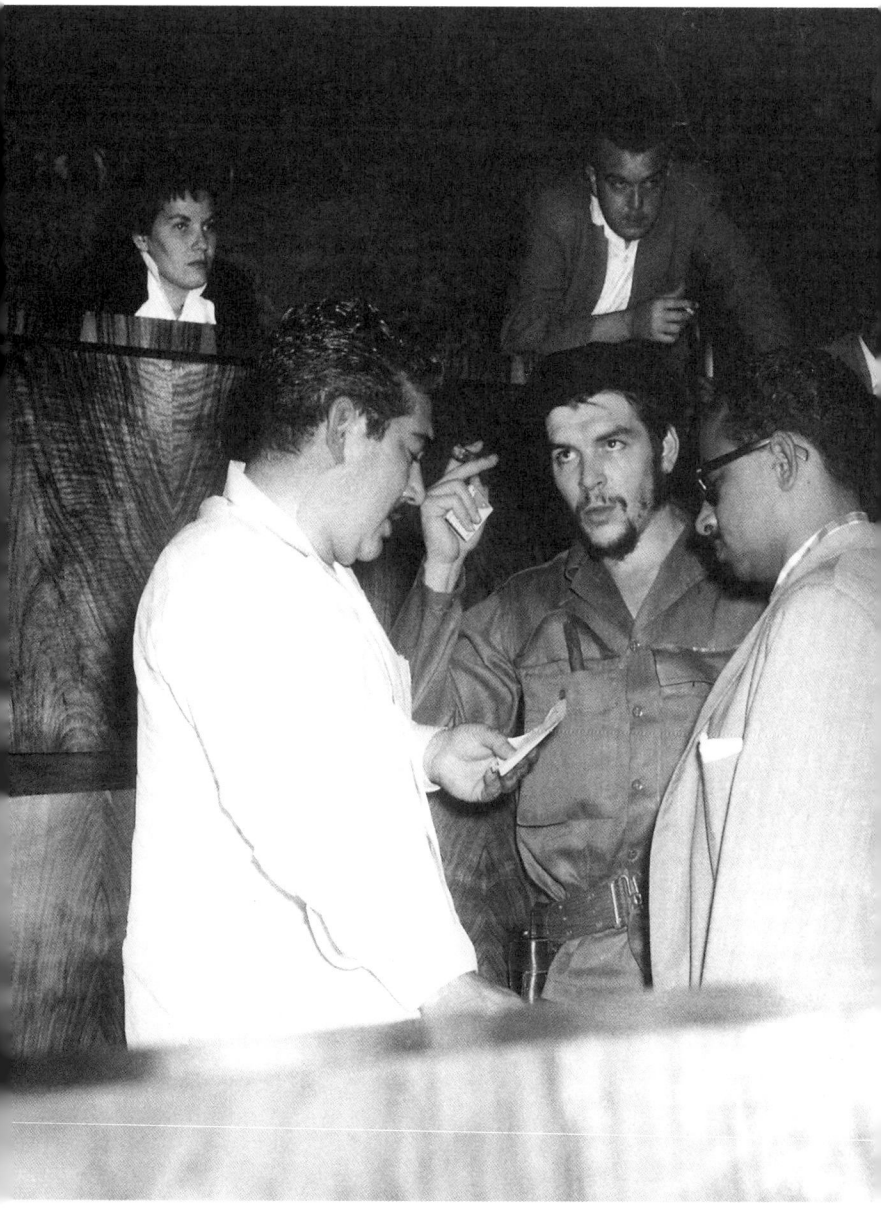

히 알게 되었다. 우리는 다양한 고객들을 상대로 사진에 찍힌 꼬마 소년이 정말 너무나도 귀여우니, 1페소로 이렇게 멋진 사진을 얻는 것은 공짜나 다름없다고 열심히 설득했다. 이것이 우리가 몇 개월 동안 먹고살았던 방법이었다.

혁명적 삶이 가져다준 우연들은 차츰차츰 우리를 떼어놓았다. 나는 이미 피델이 그를 쿠바에 데려오려고 하지 않은 까닭이 그의 어떤 결점 때문이 아니라 우리 군대가 여러 민족들이 뒤섞인 군대로 되는 것을 막기 위해서라고 말한 바 있다.

엘 파토호는 한 때 기자였고, 멕시코 대학에서 물리학을 전공했다. 공부를 떠났다가 다시 돌아가곤 했는데, 학업에서 그렇게 뛰어나진 못했다. 그는 다양한 장소, 다양한 직종에서 일을 했으며, 아무것도 요구하지 않았다. 아직도 나는 그 예민하고 진지한 소년이 지나치게 소심했던 것인지, 아니면 자신의 나약함을 인정하고 개인적 문제에 도움을 얻으려 친구를 찾기엔 너무 자존심이 강했던 것인지 잘 모르겠다.

엘 피토호는 내성적이고, 매우 지적이며, 폭넓은 교양을 갖추었을 뿐 아니라 매우 감성적이었다. 그는 꾸준히 자신을 성숙시켰으며, 삶의 마지막 순간에는 자신의 뛰어난 감수성을 민중들에게 바칠 준비가 되어 있었다. 그는 과테말라 노동당 소속이었으며, 그 생활을 통해 자신을 단련시켜 나갔다. 그는 훌륭한 혁명 간부로 성장하고 있었던 것이다. 초기의 과민증은 그 즈음에는 거의 남아 있지 않았다.

혁명은 사람을 정화하고, 개선하며, 발전시킨다. 마치 노련한 농부가 곡식의 결점을 바로잡고 좋은 성질을 강화하는 것처럼.

그가 쿠바에 도착한 후 우리는 같은 집에서 거의 날마다 함께 생활했다. 오래된 두 친구에게 딱 맞는 생활처럼. 그러나 우리는 이 새로운 생활에서 초기의 친밀한 관계를 더 이상 유지하지 못하게 되었다. 가끔 그가 모국의 토착 인디오 언어 가운데 하나를 열심히 공부하는 모습을 보고서 엘 파토호의 의도에 의혹을 품을 수밖에 없었다. 어느 날 그는 나에게 작별을 고하며, 자신에게 주어진 의무를 실행할 때가 되었다고 말했다.

엘 파토호는 군사 훈련을 받은 적이 없었다. 그는 다만 그 의무가 자신을 부르고 있다고 느꼈을 뿐이었다. 그는 손에 총을 들고 싸우기 위해 모국으로 돌아갈 생각이었다. 말하자면 그는 우리의 게릴라 투쟁을 그곳에서도 재연하고자 한 것이다. 둘이서 길게 대화한 적이 많지 않은데, 그 날은 오랫동안 이야기를 주고받았다.

나는 다음 사항만을 강력히 권고했다. 지속적인 이동, 변치 않는 조심성 그리고 끊임없는 보초근무, 이 세 가지를.

이동 – 결코 머물러 있지 말라. 결코 같은 곳에서 이틀 밤을 보내지 말라. 다른 장소로 끊임없이 옮겨 다녀라.

조심성 – 시작 단계에서는 자신의 그림자, 친절한 농부, 정보

제공자, 안내인, 접선자 모두를 경계해야 한다. 해방구를 만들기 전까지는 모든 것을 의심해야 한다.

보초근무 - 끊임없는 경비, 끊임없는 정찰, 안전한 곳에 야영지 설치하기. 무엇보다도 결코 지붕 밑에서 잠을 자서는 안 된다. 포위당할 수 있기 때문에. 이것이 게릴라 경험의 종합이었다.

따뜻한 악수 말고 내 친구에게 해줄 수 있는 것은 그것뿐이었다. 떠나지 말라고 말릴 수 있었을까? 무슨 권리로? 우리는 한 때 불가능하다고 여겨지는 일들도 수행했으며, 지금에 와서 그것이 성공한 것을 그도 보지 않았던가.

엘 파토호는 떠났다. 이내 그의 사망 소식이 들이닥쳤다. 처음에 우리는 이름에 혼동이 있었기를, 어떤 착오가 있었기를 바랐다. 그러나 불행히도 그의 주검은 그의 어머니에 의해 확인이 되었다. 그가 죽었다는 것은 의심할 수 없는 사실이었다. 비단 엘 파토호 뿐만 아니라 그와 함께 있었던 동지들 모두가. 아마도 그 친구만큼 용감하고, 사심이 없었으며, 영리했을 것이다. 다만 우리가 사적으로 알지 못했을 뿐.

다시 한번의 쓰라린 패배가 있었고, 답을 얻지 못한 물음이 남게 되었다. 왜 그는 다른 사람들의 경험으로부터 배우지 않았는가? 왜 그들은 우리의 간단한 충고를 더욱 신중하게 마음에 새겨두지 못했던가?

어떻게 그런 일이 일어났고, 어떻게 엘 파토호가 죽음에 이르게 되었는지를 조사하는 것이 시급하다. 우리는 아직 무슨 일이 벌어졌는지 정확하게 알지 못한다. 그러나 그들이 지역을 허술하게 선택했고, 신체적으로 충분히 준비되어 있지 못했으며, 충분하게 조심하지 않았고, 당연히 충분한 보초근무도 행하지 않았다는 것을 알고 있다.

진압군이 그들을 급습하여 일부를 사살하고 나머지를 흩어지게 했으며, 다시 그들을 추격하여 사실상 전멸시킨 것이었다. 몇 명은 포로가 되었으며, 엘 파토호 같은 이들은 전사했다. 우리가 알레그리아 데 피오 이후에 그랬던 것처럼, 흩어진 게릴라들은 아마도 추격자들에게 붙잡혔을 것이다.

다시 한번 자유의 실현을 갈망하는 젊은 피가 아메리카의 들판을 기름지게 했다. 또 하나의 전투에서 패배한 것이다. 우리는 칼날을 더 날카롭게 갈면서도, 죽은 동지들을 위해 슬피우는 시간을 가져야 한다. 소중한 이들의 죽음이라는 값지고 비극적인 경험으로부터 우리는 다시는 이런 실수를 되풀이 하지 않을 것이며, 그들 한사람 한사람의 죽음을 승리로 갚아야 하며, 궁극적인 해방을 달성할 것을 굳게 결의해야 한다.

엘 파토호는 쿠바를 떠나며 아무것도 남기지 않았다. 한 마디 말조차. 그는 신경 쓰일 만한 옷이나 개인 소지품을 거의 가지고 있지 않았던 것이다. 그런데 뜻하지 않게, 멕시코에 사는 우리

둘의 오랜 친구가 그가 시를 써두었던 노트를 가지고 왔다. 한 혁명가의 마지막 시들인 것이다. 혁명과 조국과 한 여인에 대한 사랑의 노래들이었다. 엘 파토호는 쿠바에서 만나 사랑했던 그 여인에게 이 마지막 시와 '명령'을 남겼다.

이것을 받아주오, 하나뿐인 내 심장이라오
당신의 손 안에 이것을 간직하오
그리고 동이 트면
손을 벌려서
태양이 이것을 따뜻하게 하도록 해주오.

엘 파토호의 심장은 우리들 속에, 그가 사랑했던 사람의 손과 전체 민중들의 애정 어린 손에 간직되어 있다. 과테말라와 다른 모든 아메리카 나라들을 밝힐 새날의 태양 아래에서 따뜻하게 되기를 기다리면서.

오늘날 그가 많은 친구들을 남겨둔 산업부 소속의 자그만 통계학교에 그를 기리기 위해 '훌리오 로베르토 카세레스 발레'라는 이름이 붙여져 있다.

언젠가 과테말라가 자유로워지는 날, 그가 사랑한 그 이름은 어떤 학교, 어떤 공장, 어떤 병원에, 민중들이 새로운 사회를 건설하기 위해 싸우고 일하는 어떤 곳에라도 붙여질 것이다.

1959년 쿠바혁명 후 체는 갖가지 임무를 맡아 바쁘게 일하면서도, 자신이 받은 수많은 편지들에 답장을 쓰는 일을 결코 소홀히 하지 않았다.

'진솔한 편지들'이라는 이 작은 표본은 '그의 개인적인 편지들'이라는 또 다른 형식의 목격자로서의 기록이다. 여기서 우리는 정직과 도덕성에 대한 요구, 역사적 진실에 대한 옹호, 쿠바 언론과의 관계를 엿볼 수 있다.

여기서는 체가 언론사에 보낸 편지 2통을 싣고 있다. 이 가운데 한 편지에서 체는 '울분 토하기'의 일환으로 그것을 발표해줄 것을 요청했다.

체의 편지들을 이 책에 싣다보니, 1936년 파블로 데 라 토리엔테 브라우가 망명지인 뉴욕에서 무장한 동지들에게, 같은 꿈을 가진 동지들에게 보낸 선명한 정의를 떠올리지 않을 수 없다.

"내 편지들은 내 사상의 공식적인 기록물입니다. 그것이 현재에 관한 것이든 미래에 관한 것이든, 내가 생각하는 바를 글로 옮기는데, 나는 아무런 두려움이 없습니다. 왜냐하면 내 사상은 양날의 칼처럼 두 가지 뜻을 표현하고 있지 않기 때문입니다. 내 편지글은 날카롭고 명료한 한쪽 날을 가지는 것으로 충분하며, 그것이 내 행동에 대한 굳건한 내면적 확신을 보여줄 것입니다."

이러한 윤리적 울림은 체가 〈쿠바 작가·예술가연맹〉(UNEAC)에 보낸 편지글에서도 찾아볼 수 있다. 그는 《혁명전쟁의 에피소드》에 들어 있는 전기적 형식의 해제에서 드러나는 것 같은 자신의 출신에 대해 입맛에 맞게 고친 부정확한 기술을 거부하고 있다.

아르만도 하르트에게 보내는 긴 육필 편지에는 '전위적 지도자와 일반 민중들의 문화에 관한 몇 가지 작은 아이디어들'에 대한 요강이 담겨 있다. 지적이고 창의적인 사고를 위한 정치적 학습 프로그램을 제안하기에 앞서, 체는 그 영역에서 발견했던 취약점을 이렇게 묘사했다.

"나는 이번 긴 휴가 기간 내내 철학책에 푹 파묻혀 지냈습니다. 언젠가는 꼭 이런 기회를 가지리라던 결심을 이번에 실천하게 된 것이지요. 그러다가 첫 번째 문제에 부딪쳤습니다. 스스로 생각하도록 내버려두지 않는 소련에서 출판된 몇몇 번역서를 빼고는, 쿠바에서 철학책이 전혀 출판되고 있지 않다는 점입니다. 소련 책들이 생각하도록 내버려두지 않는 것은 이미 당이 '당신을 위해' 생각을 다 해놓았고, 당신은 그것을 '소화하기만' 하면 된다고 생각했기 때문입니다. 이런 방법은 그야말로 반마르크스주의적이고, 게다가 책들이 형편없는 경향이 있습니다."

하이데 산타마리아에게 보내는 편지('예예에게')는 혁명투쟁 속에서 그가 만들어온 우정에 대한 또 다른 예찬이라고 할 수 있다. 여기에도 시와 부드러움이 빠져 있지 않다. 그가 불러일으키는 한 이미지에서 보이듯이.

"나는 당신이 창조적 힘을 가진 여성 작가가 되는 것을 보았소. 그러나 고백하건대, 새해 초 어느 날 아침 일찍, 도화선에 점화하고 연발사격을 하던 당신의 모습이 내가 가장 좋아하는 모습이라오."

이 편지에 들어 있는 다양한 접근방식은 하나의 공통적 특징을 뚜렷이 드러낸다. 체에게 있어 편지로 이루어지는 교류는 그의 삶의 여러 단계에 걸쳐 중요한 도구였다. 여러 나라에서, 여러 시기에, 여러 상황에서 그의 편지쓰기 능력이 발전해가는 모습을 추적하는 것은 아주 멋진 일이다. 이 책에서 시도하고 있듯이.

그가 주고받은 편지들을 읽다보면, 따뜻한 존경과 우정이 흐르는 것을 느낄 수 있다. 편지가 쓰인 방식, 그 내용과 정신은 그의 반관료주의적 스타일과 의도를 엿볼 수 있게 한다. 아프리카의 어느 프랑스 식민지에 있

9
진솔한 편지들

는 쿠바 대사관에서 쿠바 외무부 장관 라울 로아에게 보낸 그의 편지는 보존되어 있는 그 편지의 사본에서 드러나듯이, 타자기에 익숙하지 않았음을 짐작하게 한다.

체에게 보내는 라울 로아의 답장을, 아주 다른 미적 관점을 가졌던 두 사람 사이에서 오간 유머를 기리는 뜻에서 이 책에 실었다. 이 편지에는 《게릴라전》을 출판함으로써 얻어진 책의 저자로서 자신의 책을 받는 상황이 담겨 있다. 로아는 "마오쩌둥과의 친분 관계를 이용해서 노자의 말(중국어)로 된 책을 6억 부쯤 출판하게 해줄 수도 있다"고 제안한다.

멀리서 주고받은 그러면서도 무척이나 솔직한 편지들이 여기에 실려 있다.

– 빅토르 카사우스

파블로 디아즈 곤잘래스에게

파블로에게

자네가 쓴 기사를 읽었네. 나를 좋게 묘사해주어서 고맙다고 해야겠군. 그렇지만 너무 좋게 묘사한 것 같군. 자네 자신에 대해서도 그런 것 같더군.

역사를 기록하는 혁명가가 해야 할 가장 중요한 임무는, 손가락에 꼭 맞는 장갑을 끼는 것처럼 있는 그대로의 진실을 고수해야 한다는 점이네. 자네가 진실을 고수한 것 같긴 하지만, 그 장갑이 권투 글러브로더군. 그리고 그것으로는 셈을 할 수 없다네.

충고: 기사를 다시 한 번 읽어보고, 자네가 사실이 아니라고 알고 있는 모든 부분을 빼게. 그리고 사실인지 아닌지 확신할 수 없는 것에는 각별히 주의하길 바라네.

혁명적 인사를 보내며

조국이 아니면 죽음을! 승리하자!
1963년 10월 28일 하바나에서
총사령관, 체 게바라

발렌티나 곤잘레스 브라보에게

곤잘레스 양에게

당신이 보내준 편지 잘 보았습니다. '7월 26일'의 사건에 대한 '정통적 해석'을 얻고 싶다는 요청이더군요.

그 같은 관심을 보여주신 당신에 대해 존경을 표합니다. 더불어 당신이 하고 있는 노력이 성과를 얻어 당신에게 영감을 주는 목표에 이르기를 바랍니다.

그렇지만 나는 진정으로 정통적 해석 아래서 글쓰기를 한다는 것이 가능하지 않다고 생각합니다. 게다가 '7월 26일' 사건에 대한 어떠한 '유권 해석'도 없습니다. 나는 글쓰기가 구체적인 문제에 부딪히는 한 가지 방식이라고 믿습니다. 그리고 자신의 독특한 감수성으로 삶을 바라보는 태도라고.

당신의 노력이 승리의 왕관을 쓸 때까지 열심히 일하시길 바랍니다. 당신이 선택한 직업에서 마주치는 역경들을 극복하는 일이 발전하는 가장 훌륭한 방법 가운데 하나입니다.

세심한 관심을 보내며

체 게바라 박사
총사령관
라 카바나에서

카를로스 프랑키에게

카를로스 프랑키 동지
〈혁명〉 편집장
아바나

프랑키 동지

며칠 전 신문에 실린 사진 설명이 마음에 들지 않았습니다. 솔직하게 말하겠습니다. 그리고 내 식의 '울분 토하기'로써 이 글이 발표 되기를 희망하면서, 그 까닭을 설명하려고 합니다.

그날 신문 기사는, 그저 카메라 쪽을 쳐다본 군인들의 눈빛을 가상의 적을 바라보고 있다는 식으로 썼던 것과 같은 세세한 문제점들은 그만 두고라도, 몇 가지 근본적인 잘못들이 있었습니다.

1) 그 일기 발췌문은 전적으로 사실이 아닙니다.

사실은 이렇습니다. 그들은 내가 전쟁 동안 그 침공에 관한 일기를 쓰지 않았냐고 물었습니다. 그랬습니다. 그렇지만 개인적인 용도로 간략하게 기록해둔 정도였습니다. 그 무렵 뭔가를 자세하게 쓸 시간은 없었습니다. 이 발췌문은 (당시의 정황이 정확하게 기억나지는 않지만) 그때 산타 클라라에서 온 어떤 '신사'가 쓴 것입니다. 그는 뒤에 '현학적인' 사람으로 드러났으며, 여러 형

용사들로 위업을 부풀리고자 했던 것입니다.

아무리 짧은 기록들이라도 진정성을 잃을 때는 그것이 갖는 조그만 가치마저도 파괴될 것입니다.

2) 나에게 전쟁이 농민들을 보살피는 것에 이은 두 번째 관심사였다는 것은 잘못입니다.

그 당시 전쟁에 승리한다는 것은 무엇보다 중요한 일이었으며, 이를 위해 나는 내가 가진 모든 것을 바쳤다고 믿습니다. 나는 에스캄브라이 산맥으로 들어간 후, 극히 어려운 상황에서 45일간이나 행군을 해야 했던 부대원들에게 이틀간의 휴식을 주었습니다. 그러고 나서 작전을 재개하여, 기니아 데 미란다를 점령했습니다.

그때 내가 어떤 식으로든 잘못을 저질렀다면, 그것은 정반대였습니다. 그 빌어먹을 산언덕배기에 살던 무장한 '소도둑 떼'를 다루는 일에 충분한 관심을 기울이지 않았던 것입니다. 구티에레즈 메노요의 그의 패거리들은 끊임없이 나를 귀찮게 했지만, 나에게 가장 중요한 임무인 '전쟁'에 전념하기 위해 꾹 참고 넘어갔던 것입니다.

3) "라미로 발데스가 조직 문제에서 체의 아주 긴밀한 협력자"라는 기사는 아주 잘못된 것입니다. 그를 잘 아는 당신이 편집장

으로서 어떻게 그런 내용을 그대로 통과시켰는지도 알 수 없군요.

  라미리토는 몬카다 습격에 참가했고, 피네스 섬 감옥에 갇혔으며, 중위로서 그란마 호에 탔고, 내가 사령관으로 불릴 때 대위로 진급했습니다. 그는 지휘관으로서 한 부대를 이끌었으며, 침공 시(그란마 호를 타고 멕시코에서 쿠바로 쳐들어 간 것-옮긴이) 제2인자였습니다. 내가 산타 클라라로 갔을 때는 동부 지역에서 작전을 지휘했습니다.

  역사의 진실은 존중되어야 한다고 생각합니다. 변덕스런 날조는 어떤 좋은 결과도 낳지 못합니다. 그런 까닭에(그리고 이 드라마에서 내가 배우 역할을 했기에) 이 비판적인 글을 씁니다. 건설적이기를 바라면서. 당신이 그 기사를 교정했더라면, 그 같은 잘못들을 피할 수 있었을 것이라는 생각이 드는군요.

  즐거운 부활절 보내시고, 너무 자주 충격적인 표제 기사가 없는 한 해가 되길 바랍니다.

체

후안 앙헬 카르디에게

동지

지난달 10월 3일에 쓴 당신의 편지를 받았습니다. 출간하지 않은 당신 소설 아홉 권에 있는 일부 장들이 들어 있더군요.

당신이 글을 쓸 때 《라스 빌라스 일기》에서 당신이 필요하다고 느끼는 내용을 이용하는 데 반대하지 않습니다. 그렇지만 그 일기가 출판되었을 때, 어떤 아첨꾼이 온갖 미사여구로 그것을 미화했다는 점을 기억하시기 바랍니다.

마치 잘 알고 있는 장소를 찍은 사진을 세심하게 들여다보는 사람의 심정으로 나는 '플레이아데'라는 장을 읽었지만, 아무것도 찾을 수 없었습니다. 당신은 한번도 시에라에 간 적이 없고, 그 당시 거기에 있었던 사람들 그 누구하고도 말 한마디 나눠본 적도 없다는 인상을 받았습니다. 당신이 허락하신다면 당신은 그 시절의 위대함을 전혀 파악하지 못했다고 형제적 정신으로 말해주고 싶습니다.

나는 문학 비평이 아니라 감상의 측면에서 이 글을 쓰고 있습니다. 말하자면 친구들과 찍은 기념사진과 같은 옛날 사진에서 옛 모습을 찾아보려다가, 어떤 기술적인 문제로 또는 너무 오랜 시간이 흘러 사진이 손상되어 알아볼 수 없게 된 것과 같은 상황

인 것입니다.

만일 이런 내 의견이 조금이라도 당신에게 도움이 된다면, 나는 기쁠 것입니다. 만일 그렇지 않다면 나의 이 솔직함에 부디 상처받지 않기를 바랄 뿐입니다. 나는 당신이 몇 살인지도 모르며, 작가로서의 소질 또한 알지 못합니다. 당신의 직업인 글쓰기에서 나를 이끄는 유일한 열정은 바로 진실을 전하는 것입니다 (이렇게 말한다고 해서, 나를 사회주의 리얼리즘의 강경한 옹호자로 생각하지는 말아주십시오). 나는 모든 것을 이런 관점에서 바라봅니다.

인사를 전하며, 당신의 문학적 여행에서 부디 성공이 있기를

1963년 11월 11일 아바나에서
총사령관 체 게바라

베르나베 오르다즈에게

오르다즈 박사님께

보내주신 잡지 잘 받았습니다. 시간을 내기가 쉽진 않지만, 자료들이 매우 흥미로워 보여서 꼭 한번 읽어보려고 합니다.

그런데 한 가지 궁금한 점이 있습니다. 어떻게 전문적 의학 잡

지가 6,300부나 인쇄될 수 있는지요? 쿠바에 그 만큼 많은 의사가 있는 것도 아닌데 말입니다.

무언가가 내내 내 머리를 괴롭히고 있으며, 신경 - 경제적 정신병에 이르려고 하는군요. 쥐들이 정신분석학적 지식을 향상시키거나, 위장을 만족시킬 목적으로 그 잡지를 이용하고 있지는 않습니까? 아니면 환자들이 그 잡지를 자기 침대 옆에 놓아두는 것 아닙니까?

여하튼 3,000부는 남아돌 것 같습니다. 당신이 이런 것을 헤아리기를 권고합니다.

진지하게 생각하면 잡지는 훌륭하지만, 인쇄 부수는 도저히 용납할 수 없습니다. 나를 믿어주시길 바랍니다. 정신병자는 언제나 진실을 말하는 법이니까요.

혁명 투쟁에서 동지가

1964년 5월 26일
"조국이 아니면 죽음을! 승리하자!"
총사령관 체 게바라

〈보헤미아〉의 편집장 미구엘 케베도에게

박사님께

당신의 전통적인 민주주의 정신으로 언론의 자유라는 규범을 존중할 것을 기대하면서, 라틴아메리카 잡지 〈보헤미아〉의 편집장이라는 멋있는 타이틀을 달고 있는 가련한 국제 사기꾼에게 답장의 글을 쓰고 있소.

나의 아르헨티나 국적에 대한 그릇된 비방과 교활한 언급에 맞서 나를 보호하려는 것이 내 의도는 아니오. 나는 아르헨티나인이며, 내가 태어난 조국을 버릴 생각은 결코 없소(만약 당신이 나의 역사적 뻔뻔함을 너그러이 봐줄 생각이 있다면, 막시모 고메스도 자기 모국인 도미니카를 포기하지 않았음을 고려할 수 있을 것이오).

또한 나는 법적인 인정 문제와 상관없이 쿠바인이라고 느끼고 있소. 쿠바인으로서 나는 무장투쟁 내내 민중들과 수많은 희생을 함께 했으며, 지금은 번영에 대한 희망을 함께 나누고 있소.

나는 공산주의자도 아니오(만약 내가 공산주의자라면 그것을 만방에 선포했을 것이오. 민중의 대의를 위한 전사가 되겠다는 것을 널리 알리고, 각국의 억압받는 민중이 기고만장한 독재자들을 전체 라틴아메리카에서 쓸어버릴 것이라는 희망을 천명했듯이). 사실은 쥘 뒤부아의 소유주들(유나이티드 프루트 회사, 과일, 광업, 가축, 전화, 전기 회사들, 즉

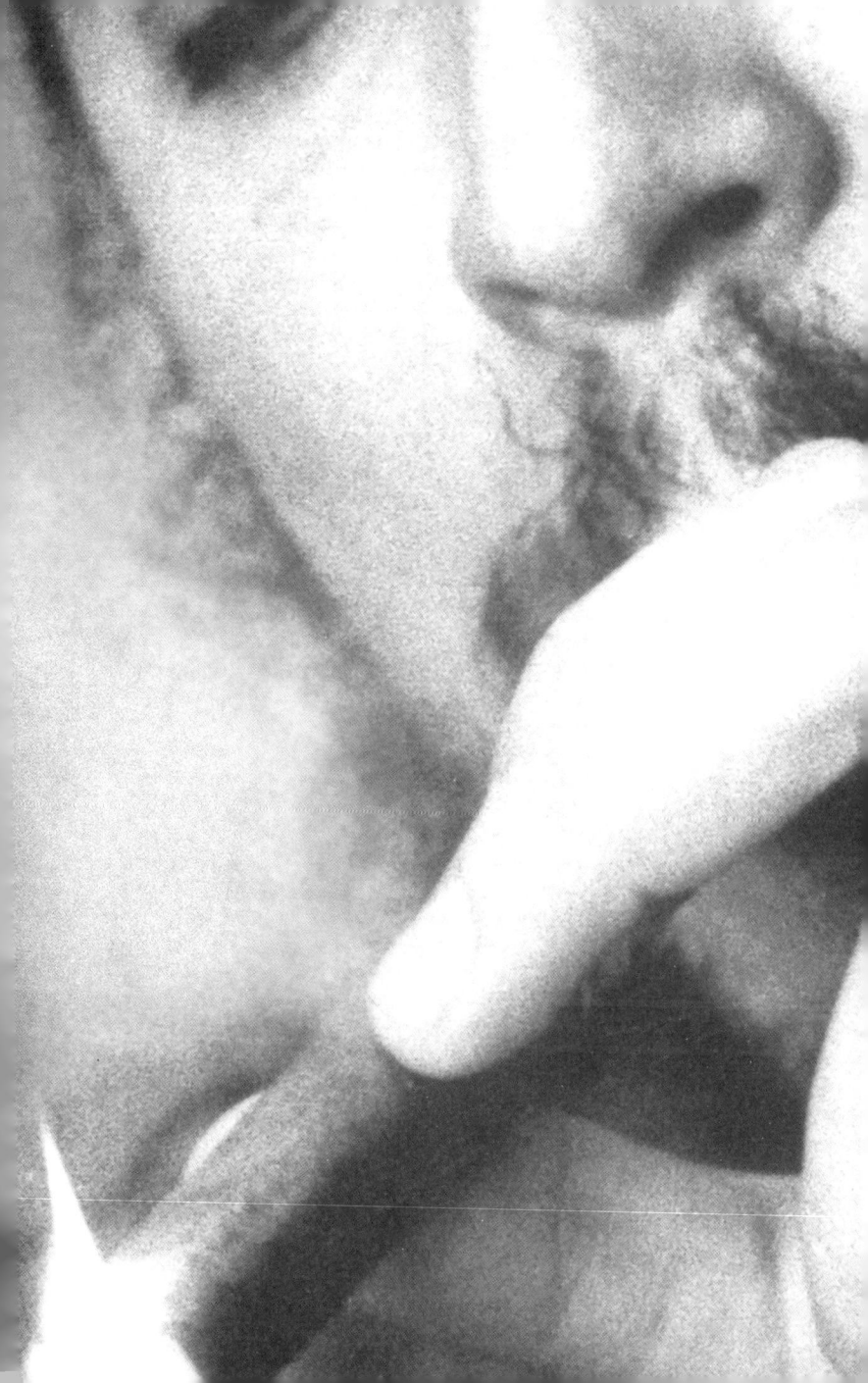

민중의 착취자들)이 자기네 고용인들의 거짓말을 더 널리 퍼뜨리도록 명령했던 것이오.

노예든 소유주든 그 누구도 속지 맙시다. 피델 카스트로는 다음과 같이 분명히 말했소.

"만약 그들이 우리를 공격한다면, 우리는 고양이조차도 무장시켜서 싸울 것이다."

뒤부아 씨, 이것은 분명합니다. 만약 우리가 고양이를 무장시킨다면, 그들은 무기를 사용하는 법을 배워야 한다는 것이오. 당신이나 당신의 추종자들이 이 나라에 쳐들어오려 한다면, 겁먹은 양떼들을 마주할 것이라고는 기대하지 마시오. 최근에 우리의 수상이 언론 앞에서 말했듯이, 마지막 총알 한 알이 떨어질 때까지 무장투쟁을 벌이겠다는 각오를 하고 있는 활기차고 단결된 민중을 발견하게 될 것이오.

여러 시대에 존재했을 법한 갖가지 전술을 갖춘 우리 혁명 군사들은 굳게 단결하고 있으며, 어떠한 위협이나 악의도 쿠바 민중의 위대한 목표를 달성하기 위해 함께 투쟁하는 우리를 분열시키지 못할 것이오. 우리의 목표는 토지개혁, 관세개혁, 재정개혁이며, 국가의 산업화를 통해 민중의 생활수준을 개선하는 것이며, 민족 해방을 이루고, 국제적 존엄성을 지키는 것이오.

당신이 잡지에서 나를 양의 탈을 쓴 늑대로 만든 것을 칭찬하고 싶은 생각은 없으나, 어쨌든 존경을 보내는 바이오.

1959년 5월 23일 아바나에서
R. M. A 총사령관
체 게바라

아르만도 하르트에게

친애하는 비서에게

이번에 당신은 창조주가 될 수 있는 6일 간의 시간을 갖게 됐군요. 축하를 드립니다.

당신이 일을 끝내고 쉬려고 하기 전에, 나는 당신에게 우리 지도자들과 민중들의 문화에 대해 몇 가지 아이디어를 제안하고 싶습니다.

나는 이번 긴 휴가 기간 내내 철학책에 푹 파묻혀 지냈습니다. 언젠가는 꼭 이런 기회를 가지리라던 결심을 이번에 실천하게 된 것이지요. 그러다가 첫 번째 문제에 부딪쳤습니다. 스스로 생각하도록 내버려 두지 않는, 소련에서 출판된 몇몇 책을 빼고는, 쿠바에서 철학책이 전혀 출판되고 있지 않다는 점입니다. 소련 책들이 생각하도록 내버려 두지 않는 것은 이미 당이 '당신을 위해' 생각을 다 해놓았고, 당신은 그것을 '소화하기만' 하면 된다고 생각했기 때문입니다. 이런 방법은 그야말로 반마르크스주의적이고, 게다가 책들이 형편없는 경향이 있습니다.

두 번째도 역시 중요한 문제인데, 그것은 철학적인 언어에 대한 나의 무지였습니다(나는 대가 헤겔과 씨름했고, 제1라운드에서 두 번이나 다운 당했습니다).

그래서 나는 나를 위한 공부계획을 세웠습니다. 개선할 점이 많은 계획안이지만, 실제적인 한 철학 유파를 위한 기초가 될 수도 있을 것입니다.

우리는 지금까지 많은 것을 달성해왔지만, 언젠가는 생각을 해야 합니다. 내 생각은 독서계획입니다. 그러나 그것은 자연스럽게 당 출판국에서 진지한 책을 만들어내는 것으로 확장될 수도 있습니다.

당신이 출판했던 책들을 면밀히 살펴보면 소련과 프랑스 작가가 쓴 것이 많다는 것을 알 수 있습니다. 이것은 번역의 용이성 때문이며, 안일한 모방 근성 때문이기도 합니다.

분명히 말하지만 이런 현상은 민중들에게 마르크스주의 문화를 '제공'하는 방법이 아닙니다. 기껏해야 마르크스주의적 '가르침'일 뿐입니다. 그나마 '해설'이 훌륭하다면(현 상황은 그렇지도 않습니다), 필요하기는 하겠지만 충분하지는 않습니다.

나의 계획은 다음과 같습니다.

1. 철학적 고전들
2. 위대한 변증론자들과 유물론자들
3. 근대 철학자들
4. 경제학 고전들과 그 선구자들
5. 마르크스와 마르크스주의 사상
6. 사회주의 건설
7. 비정통적 사상가들과 자본주의자들
8. 논쟁가들

각 시리즈는 다른 것들과 독립적일 수 있으며, 내용은 다음과 같습니다.

1. 이미 스페인어로 번역된 잘 알려진 고전들을 선택해야 합니다. 그리고 어떤 철학자(가능하면 마르크스주의 철학자)의 진지한 입문적 연구와 풍부한 용어 설명을 덧붙여야 합니다.

철학사 책과 철학용어 사전도 함께. 철학사로는 데닉이나 헤겔의 책을 쓸 수 있겠지요. 출판은 '선택적인 연대기로' 진행할 수 있을 것입니다. 다른 말로 하면, 가장 위대한 사상가들의 책 한두 권씩에서 시작하여 현대에 이르기까지 이런 시리즈를 계속

내는 것입니다. 그런 다음 다시 과거로 되돌아가 덜 중요한 철학자들이 쓴 책들을 이미 출판한 책들에 더할 수 있을 것입니다.

2. 여기에도 같은 방식이 적용될 수 있습니다. 몇몇 고대의 책들도 편찬하면서(얼마 전에 아르헨티나에서 출판된 한 연구서를 읽은 적이 있는데, 데모크리토스, 헤라클레이토스, 그리고 레우시푸스가 포함되어 있었습니다).

3. 가장 대표적인 철학자들이 여기에 포함됩니다. 전문가들(반드시 쿠바인일 필요는 없겠지요)의 진지하고 세부적인 연구서들을 포함하여. 관념론적 관점에 대해서는 응당한 비판을 행하면서 말이죠.

4. 이 분야에 관한 책들은 지금도 나오고 있지만, 체계적이지 못하며, 마르크스의 기본적인 책들도 빠져 있습니다. 여기에는 마르크스, 엥겔스, 레닌, 스딸린 그리고 나른 위대한 마르크스주의자들의 전집이 포함될 필요가 있습니다.

예를 들어 아무도 로자 룩셈부르크의 책을 읽지 않습니다. 그녀의 《마르크스 비판》(제3권)에 몇 가지 오류가 있을지는 모르지만, 결국 적들이 그녀를 죽이지 않았습니까? 제국주의에 대한 그녀의 직관적 이해는 어떤 측면에서 우리들보다 뛰어납니다.

나중에 마르크스주의 대열에서 이탈한 사상가들도 빠져 있습니다. 카우츠키나 힐퍼딩 같은 인물들이죠. 그들의 공로도 무시할 수는 없습니다. 그밖에 완벽하게 마르크스주의 진영에 속한다고 할 수는 없으나, 현대 마르크스주의자들이 빠져 있습니다.

5. 사회주의 건설. 이 시리즈는 현재의 지도자들뿐만 아니라 과거의 지도자들도 다루어야 합니다. 그리고 철학자들, 특히 경제학자들, 통계학자들이 사회주의 건설에 공헌한 바에 대해서도 면밀히 검토해야 합니다.

6. 이 시리즈는 적절한 분석을 거쳐 위대한 수정주의자들을 다루어야 합니다(당신이 원한다면, 여기에 흐루시초프를 넣을 수 있을 것입니다). 특히 당신의 친구 트로츠키를 다른 사람보다 깊이 다루어야 합니다. 그는 살았을 때 책을 쓴 것 같습니다. 마셜, 케인즈, 슘페터 등의 뛰어난 자본주의 이론가들도 포함해야 합니다. 이들도 주의깊게 분석되어야 합니다. 이유에 대한 설명도 덧붙여.

7. 제목이 암시하듯이 이 분야는 가장 논쟁적일 것입니다. 그렇지만 마르크스주의는 이것으로 발전해왔습니다.

프루동은 《빈곤의 철학》을 썼으며, 우리는 그런 책이 존재한다

는 사실을 마르크스의 《철학의 빈곤》을 통해 알고 있습니다. 비판적인 편집은 그 시대와 마르크스 개인의 발전에 대한 이해를 도울 수 있습니다. 당시 마르크스 사상은 완성되어 있지 않았지요. 로베르투스와 뒤링이 그 시대에 속하는 인물들이었고, 수정주의자들이 등장하게 되었으며, 1920년대에 소련에서 큰 논쟁이 벌어졌지요. 이 논쟁이 우리에게 가장 중요하겠지만요.

지금 다시 보니 항목 하나를 뛰어넘어버렸고, 그래서 순서가 바뀌어버렸네요. 지금 내 펜은 춤추듯이 흔들리고 있습니다.

빠진 항목은 4번, 즉 경제학 고전과 그 선구자들입니다. 여기에는 아담 스미스, 중농주의자들을 포함할 수 있겠지요.

이 일은 정말로 거대한 작업입니다. 하지만 이 일은 분명 쿠바에 큰 가치가 있는 것이며, 시도해볼 만한 일입니다. 더 이상 이런 '잡담'으로 당신을 귀찮게 하지 않겠습니다.

나는 현재 이데올로기적 분야를 책임지고 있는 사람들을 잘 알지 못하며, 그들에게 이런 편지를 쓰는 것은 여러 가지 이유로(이데올로기적 모방 근성만을 말하는 것이 아닙니다. 그것이 중요하긴 하지만) 분별력 있는 행동이 못 될 거라 생각하기 때문에 이렇게 당신에게 편지를 보냅니다.

좋습니다. 훌륭한 동지(철학적 의미에서), 당신의 성공을 기원합니다. 7일째 되는 날, 우리가 서로 만날 수 있기를 기대합니다.

포옹을 보낼 만한 모든 이에게 포옹을. 당신의 사랑스럽고 활기 넘치는 '반쪽'인 하이디 산타마리아를 포함하여.

1965년 12월 4일
라몬*으로부터

---

* 라몬은 체 게바라가 1965년 콩고에 있을 때 쓴 가명이다. 이 편지는 아프리카에서 보낸 것이다.

우네악에게

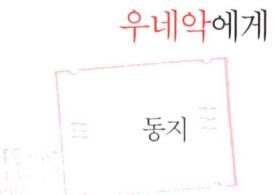
동지

어느 정도까지 자신을 칭찬하는 것이 좋은지는 아무도 알지 못하오. 어떤 경우에도, 나는 그런 것을 좋아하지 않으며, 불필요하다고 생각하는 편이오.

나는 지금 내용과 형식의 몇 가지 잘못을 지적하고 싶소.

내용 : '민중을 억압하는 자들에게 증오의 몸짓을 보여준' 나의 선조들은 사실 아르헨티나에서 독점적인 대규모 목축업자들이었으며, 로자스(1829년 부에노스 아이레스 주지사 - 옮긴이)와 벌였던 투쟁도 결코 대중의 지지를 받은 일이 아니오. 후안 마누엘 로자스에 대항한 이들이 마르크스주의적 관점에서 진보적이었다고 묘사될 수 없소.

덧붙여 한 가지 더 말하자면, 나는 사춘기 시절에 사회활동에 관여한 적이 없으며, 아르헨티나에 있을 때 정치투쟁이나 학생운동에 참여한 적도 없소.

형식 : 이것은 책이 아니라, 메모집이오.

혁명적 인사를 보내며

1963년 6월 23일 하바나에서
"조국이 아니면 죽음을! 승리하자!"
총사령관 체 게바라

하이데 산타마리아에게

예예에게

아르만도와 길레르모가 당신에게 닥친 시련을 알려줬소.

나는 당신의 결정을 존중하고 이해합니다. 이렇게 편지를 보내는 대신 당신을 만나 꼭 껴안아주고 싶소. 이곳의 보안 경계는 매우 엄격해서 내가 사랑하는 많은 사람들을 만나는 것이 불가능하다오(나는 때때로 보이는 것만큼 그리 차가운 사람이 아니오). 요즘 나는 마치 이곳을 방문하러 온 외국인처럼 쿠바를 지켜보고 있소. 모든 것을 다른 각도에서 말이오. 그리고 이런 인상은, 내가 느끼는 고립감에도 불구하고, 방문자들이 이곳을 떠나면서 갖는 인상을 이해하게끔 만든다오.

당신이 소포로 보내준 의학책과 문학책을 고맙게 받았소.

나는 당신이 창조적 힘을 가진 여성 작가가 되는 것을 보았소.

그러나 고백하건대 새해 초 어느 날 아침 일찍, 도화선에 점화하고 연발사격을 하던 당신의 모습이 내가 가장 좋아하는 모습이라오. 당신의 그런 모습과 시에라에 있을 때의 모습(그때 우리가 다투었던 일조차 내 기억에는 소중하다오)이 내가 늘 간직하는 당신의 모습이라오. 나 자신을 위해서 말이오. 당신이 모든 애정과 결단은 다가오는 어려운 시기에 큰 도움이 될 것이오.

  당신을 사랑하는 동지로부터

라울 로아로부터

체

너무 늦은 듯하지만 당신의 책《게릴라전》의 영어 번역본 한 부를 보냅니다.

당신이 원한다면 나와 마오쩌둥 간의 친분 관계를 이용해서 노자의 말(중국어)로 된 책을 6억 부 정도 출판하게 해줄 수도 있습니다.

존경을 담아,
1963년 12월 19일 아바나에서
라울 로아

라울 로아에게

나의 비에히토에게

나는 당신에게 여행에 대한 것 한 가지, 그리고 당신 나라 국민들에 대한 논평을 한 가지 하고 싶어 이 편지를 씁니다. '당신의 여행하는 대사'의 비판적 눈에 보이는 모습을 말입니다.

이곳에 파견된 사람들은 매우 성실합니다. 개성도 있고 조직력도 갖추고 있습니다. 그러나 프랑스에 대해서는 너무 소홀합니다. 심지어 프렌사 라티나는 텔레타이프조차 갖고 있지 않으며 날마다 사건이 일어나는 이곳에서 그리고 더욱 중요해지는 이곳에서 뉴스도 받아보지 않고 있습니다.

몇몇 좌파 지식인이 정확하게 지적했듯이, 파피토는 '창조적인 매독'에 걸려 증세가 점점 심해지고 있습니다. 그는 알멘다레스에서 물을 끌어와 사하라를 적시는 듯합니다. 하지만 그런 작업에는 전문적인 기술자들이 필요합니다.

정치적 중요성에서 볼 때 그리고 이곳 정부와 민중들 사이에 형성된 쿠바에 대한 지지도를 감안해볼 때, 더 많은 사람들이 이곳에 필요합니다.

지금 외면받고 있는 〈쿠바-알제리 위원회〉에 참여할 사람을 당에서 찾아볼 필요가 있으며, 대사관에도 몇 사람이 더 필요하고, 해외무역 분야에도 사람들이 더 필요합니다. 그들은 일단 일을 시작해야 합니다. 먼저 페세타로 사업을 하고, 나중에 파운드를 다루는 데까지 나갈 수 있을 것입니다.

카리요 대사님은 상황을 잘 통제하고 있습니다.

그는 프랑스어로 시를 쓰면서 공인된 시인들과 겨루고 있습니다(고답파적이죠. …그리고 형편없어요).

그들은 모두 바마코(말리 수도-옮긴이) 신문 〈레소르〉(도약이라는 뜻-옮긴이)에 나오고 있는데, 그것은 〈마야히구아 신문〉을 〈뉴욕타임스〉처럼 보이게 하고 있습니다. 그는 지도자들에 대해 많은 것을 알고 있으며, 몇몇 성격적 결함과 상관없이 좋은 평을 받고 있습니다. 그는 가장 중요한 곳에서 사람들이 자신의 경험을 잘 활용할 수 있도록 자신을 관람객들의 눈높이에 기꺼이 맞추려고 합니다. 하지만 그는 지금 있는 곳에 잘 어울리는 사람 같고, '사하라의 시인'이 되는 것이 좋을 듯 합니다.

그의 부하들은 완벽하게 시골 사람처럼 생겼지만, 자신들에게 요구되는 수준에 맞게 일을 처리하고 있습니다. 기니공화국 분석은 완벽했습니다. 한 직원의 보고서를 읽었는데, 그것들이 정확하게 상황을 반영하고 있다고 느꼈습니다. 그는 매우 지적이며, 이런 특수한 임무를 더 잘 할 수 있을 것 같습니다. 하지만 그는 거기에 나타나는(아니 나타난) 냉담함을 극복하려는 진취성이 전혀 없으며, 기니 대중과 접촉하려는 노력도 보이지 않습니다.

나는 그와 관련해서 잠정적인 제안을 하나 할까 합니다. 그를 다시 외국에 내보기 전에 아바나에서 대학 공부를 끝내게 하라는 것입니다. 이 점에 대해서는 나중에 다시 이야기하겠습니다.

덧붙여 말하면, 정치가이면서도 대중과 더 많은 접촉을 하는 인물을 대사로 임명할 필요가 있을 것입니다(이런 이유로 해서 현재 대사같은 사람은 적격이 아닙니다).

　나는 세쿠 투레와 오랫동안 솔직하게 대화를 했습니다. 그는 아프리카의 이 지역에서 만난 정치 지도자들 가운데 가장 명석하고 능수능란한 사람인 것 같습니다.

　콩고는 대통령이 있으나 마술사들이 활개 치는 나라입니다. 그렇지만 대중들은 선량합니다. 만일 우리가 그곳에 정치 자문단을 보낸다면 그들이 올바른 노선으로 돌아오는 데 도움을 줄 수 있을 것이며, 불길하게 다가오는 쿠데타를 막을 수 있을 것입니다.

　가나는 이 지역에서 가장 발전된 나라지만 제국주의 세력이 많

이 침투해 있습니다. 이곳 대사는 약간 백치같은 면이 있는데, 당신이 올리바레스(17세기 초에 스페인 총리를 지낸 인물-옮긴이)를 좋아하는 만큼이나 비난을 즐기는 인물입니다. 그러나 그는 진지하고, 근면하며, 학구적인 사람이기도 합니다. 그는 대사관을 자신 있게 운영하긴 하지만, 내 생각으로는 올해 안에 쿠바로 소환해 어떤 생산적인 분야에 종사하게 해야 합니다. 주변 사람들과 접촉하면서 민중들의 혁명적 잠재성을 누그러뜨리는 관료적 기질을 완전히 없애야 할 것입니다.

적어도 외부에서 보기엔, 그곳 팀은 '협력해서' 임무를 잘 수

진솔한 편지들 349

행하고 있었습니다. 그곳의 한 무역 관련 수행원은 자신의 분야에서는 아무 일도 하지 않으면서 언제나 남을 기꺼이 도우려 하고 있습니다. 어떤 의미에서는 빛나는 인물입니다. 영어를 꽤나 유창하게 하니까요.

다호메이(1975년 베냉으로 이름 바꿈 - 옮긴이)도 문제입니다. 대통령과 부통령이 다투고 있습니다. 여기에는 여러 가지 이유가 있습니다. 대통령은 매우 진보적인데(적어도 이곳에서는 그렇게 통합니다) 부통령은 반동적입니다. 대통령은 수도 가운데 하나인 포르토 노보 출신인 반면 부통령은 코토누 출신입니다. 그들은 출신 부족도 다릅니다. 그리고 우리는 피비린내나는 야망을 잊어서는 안 됩니다. 대통령은 행정부 책임자가 아닌데(부통령이 책임자입니다) 쿠바를 방문하고 싶어하는 듯합니다. 그를 초대해야 한다고 생각합니다.

만약 그들이 입국 허가를 내주고 우리가 얼마간 비용을 지불할 수 있다면, 우리를 대표하는 사업단장으로 파견할 인물로 곤잘로 살라를 추천하겠습니다. 물론 기니에 야무진 대사 한 명을 먼저 보내고서 말입니다.

이것들은 나의 피상적인 인상들입니다. 사적으로 당신에게 쓰는 것이며, 이런 걸 타자기로 쓰게 되어 유감입니다. 이 달 안에 돌아가서 더 많은 이야기를 나눴으면 합니다. 여행 일정은 다음과 같습니다. 중국, 카이로, 하르툼, 다르 에스 살람, 알제리입니다(아프리카-아시아 경제 회의에 참석할 예정인데, 참관인 자격입니다. 벤 벨라의 개인적 초대를 받았습니다). 그리고 시리아에 주목해야 합니다. 그들은 지금 뭔가를 일으킬 기세입니다.

당신을 둘러싸고 있는 관료적이고 근시안적인 동료들에게 인사를,

우주적 포옹을 보내며.

1월 30일 쿠바 대사관에서
체

이 장에는 체가 자신 속에 숨어 있다고 고백한 '실패한 시인'과 그가 애정과 존경을 담아 '위대한, 무모하리 만치 열정적'인 시인이라고 묘사했던 레온 펠리프 사이에 오간 짧지만 강렬한 편지들을 모았다.

더 이상의 말은 사족일 것이다. 이것은 발언의 영역이자 운문들과 편지들, 토론의 단편들을 관통하여 흐르는 시이기도 하다. 이 두 사람 사이에 오간 대화는 30년이 지난 지금까지도 그 당시의 생생함과 지혜를 그대로 담고 있으니 달리 덧붙일 말이 없다.

단지 우리는 이렇게 말할 수 있을 것이다.

시를 통해서 이루어진 이 토론은 존경과 경외심을 불러일으키며, 서로 다른 의견을 하나의 토론마당으로 이끌어내는 까닭에 목격자 체가 주는 또 다른 가르침이 될 것이다.

- 빅토르 카사우스

10

시인들이
주고받은 편지

당신에게 바치는 나의 찬사
(레온 펠리페에게 보내는 편지)

받는 이 :
멕시코 16 연방구역 그라나다스가 82번지 그리할보 신문사
레온 펠리페 앞

위대한 시인에게

몇 해 전 혁명이 승리로 끝나고 난 뒤, 당신의 자필 서명이 들어 있는 갓 출간된 책을 한 권 받았습니다.

당신에게 고맙다는 말을 전하지는 못했지만, 나는 항상 그 책을 들고 다녔습니다.

당신이 흥미로워할지는 모르겠지만 내가 늘 곁에 두고 있는 두세 권의 책 중 하나가 《사슴》입니다. 비록 그 책을 읽을 기회는 거의 없었지만 말입니다. 쿠바에서는 잠자는 것 혹은 시간이 남아도는 것, 쉰다는 것은 지도부 모독죄와 똑같기 때문입니다.

며칠 전에 내게 큰 의미가 있는 행사에 참석했습니다.

행사장은 열정적인 노동자들로 가득 차 있었고, 나는 갑자기 나 자신이 다른 사람 같이 느껴졌습니다. 문득 마음속에 간직하고 있던 '실패한 시인'이 표면으로 떠올랐고 그 순간 나는 당신의 시를 생각했습니다. 멀리 떨어져 있는 당신의 시를 빌려올 수

밖에 없었던 것입니다.

이 말은 당신에게 바치는 나의 찬사이며, 나는 당신이 있는 그대로 받아들여 주길 바랍니다.

'도전이 당신을 유혹한다면, 그것은 만족할 만한 초대이다.'

진심으로 존경과 경의를 담아,

'경제의 해'
1964년 8월 21일
사령관 체 게바라

하루하루의 삶을 불꽃으로 타오르게 하고자
(1964년 체가 노동자들에게 한 연설에서)

여러분이 허락한다면, 저는 여러분 모두의 머릿속에 시 한 구절을 '새겨넣고' 싶습니다. 걱정할 필요는 없습니다. 사람들이 흔히 말하듯이, 이것은 나 자신의 영감으로 지은 글이 아닙니다!

이것은 시 한 수입니다. 무모하리 만치 열정적이던 한 사내가 지은 몇 줄 안 되는 시입니다. 이 시를 지은 늙은 시인은 이제 삶을 마감할 날을 눈앞에 두고 있습니다. 그는 80살이 넘었으며, 오래 전에 자신이 열렬히 지지하던 스페인 공화국이 무너지는 것을 지켜보아야 했으며, 이후 그는 망명 생활을 하고 있습니다. 지금 그는 멕시코에 살고 있습니다. 몇 년 전에 나온 그의 책에는 몇몇 주목할 만한 시구가 있습니다. 그는 말합니다.

> 그러나 인간은 고생만 하는 어리석은 아이다.
> 오랜 시간 땀 흘리며 노동만 해왔으니.
> 북채로 괭이를 만들어
> 이 땅 위에서 기쁨의 노래를 연주하지 않고
> 대신 땅을 파기 시작했으니….

그리고 제 기억력이 썩 좋지 않아서 정확할지 모르겠으나, 이어서 이렇게 말합니다.

> 나는 말하고자 하네. 아직 그 누구도
> 태양의 리듬에 맞춰 땅을 팔 줄 모른다는 것을.
> 아직 그 누구도 사랑과 은총의 마음으로
> 옥수수 열매를 딴 적이 없다는 것을.

이 시는 저 세계에서 패배한 자의 심정을 정확하게 그려내고 있습니다. 그 세계는 노동에 대한 우리의 태도에 의해, 자연으로 돌아가고자 하는 우리의 열망으로 인해 하루하루의 삶을 불꽃으로 타오르게 하고자 하는 우리의 소망을 통해 이미 극복해가고 있습니다.

나는 무척이나 느릿느릿한 늙은이가 되어
당신에게 편지를 쓰고 있습니다

경애하는 친구 체 게바라

나는 무척이나 느릿느릿한 늙은이가 되어 당신에게 편지를 쓰고 있습니다.

그러나 나는 당신을 힘껏 껴안고 싶습니다. 당신에게 이런 내 마음을 전달하지 않고서는 작별을 고하고 싶지 않습니다. 그래서 당신을 무척 존경하는 사람인 나의 친구이자 아내, 베르타를 통해 내 마음을 전합니다.

며칠 전에 마지막으로 쓴 내 시의 사본에 서명을 담아 기념물로 보냅니다.

당신의 건강과 행복을 빕니다.

1965년 3월 27일 멕시코에서
당신의 오랜 친구, 레오 펠리페

이 편지는 아주 급한 상황에서 손으로 쓴 것으로 나중에 〈볼리비아 일기〉에서 확인할 수 있다. 지칠 줄 모르고 끊임없이 돌아다녔던 젊은 시절부터 글쓰기는 인상적일 만큼 충실하게 에르네스토 체 게바라를 따라다녔다. 좀 더 정확히 말하면, 상호적인 충실성이었다.

이 사내는 전투 비법을 글로써 표현했으며, 적과 동지들을 분석하는 데에도 글에서 도움을 구했다. 그리고 승리의 순간만이 아니라 그가 거의 고백한 적이 없었던 좌절의 시기에도 글로써 자신을 나타내고자 했다.

여기서 그는 머나먼 곳에서 몹시 급하게 아이들에게 보내는 사랑의 편지를 쓴다. 편지 속에서 그는 아이들 한 명 한 명에게 애정과 충고를 보내고 있다. 딸들에게는 협력을 당부하고, 아들들에게는 적들의 패망 여하에 따라 미래의 투쟁에 나서라거나 달나라로 같이 여행을 떠나자고 말한다. 이 글은 안부 편지이자 작별 인사인데, 발표된 적이 없는 목격자 체의 사진이 같이 들어 있다. 사진 속의 체는 다음 전투를 눈앞에 둔 상태에서 깔끔하게 면도한 모습으로 딸 셀리타를 안고 있다.

—빅토르 카사우스

11
나의 아이들에게

아빠는 머나먼 곳에서 급하게
너희들에게 편지를 쓰고 있단다

(1966년 볼리비아 어느 곳에서)

사랑하는 알리우사, 카밀로, 셀리타 그리고 타티코에게

아빠는 머나먼 곳에서 몹시 급하게 너희들에게 편지를 쓰고 있단다. 그래서 안타깝게도 아빠의 최근 모험담을 너희에게 들려줄 수 없구나. 아빠는 어떤 아저씨 소개로 매우 재밌는 친구들을 만났거든. 다음에 꼭 얘기해줄게.

지금 이 순간, 이 아빠가 얼마나 너희들과 엄마를 사랑하는지, 그리고 늘 생각한다는 것을 말해주고 싶구나. 비록 어린 두 녀석은 아빠가 떠날 때 너무 어렸기 때문에 거의 사진을 통해서만 기억하고 있지만 말이다. 좀 있다가 사진을 찍어서 아빠가 요즘 어떤 모습인지 너희들에게 보내주려고 해. 약간 더 늙었고 표정도 험상궂어졌단다.

이 편지가 알리우사가 여섯 번째 생일을 맞을 때쯤에 도착해야 할 텐데. 알리우사의 생일을 축하할 수 있도록 말이야.

알리우사, 공부 열심히 하고 네가 할 수 있는 한 최선을 다해 엄마를 도와드려야 한다. 기억해라, 네가 맏이라는 것을.

카밀로, 네가 학교에서 그래서는 안 되듯이 집에서도 말을 너무 맹세하듯이 하지 말아야 한다. 무엇이 알맞은 것인지 배워야 한단다.

셀리타, 너는 할머니가 집안일을 하시는 것을 되도록 많이 도와야 한다. 그리고 우리가 작별 인사를 하던 그날처럼 늘 상냥하게 사람들을 대해라. 그날을 기억하겠지? 어떻게 그걸 잊을 수 있겠니.

타티코, 너는 자라서 사나이가 되어야 해. 나중에 네가 무엇이 될지 지켜보고 싶구나. 그때가 되어도 제국주의가 사라지지 않는다면, 우리는 그에 맞서 싸워야 할 것이다. 제국주의가 멸망한다면 카밀로랑 아빠랑 함께 달나라로 여행을 떠나자.

할아버지와 할머니께도 아빠의 키스를 대신 전해주렴. 그리고 미리암과 그녀의 아기, 또 에스텔라와 카르미타한테도 키스를 전해주길 바래.

코끼리만한 키스를 보낸다.

아빠가

(*여백에 쓴 글)
일디타(체의 장녀)에게도 코끼리만한 키스를 전해주고, 아빠가 곧 편지를 보낼 거라고 말해주렴. 지금은 시간이 없구나.

체가 콩고에 머물면서 썼던 인상적인 이야기다.

이 장에 실린 것은 이 이야기에서 뽑은 것이다. 원래 원고는 그가 들고 다니던 노트에서 10페이지 정도를 차지하고 있는데 고친 흔적이 거의 없다.

체는 이 이야기의 주제(어머니 셀리아의 죽음을 예상하며)를 1965년 5월 22일 이후의 어떤 시점으로 설정하고 쓰고 있다.

그날, 오스마니 시엔푸에고스가 체에게 "전쟁에서 가장 슬픈 소식을 전해주었다. 부에노스아이레스에서 걸려온 전화는 어머니가 위급한 상태라는 소식을 전했다. 말투로 미루어 보아, 마음의 준비를 하고 있어야 할 것 같았다. 일어날 것이라고 짐작한 그 소식이 올 듯하여, 초조하고 불확실한 한 달을 보내야 했다. 어머니의 죽음을 분명히 확인하기 전까지는 그 소식에 뭔가 착오가 있었을 것이라고 기대하면서."

이 '초조하고 불확실한 상황'을 설정한 체는 철학적 성찰과 풍자, 고통, 섬세함을 녹여내어 뛰어난 통찰력을 보여주는 한 편의 이야기를 써낸 것이다. 이 글은 그가 쓴 글들 가운데서 가장 성실하고 강렬하며 감동적인 이야기가 아닌가 싶다.

어떤 시각에서 이 글을 분석하든 짧은 말로는 다 할 수 없다. 여하튼 우리는 목격자 체가 남긴 이 진실한 기록을 싣는다는 사실에 만족하며 영광스럽게 생각한다. 이 기록은 매우 극적인 상황에서 그의 성격을 잘 드러내며, 멀리 떨어져 있는 독자들을 그때 그가 깊이 느낀 고독감(인격적으로 매우 성숙한 그도 이런 고독감을 느꼈다!)으로 다가가게 한다.

한 사람이 갖는 인격의 폭, 다른 사람과 소통하는 능력은 그 사람이 동시에 수행하는 사상과 일상적 문제들에서 측정할 수 있다.

체의 이야기 〈의심〉에서는 높은 철학적 밀도를 엿볼 수 있고, 아프리카에서 자녀들에게 보낸 엽서에서는 그 섬세함을 느낄 수 있다.

같은 목소리가 무시무시하고 끔찍한 환경에서는 낱말, 말투, 이미지를 매개로 변주될 수 있다.

다른 사람들에게 한 다른 말, 그가 책들에 쓴 헌사는 우정, 존경심, 연대감을 잘 보여준다. 그는 그 문제가 중요하다는 증거를 남겨두었고, 그 초월성을 증언하고 있다. 어떤 인상적인 글에 나오는 이런 구절 속에서.

"사람은 자기 종 속에서, 역사 속에서, 신비화된 삶의 모습 속에서, 행동 속에서, 기억 속에서 살아남는다."

- 빅토르 카사우스

12

아프리카
서쪽에서 불어오는 바람,
동쪽에서 불어오는 미풍

나의 꿈은 무한질주
(책에 쓴 헌사들)

세사레오 리베로에게

세사레오 리베로를 위해, 그가 행복한 체스 챔피언이 되기를 기원하며.

체

토마스 로이그 씨에게

토마스 씨

당신이 《약용 식물》이란 책에 관심이 있다는 얘기를 시드 동지로부터 들었습니다. 이 책을 당신에게 보낼 수 있게 되어 매우 기쁩니다.

쿠바가 혁명으로 세계만방에 알려지기 전에 쿠바의 상황을 널리 소개한 한 과학자에게 우리 부에서 드리는 조그만 답례품이라 생각하고 이 책을 받아주십시오.

덧붙여 저의 개인적인 존경도 받아주시길 바랍니다.

팽팽한 긴장감이 감도는 아슬아슬한 평화를 경험한 적도 있으며, 때로는 개인적인 교류를 그리워하는 사

람으로서 당신께 존경을 보냅니다. 비록 참호 속에 앉아서 인류를 위해 아무것도 준 것이 없지만 말입니다.

존경하는 마음으로,

체

호세 마누엘 만레사에게

길이 두 갈래로 갈라지는 이 지점에서(일시적으로?), 만레사를 위해.

마지막 악수를.

알베르토 그라나도에게

(그라나도는 모터사이클 다이어리에 묘사된 여행을 함께 한 사람이다)

나의 이동식 집은 여전히 두 다리를 가질 것이고, 나의 꿈은 한계가 없을 것이네. 적어도 총알이 운명을 결정 지을 때까지는.

이제는 떠돌지 않는 방랑자여, 화약 냄새가 가실 때 쯤 그대를 만나게 되길 기대하네.

그대와 모든 이들에게 포옹을.

체

내 아이들에게 보내는 엽서

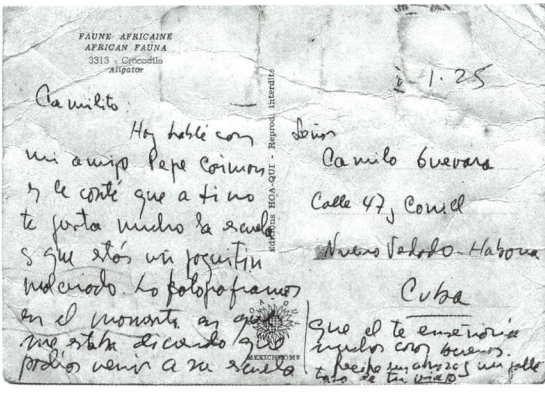

카밀리토에게

오늘 아빠는 친구인 악어 아저씨와 이야기를 나누었단다.

아빠는 아저씨에게 우리 카밀리토는 학교 다니기를 싫어하며, 조금은 말썽꾸러기라고 일러주었어. 그러자 악어 아저씨가 너희 학교에 찾아가서 너를 단단히 교육시키겠다고 하더라. 아저씨가 이 말을 하던 순간을 사진으로 찍어서 보낸다.

포옹을 보내고, 네 볼기를 한 대 찰싹 때린다.

아빠가

알레이디타에게

나의 사랑스런 아이에게

사바나 초원을 가로질러 달리는 작은 가젤들을 보고 있으니, 문득 우리 딸 생각이 나더구나. 이곳엔 사자가 있다는 점만 빼면 별로 다를 게 없구나. 우리나라에서는 작은 가젤들이 누구한테도 쫓기지 않고 맘껏 달릴 수 있는데….

학교 수입 빼먹지 말고, 내 이름으로 네 새로운 남동생에게도 키스를 전해주렴.

키스를 담아 아빠가

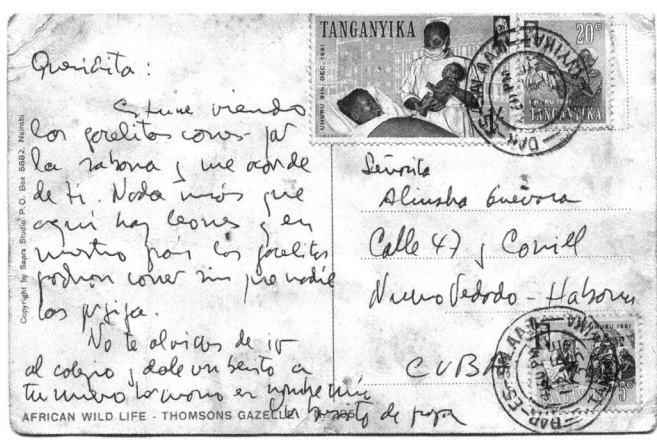

Queridita:

Estuve viendo los gacelitos correr p/ la sabana y me acordé de ti. Nada más que aquí hay leones y en nuestro país las gacelitas podrían correr sin que nadie los persiga.

No te olvides de ir al colegio y dale un besito a tu nuevo hermano en nombre mío.

[...] de papá

AFRICAN WILD LIFE - THOMSONS GAZELLES

Señorita
Ainsha Guevara
Calle 47 y Conill
Nuevo Vedado - Habana
CUBA

돌

그 소식을 전하면서 그는 나한테 마음을 단단히 먹으라고 말했다. 나는 그 말에 고마움을 느꼈다. 그는 자신의 관심사나 고통을 잘 드러낸다. 나는 그런 것을 드러내려 하지 않는데. 그것은 그렇게 간단했다!

게다가 공식적으로 초상 기간에 들어가기 전에 확인(죽음을)할 때까지 기다려야 했다. 나는 내가 조금은 울 수 있지 않을까 하고 생각했다. 그러나 아니었다, 대장은 비인격적 존재이므로. 그가 느낄 권리를 가지고 있지 않기 때문이 아니라, 다만 그에게는 사적인 일에서 느끼는 감정을 드러내도록 허용되어 있지 않기 때문에. 어쩌면 병사들에게는 허용되겠지만.

"가족의 친구라는 분이 어머니가 위독하다는 전화를 했다고 합니다. 그때 저는 그곳에 없었습니다만…"

"위독이라…. 어머니가 사경을 헤매고 있다는 말인가?"

"네."

"확실히 이야기 하게. 또 다른 소식이 없는지."

"소식을 듣자마자 달려온 겁니다. 그렇게 믿고 싶지 않지만… 가망이 없다고 합니다."

죽음의 전령이 다녀갔지만, 나는 여전히 확인할 수가 없었다. 기다리는 것만이 내가 할 수 있는 유일한 일이었다. 그 소식이 공식적으로 확인된 다음에야 나는 내 슬픔을 드러낼지 말지를 결정할 생각이었다. 더 이상 생각하고 싶지 않았다.

비가 그친 뒤의 아침 햇살은 강렬했다.

아무것도 달라진 것은 없었다. 날마다 비가 내렸고, 그 다음에는 태양이 모습을 드러내 습기를 몰아냈다. 오후가 되면 시냇물이 다시 유리처럼 투명해질 것이다. 오늘은 산에서 내려오는 물이 많이 줄긴 했지만 여느 때나 별로 다른 것이 없었다. 사람들은 5월 20일에 우기가 끝났으며, 10월까지는 비가 오지 않을 것이라고 한다.

사람들은 말했다. …그러나 그들은 진실이 아닌 말을 너무 많이 한다.

자연이 달력의 안내를 받는다는 말인가?

이런 이야기가 사실인지 나는 별다른 관심이 없었다. 보통 나는 어느 것에도 관심을 두지 않는 편이었다. 이렇게 강요된 허송세월도, 목적 없는 이 어리석은 전쟁도. 아니 어쩌면 전쟁에는 목적이 있을지도 모르겠다. 그러나 그 목적이라는 것은 너무 막연하고 희미해 달성할 수 있을 것 같지도 않았고, 무료함이 영원한 처벌인 초현실적인 지옥처럼 느껴졌다. 그렇지만 사실은 나는 관심이 있었다. 그렇다, 나는 관심이 있었다.

이 상황을 어떻게든 타개해나갈 방도를 찾아야 한다는 생각이

들었다. 생각하는 건 쉽다. 누구나 천 가지 계획을 세울 수도 있으며, 하나같이 매력적일 수도 있다. 그러고서 가장 좋은 것을 선택하거나, 두세 가지를 혼합해서 새로운 하나를 만들어낼 수도 있다. 그것을 단순화시켜 종이에다 쓸 수도 있다. 그렇게 계획수립은 끝나고, 그 다음에는 또 다른 계획에 착수할 것이다. 이는 관료들이 일하는 독특한 방식인데, 무언가를 차곡차곡 쌓는 것이 아니라 없애버린다. 내 부하들은 아예 계획이 적힌 종이를 태워버렸다고 말하기도 했다. 뭔가가 적혀 있는 종이는 어느 것이나 태워질 수 있는 것이다!

거기에 유리한 점도 있다. 마음에 들지 않는 것은 다음 계획안에서 수정될 수 있으니까. 아무도 주목하지 않을 것이다. 이런 것은 영원히 계속될 수 있는 것처럼 보였다.

담배를 피우고 싶다는 생각이 들어 파이프를 꺼내들었다. 여느 때처럼 파이프는 내 호주머니 속에 들어 있었다. 내 병사들과 달리 나는 한번도 파이프를 잃어버린 적이 없었다. 그것을 갖고 있는 것은 내게는 중요한 문제였다. 아무리 먼 길도 담배와 함께라면 힘들지 않기 때문이다.

나는 이런 말을 하곤 했다. 계획은 수립할 수 있다. 계획이 없이 꿈꾸어지는 승리는 꿈같으면서도 더 현실적으로 여겨질 수 있으나, 이는 길을 감에 따라 수증기처럼 사라진다. 담배 연기를 둘러싸고 있는 안개도 함께. 파이프는 참으로 좋은 벗이다. 이렇

게 소중한 벗을 잃어버리는 사람들은 도대체 뭐란 말인가? 짐승들!

예전에 그들은 짐승이 아니었다. 그들은 자신에게 주어진 임무를 수행했고, 이제 그 속에서 지쳐버렸다. 그래서 그들은 생각할 필요가 없게 된 것이다. 생각을 위한 것이 아니라면, 파이프를 어디에 쓰겠는가?

사람은 꿈꿀 수 있다. 그렇다, 사람은 꿈꿀 수 있다. 그리고 파이프는 아득히 먼 곳을 꿈꾸는 사람에게 소중하다. 미래로 가는 길이 연기처럼 막연한 꿈을 꾸는 사람에게. 그리고 너무 멀리까지 와버려서 자신이 걸어온 발자국을 되짚으며 과거로 돌아가는 꿈을 꾸는 사람에게도.

하지만 즉각적인 갈망은 몸 속 어딘가에서 감지된다. 그것은 튼튼한 두 다리, 날카로운 눈을 가지고 있어서 파이프의 도움을 필요로 하지 않는다. 내 병사들은 파이프가 꼭 필요하지 않았기 때문에, 그들은 잃어버린 것이다. 꼭 필요한 것은 잃어버릴 수 없다.

내게 이와 같은 어떤 것이 또 있을까? 거즈 스카프다.

그것은 특별하다. 팔을 다쳤을 때를 생각해 그녀가 준 물건이다. 이 거즈 스카프는 훌륭한 팔걸이 붕대가 될 것이다. 두개골이 깨지는 중상을 입는다면 문제가 된다. 그러나 간단한 해결책이 있다. 머리를 빙 두르고 턱까지 칭칭 감아서, 무덤 속으로 들어가면 그만이다. 사라지는 순간까지 충성스럽다!

 하지만 만일 내가 산속에 쓰러졌거나, 누군가가 나를 수습해 주었을 때 거즈 스카프가 곁에 없을 수도 있다. 내 시신은 풀숲에서 외로이 썩어 사라질 수도 있으며, 내 주검은 사람들 앞에 전시될지도 모른다. 어쩌면 내가 〈라이프〉지에 실릴 수도 있을 것이다. 죽음을 맞이하는 내 필사적인 눈빛이 극단적인 두려운 순간에 고정된 채. 누구나 죽음을 두려워하기 마련이다. 그것을 왜 부정하겠는가?

 담배를 피우며 나는 오래된 길을 따라 걸어 내 두려움의 익숙한 모퉁이에 이르렀다. 늘 죽음에 연결되어 있고, 혼란스럽고, 설명할 수 없는 '무'라는 느낌. 우리 마르크스-레닌주의자들이 아무리 확신에 차 죽음은 '무'라고 묘사하더라도, 죽음에 대한 두려움은 피할 수 없는 것이다.

 그렇다면 '무'란 무엇인가? 아무것도 아니다. 이런 가장 단순하고도 확실한 설명이 가능하다. 무란 무일뿐이니, 쓸데없이 머리는 그만 굴리고, 정 원한다면 멀리 떨어져 있는 별들이 반짝이는 하늘로 만든 검은 상복을 무에 휘감도록 하라. 그것이야말로 무이다. 무. 그것은 무한과 같은 것이다.

 사람은 자기 종 속에서, 역사 속에서, 신비화된 삶의 모습 속에서, 행동 속에서, 기억 속에서 살아남는다. 당신은 마세오의 마체테(현악기의 일종-옮긴이) 유시를 읽으며 등뼈를 타고 흐르는

전율을 느껴본 적이 있는가? 그것이야말로 무 이후의 삶이다.

내 아이들에 대해 말하고 싶다. 나는 내 아이들의 기억 속에 살아가고 싶지 않다. 그 애들은 나를 잘 알지도 못한다. 나는 그저 가끔씩 엄마랑 아이들의 평화로운 삶에 불쑥불쑥 등장하는 낯선 방문객일 뿐이다.

내 큰딸이 후에 머리가 희끗희끗하게 늙어 책망하는 말투로 동생들에게 이렇게 말하리라고 상상한 적이 있다.

"아버지라면 아무것도 하려고 하지 않았을 거야."

내 아버지의 아들인 나 자신 속에서 무서운 반항심을 느꼈다. 아들로서 나는 알려고 하지 않을 것이다. 아버지가 이런저런 일을 하려고 했을 것인지 아닌지 또는 그것을 서투르게 하려고 한 것이 사실인지 아닌지를.

그러나 내가 내 아들이라고 생각하면, 아버지인 나의 기억이 아들인 내 얼굴 위에 던져지면 언제나 초조해지고 배신당했다고 느낄 것 같다. 내 아들은 어른이 되어야 했다. 더도 말고 덜도 말고 딱 그렇게 어른이 되어야 했다.

다정함과 넓은 아량으로 내게 애정을 쏟아준 아버지께 고마움을 느낀다. 그리고 어머니는? 가련한 늙은 여인이다. 아직 나는 공식적으로 어머니의 죽음을 슬퍼할 권리가 없다. 확인이 될 때까지 기다려야 한다.

한 병사가 말을 걸 때까지, 내 생각은 담배 연기를 따라 이리저리 헤매고 있었다. 그는 내게 도움을 주고 싶었나보다.

"뭔가 잃어버린 것이 없으십니까?"

"아무것도."

이러한 개별적인 무를 내 몽상 속의 무와 연관시키면서 나는 대답했다.

"한번 확인해보시죠."

호주머니를 만져보았다. 모든 것이 제자리에 있었다.

"아무 이상 없다네."

"혹시 이 작은 돌을 잃어버리지 않았습니까? 사령관님 열쇠고리에 달려 있던 것을 본 듯합니다."

"아, 이런 바보같이!"

나는 자책감에 크게 한 방 얻어맞았다.

보통 사람들은 필요한 것은 어떤 것도 잃어버리지 않는다. 중요한 어떤 것도 잃어버리지 않는다. 어떤 물건들도 필요로 하지 않는 사람이 과연 살아 있다고 할 수 있을까? 식물로서는 살아 있다고 할 수 있을 것이나. 그러나 노력석 존재로서는 그렇지 않다. 적어도 나는 그렇게 믿는다.

차가운 기억이 떠올랐고, 나 자신이 고지식하고 소심하다는 것을 새삼 깨닫게 된다. 물결이 휩쓸고 지나갔을 때, 산 먼지로 누렇게 변한 호주머니가 나로부터 자신의 비밀을 지켜내려고 한다는 느낌이 들면서. 파이프, 파이프는? 아 그대로 있구나. 종이나 스카프라면 떠올랐을 것이다. 분무기도 있다. 펜도 여기에 있다. 나일론 커버로 씌어진 내 공책도 그대로다. 성냥갑 역시 그대로다. 모든 것이 제자리에 있다. 차가움이 녹아 없어졌다.

전쟁터로 떠나오면서 나는 두 가지 조그만 기념품을 가지고 있었다. 아내에게 받은 거즈 스카프, 어머니로부터 받은 조그만 돌이 박힌 흔한 싸구려 열쇠고리가 그것이다. 그런데 돌이 그만 느슨해져 호주머니 속에 보관해오던 참이었다.

기억의 흐름은 자비인가, 복수인가? 아니면 그것은 그저 대장처럼 비인격적인가? 울지 않는 사람은 그러지 말아야 하기 때문인가, 그럴 줄 모르기 때문인가? 전쟁터에서조차 잊어버릴 권리가 없다는 걸까? 사나이라는 옷 아래 얼음을 숨기고 있어야 할 필요까지 있는 걸까?

나는 모르겠다.

니는 정말 모르겠다.

내가 아는 것은 어머니가 실제로 내 앞에 나타나기를 내가 간절히 바란다는 것뿐이다. 어머니가 나타나서 그녀의 앙상한 무릎 위에 나를 쉬게 해주고, 그 인자한 목소리로 "내 귀여운 아기"라고 부르며, 투박한 손으로 내 머릿결을 쓸어주고, 나를 태엽인형같이 쓰다듬어주기를 바라는 마음뿐이다.

그 자애로운 시냇물은 오로지 그녀의 눈과 목소리로부터 시작해서, 여러 물줄기로 갈라지지 않고 최후의 곳으로까지 흘러갈 것 같다. 그녀의 손은 쓰다듬어준다기보다는 떨리고 만지작거린다고 해야겠지만, 그 자애로움은 주변을 휘감을 것이다. 그러면 나는 기분이 좋아지고, 아이가 된 것 같고, 그리고 강해진 것처럼 느껴질 것이다. 어머니에게 용서를 구할 필요는 없다. "내 귀여운 아기"라고 나를 부르는 말이 그 증거다.

"이게 단단하다고 생각하세요? 저도 이것 때문에 큰일 날 뻔 했습니다. 어제 일어서려다 미끄러질 뻔했다니까요. 제대로 말리지 않아서 그런 것 같아요."

"제기랄! 잘게 썬 중급 담배를 가져오지 않나 싶어서 주문하고 기다리고 있던 참이었네. 누구나 담배를 피울 권리가 있지. 좋은 향기가 나는 이런 말없는 파이프조차도 그런데 말야. 그렇지 않나?"

의심

"아니, 황소, 안돼…."

마음 속 깊이 도사리고 있는 막연한 불편함을 간신히 숨기고, 흐뭇한 미소를 애써 감추지 않은 얼굴로 그는 눈앞에 펼쳐진 광경을 지켜보았다.

그는 무시무시한 뿔이 달린 사나운 황소를 보고 있었다. 그 녀석은 투우사가 들고 있는 가느다란 막대기 말고는 자신의 자유를 속박하는 것이 없다고 느끼는 듯했다. 그러더니 이제는 놀람과 고통으로 일그러져 바닥을 앞발로 후벼 팠다. 이 장면을 본 사람이라면 녀석이 분노에 휩싸여 막 덤벼들 기세임을 알 수 있을 것이다.

소와 싸우는 그 전사가 약간의 피를 흘리며 땅바닥에 나뒹구는 모습을 자신이 보고 싶어 한다는 사실을 인정하지 않을 수 없었다. 물론 그 전사에게 뭔가 끔찍한 일이 벌어지기를 바라는 것은 아니었다. 다만 이제는 상황이 어떤 식으로든 해결되길 바랐을 뿐이다.

그 전사는 자신감을 감추지 못한 채 미소를 짓고 있었다. 그는 마치 황소를 막 찌를 듯한 태도로 황소를 노려보고 있었다.

그는 사정거리 안에 있었다.

한방이면 끝날 것이다.

이 사람들은 흑인이긴 했지만 달랐다.

그들이 우월감을 느낀다는 것을 누구나 알 수 있었다. 마치 망망대해를 여행했던 그들의 조상이 새로운 힘, 세상사에 대한 위대한 통찰력을 그들에게 심어준 듯했다. 그런 생각은 매우 그럴싸했다(공산당 인민위원들도 진보와 과학에 관심을 기울이는 것이 새로운 세계를 건설하는 필수요소라고 늘 말하고 있지 않나?). 그런데 산에 대한 이쪽 조상들의 지혜는 왜 무시당해야 하는 것일까? 적들의 총알에 쓰러지지 않도록 만들어 준 그 힘을 어떻게 지금 비웃을 수 있는가?

그는 상처 부위에 미세한 가려움을 느끼고, 마치 떠올리기 싫은 기억을 떨쳐버리고 싶다는 듯 그곳을 가볍게 긁어댔다. 살갗에 혹이 자꾸 생겨났다. 그는 아직 건드리면 아픈 흉터를 조심스럽게 피해 가며 더 열심히 긁어대야만 했다.

이런 이야기를 고백할 때 그는 처음에는 멋쩍어 하더니, 이내 말하는 것이 더 고상하다고 느꼈다. 사람들은 협박하면서 무강가(총탄으로부터 군인들을 보호해준다는 마법 의례인 '다와'를 주관하는 사람)를 맹렬히 비난했다. 하지만 그는 고백했고 다른 사람들도 고백하기를 바랐다.

사실은 그들 일행이 그 지점에 도착하기 훨씬 전부터 두려움이 그를 엄습했다. 정글은 낯설고 불길한 소리들로 가득 차 있다. 갑자기 튀어나올 것이 어떤 사나운 짐승인지, 뱀인지, 숲의 정령인지 알 수 없었다. 게다가 그들이 가는 길목에는 적군이 기다리고 있었다.

하늘이 맑아져 새벽이 오고 있음을 알리고 있을 때, 고통이 물결치며 목구멍을 타고 올라오고 있음을 기억했다. 그리고 온몸이 떨리고 있음도. 그는 그것을 감기 탓으로 돌렸다. 그렇지 않다는 것을 알고 있으면서도.

기다리는 시간이 지속되면서 전투의 두려움과 기다림의 두려움에서 어느 것이 더 큰지조차 분별할 수 없게 되었다.

우르릉 쾅쾅대는 소리가 들리기도 전에 적군이 매복해 있을 거라고 추정되는 참호 위로 붉은 섬광이 터졌다. 그 다음 아무것도 두렵지 않다는 기묘한 느낌과 함께 모든 지옥의 문이 활짝 열렸다. 이것을 깨닫기도 전에 떨림은 사라졌고, 그는 자랑스럽게 자신의 총에서 짧은 불꽃이 앞으로 쭉 뻗어나가는 모습을 보았다. 마치 적군의 머리 위의 천장처럼 기괴한 포물선(자기 주변을 온통 둘러싼 듯한)을 그리지 않고.

'저놈들은 눈을 감고 사격하나 보군. 아무것도 배운 게 없는 놈들이군' 이라고 그는 생각했다.

그리고 나서 가벼운 호루라기 소리에 땅이 갈라지는 듯한 굉음이 들렸다. 연기와 먼지가 잇달아 구름처럼 몰려왔다. 이전보다 더 가깝게 마지막 폭발음이 난 뒤에, 그는 왼쪽을 바라봤다. 동지 하나가 이상한 자세로 고꾸라져 있었다. 한 손은 몸통에 깔려 있었고, 빠져나오려고 발버둥치는 듯하였다. 덜렁이는 머리가 가슴에 부딪치며 이상한 박자를 만들어내면서.

새벽 빛 속에서 희미하게, 목이 잘린 염소마냥 검붉어진 눈 한 쌍을 보았다. 움직일 때마다 턱 밑에서 피가 조금씩 흘러나와 염소처럼 성긴 그의 턱수염을 타고 내려가 땅을 적시는 것을 보았다. 그 순간 다시 온 몸이 떨렸다. 그러나 그전과는 달랐다.

그전에는 자기 의지력과 겨루는 떨림이었던 데 반해, 그 순간의 떨림은 마치 그에게 도망가라고 외치는 듯했다. 그때 총을 이미 내팽개쳤다는 사실이 기억났다. 그는 지옥을 빠져나와 자신을 구하기 위해 도망가려 하고 있다. 그러자 나무들이 그를 뒤로 밀어내며 늘어진 나뭇가지들이 그를 삶에서, 무시무시한 총알의 교향곡에서, 그리고 기이한 파열음에서 그를 잡아떼려 하는 듯했다.

처음에는 '끽끽' 하는 소리만 들렸는데, 자기 몸속에서 들려오는 것 같았다. 그때까지도 그는 이 소리와 자신이 쓰러져 있다는 사실 사이의 어떤 연관성도 깨닫지 못했다. 자신이 쓰러진 것은 다만 적군인 나뭇가지 탓이라고 생각했다.

다시 도망치려고 했을 때야 비로소 그는 자신이 부상당한 것을 깨달았다. 그것은 그의 기억에서 가장 어두운 부분이었다. 그때까지는, 그는 자기 안으로 스며들어와 이내 자신과 하나가 되어 그것을 그렇게 강하게 느끼지 못하게 된 두려움의 속도만큼 빠르게 도망치고 있었다.

지금은 두려움이 자신을 앞지르고 있었으며, 두려움 스스로 어지럽게 뒤엉킨 풀숲을 뚫고 도망치고 있었다. 그러나 두려움은 홀로 달아나는 것을 원하지 않았기에 돌아와서 그를 끌어당기고 있었던 것이다. 그 순간, 그는 뭔가가 떨어져나가는 듯한 통증을 느꼈고 계속 걸음을 옮기려 했으나 신음소리를 내며 쓰러졌다. 그를 기다리는 데 지친 두려움은 보일 듯 말 듯한 길 위에 쭉 뻗은 그를 남겨두고 혼자 달아나버렸다. 이제 두려움이 홀로 떠나가 버렸으므로, 괴롭고 시들어가는 고요함과 더불어 신음소리만이 남게 되었다.

스페인 정복자처럼 오만하게 사나운 황소를 겨냥하고 있던 그 전사에게서, 그는 그 지옥에서 탈출하도록 자기를 도와주었던 인간, 친구, 형제 같은 느낌은 전혀 찾을 수 없었다. 고개 한번 돌리지 않고 아무런 도움도 주지 않은 채, 몇몇 자기 부족민이 자기 옆을 스쳐 지나갔을 때, 그 고상한 얼굴이 얼마나 기괴하게 일그러졌던가. 그 누가 그의 야만스런 언어의 비밀스런 커튼 저편에 상스러운 말들, 아름다운 분노의 딸들이 그의 내면에 도사리고 있다고 상상이나 할 수 있겠는가.

하지만 강렬한 태양 아래 있는 이 순간 나타나는 일그러짐은 예전과는 전혀 다르다. 그는 마치 신이나 악마처럼 먼 산 저 높은 곳에서 그들을 깔보며 내려다보는 정복자로 변한 것이다.

그렇다, 다와(총알에 맞지 않게 보호해준다는 마술적 힘)가 지켜준다는 것은 정말이었다. 그가 두려움에 지배받고 있었을 때, 아무런 일도 일어나지 않았다. 도망칠 때 겁을 먹어서 조금 다쳤을 뿐이었다. 그는 동지들이 모든 것을 관장하고 있는 무강가가 무능하다고 주장하면서, 이 사실을 부인하는 것에 분개했다.

확실히 여자 하나도 건드릴 기회가 없었고 죽은 자의 명예가 인정될 수도 있었을 것이다. 하지만 두려움이 존재하지 않았던가? 그들은 모두 이 사실을 잘 알고 있었다. 만약 그들이 여자를 건드렸거나, 자기 것이 아닌 물건들을 가져갔거나, 또는 그들이 두려워했다면 다와는 더 이상 힘을 보여주지 않았을 것이다.

성난 군중들에게 이런 사실을 고백할 만큼 용감한 단 한 사람이 바로 그였다. 그는 두려움을 느꼈던 것이다. 그들 또한 두려움을 느꼈으며 그러한 사실을 인정해야만 한다.

목에 상처를 입은 그 작은 사내의 억눌린 분노의 몸짓이 떠올랐을 때 그는 화가 났다. 그 사내는 위선적으로 강하게 자기 안의 두려움을 부인했던 것이다! 불경스럽게도, 눈을 불꽃처럼 번득이면서 무강가를 꼭두각시라고 비난했다. 강력한 두 손에 머리가 붙잡힌 듯 전혀 움직이지 않으면서.

그는 자신의 고백과 내노를 통해 어떤 교훈을 줄 수 있다는 데 만족감을 느꼈다. 그다지 자랑스러워하지 않는 이방인들에게도 전투에서 죽거나 다친 동지들이 있었다. 전투에 앞서 갖가지 의식을 행하지 않는 것으로 보아 그들의 다와가 더 강력하였겠지만.

그러나 그 이방인들은 이기적인 민족이며, 웃으면서 다와의 존재를 부인했다. 심지어 사령관에게까지 그것을 부인했다. 그는 사령관이 이방인들의 지휘관에게 공손한 말투로 그들의 다와에 대해 어떻게 물었는지 들은 적이 있다. 그 지휘관은 별 우스운 이야기를 다 들었다는 듯 그 질문을 듣고 웃으면서, 원숭이가 재잘거리는 듯한 이상한 언어로, 의식이니, 국제주의니, 우리 모두는 형제라느니 하는 이야기를 지껄였다. 그렇다, 가까운 형제들이다. 그러나 그들은 자신들의 다와를 풀어줄 생각이 없었다.

'닭 사건'은 그를 약간 혼란시켰다. 무강가(또 다른 새로운 무강가이다. 왜냐하면 그 사령관은 항복할 만큼 너무 약해서, 이전의 무강가를 교체했기 때문이다)가 이방인들 앞에서 닭이 총에 맞지 않을 것이라며, 신경을 많이 써서 만반의 준비를 해놓았다. 그런데 첫 방에 닭은 완전히 죽어버렸고, 체면을 구긴 전사들의 눈앞에서 곧바로 이방인들은 그 닭을 먹어치워 버렸던 것이다.

그러나 지금은 이 황소가 문제다. 만약 이 녀석이 저 거만한 사내를 양 뿔 사이에 가두고 그에게 다와의 힘을 보여줄 수만 있다면! 또는 적어도, 이 녀석이 아무런 상처도 입지 않고 달아난다면…. 모든 사람들이 도망치느라 정신없었던 전쟁터에서 그를 구해 병원으로 이송시켜줬던 저 형제가 해를 입기를 바란다는 것은 너무 딱한 일이므로.

그는 병원에 대한 나쁜 기억이 있었다.

먼저 소가 엉덩이를 들이받아 그가 상처를 입었을 때, 마치 부상당할 곳을 선택할 수 있는 것처럼 큰소리로 웃었던 백인 의사들 때문이다. 두려운 나머지 그가 다쳤다고 말했을 때, 그들은 더 크게 웃었다. 이런 백인들은 메스꺼웠다. 그들은 자기들 피부색과 과학(그들을 둘러싼 다른 것보다 뛰어난)으로 인해 모든 것을 비웃을 수 있다고 느꼈다.

한 순간, 그는 총알을 맞았던 바로 그곳에서 버려지고, 죽었더라면 하고 바랐다. 그랬더라면 그런 굴욕감으로 고통받지는 않았을 테니까. 그러나 그렇다면 무강가는 어떻게 되었겠는가?

목에 상처를 입은 그 작은 사내는 그들이 무강가를 죽여주기를 바랐다. 그가 끼어들지 않았더라면, 그들은 실제로 그렇게 할 수 있었을 것이다. 그가 살아남은 것은 좋은 일이었다. 요컨대 사람은 정직해야 했다. 두려움을 갖는다는 것이 나쁜 것임을 인정해야 했다.

그러나 목에 부상을 당한 그 작은 사내는 많은 사람들이 두려움에 휩싸여 도망을 쳤으나, 그들에게 아무 일도 일어나지 않았음을 보았다고 말했다. 아무런 관여도 하지 않고 뒤쪽에 가만히 있었던 가장 비겁한 자들조차도 무사했다고 한다. 그는 자신은 아무런 두려움이 없었으며, 목에 난 상처도 포탄에 맞아 생긴 것이라고 말했다(왜냐하면 목 뒤쪽, 즉 목덜미에 상처가 있었기 때문이다). 백인들은 그것이 포탄으로 난 상처 같지 않다고 했지만, 그

작은 사내는 탄알이 자신을 관통했다고 주장했다. 그렇지만, 목덜미에 난 그 상처가 정말로 탄알로 생긴 것이었다면, 그의 머리통은 박살났을 것이다.

목에 상처를 입은 그 작은 사내는 끊임없이 지껄였다. 백인들한테서 주워들은 말인 듯했다. 그 자가 말하는 것을 들으면 사람들은 마음이 불편해졌다. 예를 들어, 그는 이런 말을 했다.

"우리 모두 두려움 속에 빠져있는데, 다와가 두려워하는 우리를 보호해주지 않는다면, 도대체 다와가 무슨 소용이 있는 거죠?"

그는 그 사내에게 다와를 믿어야 한다고 대답했다. 그러나 그 작은 사내는 "아녜요. 다와가 믿음을 주어야 해요. 그렇지 않다면, 그건 아무 소용도 없는 거죠"라고 말했다.

목에 상처를 입은 이 작은 사내는 많은 말을 했다. 그러나 그는 끝내 병원에 남았고, 전방으로 돌아가길 원치 않았다. 그가 작별인사를 건넸을 때, 그는 사내가 병원에 머물고 있는 것이 비겁한 일임을 느끼게 만들었다. 그것은 일종의 복수였다.

꽝 하는 소리가 그를 뿌연 안개에서 빠져나오게 만들었다. 그리고 모든 것이 떨렸다. 전혀 예상하지 못한 것이었으므로.

황소가 멍하게 주위를 두리번거리더니, 이내 땅바닥에 무릎을 꿇었다. 그리고는 그 흐릿한 눈으로 그를 똑바로 바라보면서 몸을 떨기 시작했다.

"마치 그 염소 같구나, 그 사내 같기도 하고."

그는 생각했다.

그는 그 이방인이 황소의 등을 두드리며 죽음을 확인하고 있다는 사실을 거의 감지하지 못했다. 하지만 귀에 거슬리는 웃음소리가 마치 날카로운 칼날처럼 그의 상처를 건드렸다. 졸리다는 느낌이 밀려왔다. 아무것도 생각하고 싶지 않았다.

그들이 나란히 걷고 있을 때, 무강가는 그 사내에게 이방인들이 좋은 친구인 것으로 이미 드러났다고 말했다.

그 사내는 놀라서 그를 쳐다보았다.

무강가는 자애로운 목소리로 설명해주었다. 다와가 적들로부터는 그들을 구해주었지만, 친구의 무기로부터는 결코 구해주지 못했다고. 이것이 황소가 죽은 이유이며, 따라서 이방인들의 우정도 증명되었다는 것이다.

이러한 설명을 듣자, 그 젊은이는 마치 무언가가 자신에게서 들어올려지는 느낌이 들었으며, 여태껏 짊어지고 왔던 큰 짐에서 벗어나는 듯했다. 그러나 어쩐지 그는 완전히 짐을 벗어던진 것은 아닌 듯한 느낌이 들었다. 그리고 아직 분명하지는 않으나, 더욱 날카롭고 탐욕스러운 새 괴물이 그의 깊은 곳에서 고개를 쳐들기 시작했던 것이다. 바로 '의심'이었다.

이 주제를 다루는 것은 어려운 일이 아니다. 우리가 이야기하는 이 사람은 그가 견지했던 원칙을 분명히 보여주게 될 말들을 남겨놓았기 때문이다.

《혁명전쟁의 에피소드》의 제2부에서 그는 자신이 관련되었던 일 가운데 옳게 처리했던 일과 잘못 처리했던 일들이 무엇이었는지를 자세하게 서술했다. 체는 고백하고 있다.

"나의 두 가지 기본적인 연약함이 콩고에서 충분히 채워졌다. 언제나 지닐 수 있었던 담배, 그리고 넘쳐흘렀던 책."

이것은 사실이다. 독서는 늘 그의 삶을 따라다녔다. 그의 지식의 근본적인 원천이자, 그의 강렬한 지적·정신적 갈증을 해소시키는 그가 즐기는 선물로써. 또한 그의 끊임없는 독서는 그의 기억력과 분석력과 조화를 이루었다. 그가 젊은 시절 탐독했던 책들의 첫 목록들이 지금도 그의 문서 보관소에 남아 있다. 제목들과 저자들의 기록은 이 젊은 독서가의 문화적 관심이 얼마나 넓었는지를 잘 보여준다.

젊은 에르네스토가 관심을 가진 주제들 가운데는 철학, 역사, 문학, 스포츠 그리고 과학 등이 들어 있다. 시가 이 부러운 목록에 흘러다닌다. 특이한 단테의 《신곡》으로부터 밀턴의 《실락원》에 이르는 작품들이 이 탐욕스러운 독자의 눈에 흡수되고, 그는 읽은 책들을 체계적인 글쓰기와 논평을 거쳐 통합한다.

우리는 이런 문학 비평을 통해 독서가 젊은 체 게바라의 삶에 얼마나 큰 영향을 미쳤는지를 짐작할 수 있다. 시간이 흐른 후에는 그가 읽은 책들을 평가하는 데에도 쓰일 수 있다(아마 그를 평가하는 데에도).

나는 체가 그처럼 책을 열정적으로 읽고 되새기는 밑바닥에는 사랑이 있다고 믿는다. 비록 본인이 그것을 늘 고백하는 것은 아니며 때로 스스로 인식하지 못하는 경우도 있지만 거기에는 사랑이 있다. 또한 이러한 해방적인 활동을 즐기고 필요로 하고 독자와 즐거움, 슬픔, 질문과 답 그리고 또 다른 질문들, 근심과 영광을 주는 책들 사이의 친근하고 대체할 수 없는 관계가 있다. 사진들을 통해서도, 그의 독서에 대한 사랑을 알 수 있다.

아프리카의 정글에서, 행정업무를 보던 사무실에서, 게릴라 전쟁을 수행하던 볼리비아에서도 항상 손에 책을 들고 있었던 체. 아바나에 있는 그의 집에서 평온하게 독서하는 사진을 발견할 수 없다면, 그것은 분명 쿠바에서 그가 보낸 시간들이 엄청나게 많고 긴급한 업무로 채워졌기 때문이리라.

우리는 그가 이 사랑의 말들을 직접 녹음하여 남겨준 것을 알고 있다. 마지막 임무를 수행하는 전투장으로 떠나기 전, 체는 자기 아내 알레이다에게 읽어주곤 하던 여러 시인들의 작품을 녹음테이프에 남겼다.

체 게바라가 즐거운 마음으로 써 내려가고 보관했던(우리들을 위해, 비록 그는 이 사실을 알지 못했겠지만) 그 노트들을 보면, 그가 좋아했던 필자들을 알아낼 수 있다.

만약 힘차고 수다스러운 니콜라스 기엔의 목소리가 가족 낭독회를 활기차게 했다면, 체 게바라의 독서 일기는 자신의 시적 취향을 분명히 드러낸다. 20세기 라틴아메리카의 위대한 두 시인인 페루의 세사르 바예호와 칠레의 파블로 네루다는 그가 언급했던 다른 작가들과 함께 나타난다. 그 가운데서도 《1931년 러시아》에서 기자이자 목격자로서 나타나는 바예호, 역작인 《종합적 송가》에 게바라가 많은 논평을 남겨놓은 네루다가 손꼽힌다. 특히 《종합적 송가》는 볼리비아 정글에까지 그 짐 꾸러미 속에서 이 전사를 따라갔다.

— 빅토르 카사우스

13
만족을 모르는 독서광
– 문학 비평

빈센테 사엔스의
《마르티 – 쿠바 혁명가의 뿌리와 날개》

이 책은 이 혁명가(호세 마르티(1853-1895. 스페인으로부터 쿠바를 해방시키기 위해 싸운 혁명가이며 시인. 1895년에 독립군을 이끌고 쿠바에 상륙하여 스페인군과 싸우다가 전사함 – 옮긴이)에 대한 작은 소묘라고 할 수 있는 책이다. 많은 인용구들이 들어 있으며, 이 혁명적인 시인의 분명하고 우아한 사유를 알려준다.

이 책을 걸작이라고 말할 수는 없겠지만, 어차피 그런 의도로 씌어진 책도 아니다. 필자는 단순히 마르티가 했던 말들에 압도되어 있는데, 이 말들은 그 자체로 뚜렷이 그 의미를 파악할 수 있는 것들이다. 필자는 마르티가 죽는 그 순간까지 그가 했던 말들을 연대기적으로 정리하는 것으로 자기 임무를 제한하고 있다.

이 조그만 책자가 어떤 의미를 가지고 있다면, 그것은 평범한 현대의 정치가들과의 마지막 비교라는 점이다. 그러나 로물로 베탄코우르트나 하야 데 라 토레를 마르티에 버금가는 인물로 묘사한 것은, 짐승의 뱃속에서 살면서도 그 내부를 훤히 꿰고 있었던 마르티에 대한 모욕이 아닐 수 없다. 물론 그들이 지금의 정치가들만큼이나 사악하고 해악적인 인물이었던 것은 아니지만 말이다. 이런 주장만 없었다면, 이 책은 훨씬 더 가치가 있었을 것이다.

카를로스 파야스의 《마미타 유나이》

이 책은 한 노동자가 '1940년 라틴아메리카 최고 소설상' 경쟁에 내놓은 작품이다. 코스타리카 심사위원단은 "이 이야기는 소설이라고 보기 힘들기 때문에 탈락이다"라고 말했다. 이 말은 책의 후기에 적혀 있는데, 기교적인 측면에서 본다면 심사위원단의 말이 맞을 것이다. 왜냐하면 이 이야기가 정말 소설은 아니기 때문이다.

이것은 밀림의 깊은 곳에서 쓴 생생한 작품이며, '포용적인' 마미타 유나이인 '유나이트드 프루트'의 따뜻함에 은혜를 입고 있다. 중앙아메리카 민중들의 피를 빨아왔으며, 또한 남아메리카 민중들을 착취하고 있는 그 회사에게.

이야기는 분명하고, 건조하고, 간단하게 씌어졌다. 제1부는 온갖 권모술수가 넘쳐나는 몇몇 선거판을 바라보는 작중화자의 파란만장한 경험을 묘사하고 있는데, 이런 이야기는 그가 리몬으로 되돌아오는 길에 옛 친구를 만날 때까지 계속 이어진다.

이 만남은 화자를 과거에 대한 회상으로 이끈다. 회상이 제2부를 이룬다. 바나나 플랜테이션 농장에서 일하던 시절 그는 온갖 부당한 대우와 착취를 경험하게 된다. 그러던 어느 날 분노한 자신의 동료 노동자 하나가 마미타 유나이에게 고용된 한 이탈리안 경비원을 죽이려고 한 사건이 발생하고 그 동료는 감옥에 가게 된다.

일종의 후기인 책의 제3부는 주인공과 친구가 나눈 대화 형식으로 이루어져 있다. 그들은 서로 자신의 파란만장한 삶을 들려주며 각자 다른 길을 가는 것으로 끝을 맺는다. 작중에서 1인칭으로 말하는 주인공인 필자는 정치투쟁 속으로, 친구는 '라 유나이 바나나농장'으로 길을 재촉한다.

필자가 작중 주인공인 것은 의심할 여지가 없다. 이 소설의 장점은 주인공이 등장인물들에게 감정이입을 하지 않는다는 점이다. 그는 그들의 고통을 목격하고 그들을 이해하고 동정한다. 그러나 그들과 자신을 동일시하지는 않는다. 그는 배우라기보다는 목격자다.

그는 자신이 묘사하고 있는 장소를 잘 알고 있고, 그가 그곳에서 상당한 경험을 했음이 분명하다. 동료 노동자에 대한 심리 묘사와 여러 일화들은 주제에 잘 들어맞는 편이다. 물론 가끔 이야기의 흐름에서 벗어나는 경우도 있기는 하지만.

그렇기만 이런 종류의 소설이 늘 그리하듯 등장인물들의 심리가 너무 단순하게 그려진다. 특히 이 소설에 등장하는 '마초들(미국놈들)'은 마치 마분지 도형에서 오려낸 인물처럼 상투적인 모습이다.

효과를 극대화하려고 주인공의 비판이 울부짖음이 되는 순간, 이 글은 평범한 라틴아메리카 소설로 추락해버린다. 하지만 이

글은 무엇보다도 노동자의 처지에서 그 회사와 '당국'의 악랄함, 그리고 저자가 이 책을 바친 철도노동자들의 비참한 삶을 묘사하고 있는 주목할 만한 생생한 기록이다.

세사르 바예호의 《1931년 러시아》

이 위대한 페루 시인이 여기 건설기에 있는 러시아를 살피고 있다. 역사상 가장 논쟁적인 시기 가운데 하나이자 '제1차 경제개발 5개년계획'이 진행 중이던 1931년의 러시아를. 바예호는 문제를 전체적으로 다루며 빈곤, 결함들 그리고 다른 종류의 반대를 묘사하는 데서 움찔거리지 않는다. 그러면서 최근 몇 년 동안의 결과들과 더불어 전체적 이야기를 하는 것을 더욱 필요한 것으로 느끼게 한다.

그는 어떤 당에도 가입하지 않고, 스스로를 동정자로 자리매김하고 있다. 그렇지만 번지르르한 마르크스주의적 분석은 공산주의에 이른 한 명의 부르주아로서 그를 드러내고 있다. 그래도 목욕탕에서조차 시를 다듬는 점잔 빼는 라틴아메리카적 습성만 빼놓고 본다면, 바예호는 카메라 렌즈 같은 정확성으로 러시아의 현실을 그려내고 있는 보도자이다.

간혹 어떤 대목은 이 보도자의 공정성이 투사적 열정에 빠져 있다는 의심이 들게도 한다. 그가 소비에트에서 금지 오락들 속에 체스가 있었다는 사실을 거론하는 것을 예로 들 수 있다. 소련 사람들이 이들 오락을 열렬히 좋아한다는 이유로 다시 금지해야 한다고 암시하는 것이다.

그러나 소련 사회는 삶의 조건에 근본적인 변화가 있었으며, 이 변화야말로 그들이 가장 자랑스러워하는 것임을 고려해야 한다. 바로 이런 이유로 해서, 그리고 1931년 생산성에 대한 열정으로 체스가 유해한 사치 활동으로 간주되었다는 사실은 더 이상 놀랄 만한 것도 못된다.

이 책은 신념을 가진 자에게는 그 신념을 강화시키는 역할을 하겠지만, 그렇지 않은 자들에게 어떤 감동을 줄 수 있을지 잘 모르겠다.

파블로 네루다의 《종합적 송가》

시간이 이런 정치적 사건들을 조금이나마 부드럽게 만들어주고, 같은 방식으로 운명처럼 민중들에게 최종적인 승리를 안겨주면, 네루다의 이 책은 아메리카 대륙의 가장 위대한 종합적 송가로 나타날 것이다.

그의 시는 아메리카 문학의 이정표이며, 아마 절정일 것이다. 그 안에 있는 모든 것들은 심지어 마지막의 몇몇(떨어지는) 구절

Canto General
Pablo Neruda

Cuando el tiempo haya terminado en poco los ardores políticos y al mismo tiempo —ineluctablemente— haya dado al pueblo su triunfo definitivo, surgirá este libro de Neruda como el más vasto poema sinfónico de América.

Es poesía que marca un hito y quizá una cumbre. Todo en ella, hasta los pocos (e inferiores) versos personales del final, respiran trascendencia. El poeta cristaliza en la media vuelta que dio, cuando abandonara su diálogo consigo mismo y arrancara (o abriera) a dialogar con nosotros, los simples mortales, los integrantes del pueblo.

Es un canto general de América que da un repaso a todo lo nuestro desde los gigantes geográficos hasta los pobres testimonios del reino monopolio.

El primer capítulo se llama "La lámpara en la tierra", y entre otros menciona su saludo para el gigantesco Amazonas:

Amazonas
capital de las sílabas del agua,
padre patriarca.

들까지도 특별한 의미로 숨쉰다. 시 안에서 시인은 '돌아보기'를 강조한다. 독백을 멈추고 우리 평범한 인간들, 바로 민중들과 함께 이야기하기 위해 다가오는 '돌아보기'를.

그의 시는 거대한 산맥들에서 독점가 나리들이 소유한 부끄러운 작은 애완동물들에 이르기까지 모든 것들을 더듬어가는 아메리카 대륙의 종합적 송가다.

첫 장은 '땅 위의 등불'이다. 우리는 여기에서 그리고 다른 것들에서 시인이 광대한 아마존에 보내는 안부 인사를 들을 수 있다.

아마존이여
물의 음계들의 원천이여
가부장적 아버지여

꼭 맞는 은유가 네루다가 묘사하는 정확한 가락에 참가한다. 우리에게 그 분위기를 전해주고, 그것이 그에게 어떤 영향을 주었는지 드러내면서. 그리하여 그는 미묘한 방랑자가 아니라 한 인간으로서 노래한다. 우리가 '콜럼버스 이전 시기'라고 부를 만한 바로 이 첫 장의 묘사는 바로 우리의 먼 조상을 노래하는 '인간들'이라는 시로 끝난다.

그 광물 종족은

진흙 잔 같고

돌과 공기로 빚어진 인간이며

도자기처럼 맑고

낭랑하게 울려 퍼진다.

그런 다음 시인은 우리 라틴아메리카가 어떠했는지 총체적인 그 위대한 상징을 찾는다. 그리고 '마추픽추의 하늘'에 이르기까지 노래한다. 마추픽추는 우리에게 많은 것을 이야기해주는 토착적인 공법으로 이루어진 작품이다. 그 우아한 단순성, 잿빛으로 바래가는 슬픔, 그것을 둘러싸고 있는 뛰어난 풍경, 아래에서 소리쳐 흐르는 우루밤바강을 통해. 그의 마추픽추 종합은 단 세 줄로 이루어졌는데, 이는 거의 괴테에 필적하는 묘사이다.

돌의 어머니

콘돌(남미 독수리)이 일으키는 비디 몰보리

인간의 새벽을 알리는 우뚝 솟은 닻

시원의 모래톱에서 잃어버린 삽

그는 단순히 마추픽추를 정의하고, 그 역사를 낭송하는 데 만족하지 않는다. 그래서 시적 광기의 에피소드에서, 그 상징적인 도시에 대한 자신의 눈부시고, 또 때로는 숨겨진 은유를 모두 걷어낸다. 때때로 그 도시에게 도움을 요청하면서.

나에게 침묵과 물과 희망을 다오.
나에게 투쟁과 철과 화산을 다오.

무슨 일이 벌어졌을까? 우리는 이후의 이야기를 잘 알고 있다. 수평선 너머에서 '스페인 정복자들'이 등장하는 것이다.

도살자들이 섬들을 파괴했다.
구아나아니는 첫째였다
이 순교 이야기에서

그 이후로 코르테스, 알바라도, 발보아, 시메네즈 드 케세다, 피자로 그리고 발디비아가 온다. 그들 모두는 총구의 불꽃처럼 폭발하는 그의 노래에 무참하게 짓밟힌다. 그의 시가 다정하게 노래하는 유일한 사람은 서사시 '아라우카나'를 노래했던 에르시야이다.

가치 있는 사람
당당한 에르시야여

나는 듣고 있다오.
당신의 첫 새벽에 울려 퍼지던 물의 출렁임을
퍼덕거리는 새 소리를
나뭇잎 속에 떨어지는 우레소리를
남겨주오
당신의 금빛 독수리 무늬를
당신의 뺨을 야생 옥수수에 으깨도록 하오
모든 것이 먼지 속에 삼켜질 것이니

그러나 정복은 계속될 것이며 그리고 아메리카 대륙에 흔적을 남길 것이다. 그래서 네루다는 외친다, '분노에도 불구하고'에서.

그러나 불과 말발굽을 통해
마치 빛나는 샘물에서 온 것처럼
검붉은 피에 의해
폭풍우에 삼켜진 금속과 함께
한 줄기 빛이 대지 위로 던져졌다.
숫자, 이름, 줄 그리고 구조물
…그렇게 잔인한 돌로 만들어진 거인과 함께
죽음을 다루는 매와 함께,

피뿐만 아니라 밀도 함께 왔다.

단검에도 불구하고 빛이 왔다.

그러나 스페인 지배의 긴 밤은 끝이 났고, 독점자본가의 밤이 불길하게 다가온다.

모든 위대한 아메리카인들이 이 송가에서 자기 자리를 차지한다. 초기 혁명가들로부터 새 세대 혁명가들에 이르기까지, 민중과 함께 투쟁했던 성직자에 이르기까지. 그리하여 이제 총성은 사라지고, 어느 위대한 노래가 독자들을 기쁨과 희망으로 빠져들게 한다.

특히 이것은 땅의 서사시를, 라우타로와 그의 게릴라 전사들을, 말뚝에 처형당했던 카우폴리칸을 꿈꾼다. '센타우르에 맞서는 라우타로(1554)'는 이를 또렷하게 보여준다.

무성한 나뭇잎을 뚫고

피로와 죽음이 발디비아의 군대를 이끄는구나.

라우타로의 창이 가까이 다가온다.

주검들과 나뭇잎 사이로

발디비아는 전진한다

마치 동굴 속에서처럼

라우타로가 어둠 속으로 왔다.

그는 돌로 된 엑스트레마두라를

부엌에 놓인 황금빛 올리브기름을

바다 너머로 남겨진 자스민을 생각한다.

그는 라우타로가 전쟁에서

울부짖는 소리를 알아차렸다

발디비아는 보았다

빛이

새벽이

어쩌면 삶이

바다가 다가오는 것을

그것은 라우타로였다.

구아야킬의 신비한 만남이 이 송가 속에 포함되어야 했다. 그리고 정치적 토론 속에 두 위대한 장군들의 정신이 고동치고 있다. 그러나 이것이 이 두 장군의 영웅적이고 명예로운 투쟁의 전부는 아니다. 배반자, 형 집행인, 간수 그리고 암살자도 있었다. '배반당한 모래'는 '교수형 집행인들'과 더불어 이를 잘 보여준다.

도마뱀이여

자라나는 채소를
늪지에 세워진 깃대를
감싸고 있는
헐벗은 아메리카여!
독을 품은 젖으로
당신은 무서운 아이들을 키웠다
땡볕이 내리쬐는 요람에서 알을 까고
피에 굶주린 자손들을
누런 진흙으로 덮어서
야만의 땅에서
고양이와 전갈이 간음했다.

그리고 로사스, 프란시아스, 가르시아 모레노스를 비롯한 시인들이 등장하고 지나간다. 그리고 이름만이 아니라 제도, 계급, 집단으로서. 네루다는 자신의 동료들, '거룩한 시인들'에게 이렇게 묻는다.

당신은 무엇을 했는가?
지드주의자여
지성주의자여
릴케주의자여

신비주의자여

엉터리 실존주의자여

마법사여

무덤 속에서 타오르는 나비

초현실주의자여

유럽화된 화려한 주검들이여

자본주의 치즈에 달라붙은

핏기 없는 벌레들이여…

북아메리카의 기업들에 이르면, 그의 힘찬 목소리는 희생자들에 대한 동정으로, 문어들과 아메리카를 조각내서 삼키고 있는 모든 것에 대한 메스꺼움과 혐오로 숨 쉰다.

나팔소리가 울려 퍼졌을 때

지상의 모든 것들은 준비되었고

여호와는 이 세상을 나눠주었다

코카콜라사에게

아나콘다사에게

포드자동차에게

유나이티드 프루트사에게

자신을 위해서

가장 달콤한 것
아메리카의 향기로운 허리
내 땅의 중앙 해안을
남겨둔 채.

그리고 자신을 추방했던 대통령 곤잘레스 비델라에게 네루다는 소리친다.

비열한 광대여
원숭이와 쥐를 섞어놓은 비참한 짐승이여
그 꼬리는 월 스트리트에서
금빛 머릿기름으로 빗겨져 있고.

그러나 어느 것도 모든 것을 죽이지 못했으며, 그의 절규는 희망으로 터져나간다.

아메리카여
나는 너의 이름을 헛되이 불러내지는 않으리라.

그는 '칠레에 대한 종합적 송가'로 자신의 모국에 집중한다. 그 속에서 칠레를 묘사하고 칠레에게 노래하며, '마포추 강에 바치는 겨울 송가'를 보낸다.

오, 그래, 애매한 눈이여
오, 그래, 만발한 눈꽃 속에서 떨리는
북풍의 눈꺼풀, 얼어붙은 작은 햇빛
누가
누가 너를 잿빛 계곡으로 불렀는가
누가
누가 너를 독수리의 부리로부터 끌어내려
너의 맑은 물이 내 조국의 끔찍한 누더기에
맞닿게 했는가?

그리고 '그 땅의 이름은 후안'에서 그의 시는 그 땅에 이르며, 제 각각의 노동자들이 부르는 서투른 노래를 통해 마르가리타 나란호의 노래가 들려온다. 그 벌거벗은 감성으로 숨막히게 하는…

나는 죽었다.
나는 마리아 엘레나에서 왔다.

시인은 죄 있는 주요한 상대들, 독점자본들에 맞서서 자신의 모든 분노를 쏟아놓고 있으며, '나무꾼들을 눈뜨게 하라'를 한 양키 군인에게 보낸다.

> 콜로라도 강의 서쪽에
> 내가 사랑하는 장소가 있다.

그는 경고한다.

> 세계는 당신과 화해하지 않을 것이다.
> 섬들이 버려질 뿐만 아니라
> 지금은 그것이
> 자신이 사랑하는 말만을 아는 공기까지도

> …그리고 덩굴로 뒤덮인 실험실에서
> 해방된 원자들이
> 당신들이 자랑하는 도시로 쏟아질 것이다.

곤잘레스 비델라는 네루다를 '도망자'로 만들면서 박해하기 시작한다. 여기에서 그의 노래는 다소 격이 떨어진다. 마치 즉흥성이 푸른 풀밭을 그의 시에서 찾는 것 같아 《종합적 송가》의 고상한 은유는 그 고고함을 잃고, 그 섬세한 리듬을 포기해버렸던 것이다. 그러고는 '푸니타키의 꽃들'이 나오고, 이어서 스페인어를 모국어로 하는 그의 동료들에게 인사한다. '암흑속 국가를 위한 새해의 성가'에서 그는 칠레 정부를 매섭게 꾸짖고, '라파 누이가 있는 그 큰 바다'를 회상한다(라파 누이는 이스터섬을 가리키는 원주민 말 - 옮긴이).

　테피토 테 에누아
　그 큰 바다의 배꼽
　바다의 일터
　불꺼진 왕관

이 책은 '나는 존재한다'로 끝을 맺는다. 여기서 다시 한 번 자신을 돌아본 후, 유언을 남긴다.

　이슬라 네그라 해변에 있는 집 한 채를
　구리, 질산은, 석탄 광산 노농조합에게 남긴다.
　그들을 여기서 쉬게 하라.
　이 나라의 학대받는 아이들
　도끼와 반역자들에게 약탈당하고
　신성한 피를 뿌리며 흩어진
　화산재 속에 삼켜져버린 그 아이들이

내 낡은 책들을 남긴다.

지구 여기저기에서 수집한

위엄 있는 활자체로 숭배받는

아메리카의 새로운 시인들에게

언젠가

소란한 베틀 위에서

내일의 의미를 짜낼 시인들에게

그는 마지막으로 소리친다.

이 책은 여기서 끝난다.

그리고 이 말들은 다시 떠오를 것이다.

아마 슬픔이 사라진 그 어느 날에

내 노래에 검은 혹을 붙여놓은 불순한 섬유질 없이

그리고 타오르는 내 가슴

별빛 반짝이는 이 가슴은

저 하늘에서 다시 타오를 것이다.

그리고 이렇게 내 책은 끝난다.

여기 나는 내《종합적 송가》를 남긴다.

망명 길에서 쓴

내 조국의 은밀한 날개 밑에서 노래한.

1949년 2월 5일 오늘

칠레의 '고데마르 데 체냐'에서

마흔다섯 살 생일을 몇 개월 앞둔 날.

프랑소아 빌롱이 쓴 맺음말로 그는 라틴아메리카 시에서 최고봉을 이루는 이 책을 끝맺는다. 이 책은 우리 시대의 서사시다. 그 호기심어린 날갯짓으로, 우리가 태어난 이 위대한 땅에 존재하는 모든 선한 것과 악한 것을 쓸고 지나간다. 그것은 오로지 투쟁을 위한 공간이다. 그의 위대한 조상 아라운카나가 보여주었듯 그것은 끊임없는 싸움이며, 그 쓰다듬는 손짓은 서투른 군인 같다. 그것은 서투름에 대한 사랑이며, 대지의 힘으로 가득차 있다.

볼리비아는 게바라 여행의 종착점이며, 15년 전 젊은 시절에 행한 여행의 계속이다.

그곳에서 일어났던 일들은, 그가 죽은 1967년부터 오늘날까지, 글과 사진으로 여러 차례 회고되었다. 때로는 운 좋게, 때로는 나쁘게, 때로는 선의로, 때로는 악의로.

그 중심에는 이 '20세기의 게릴라 대장'에 대한 기억이 있다. 자신이 걸어간 모든 길(다시 말해, 역사 그 자체)에서 늘 새롭게 태어나는 불가사의한 모습을 가진.

체가 볼리비아에서 남긴 기록들이 이런 기억에서 핵심이다. 라몬, 페르난도, 몽고, 에르네스토, 체라는 여러 가지 이름으로 그가 남긴 전투일지 덕분에, 늦추어졌던 〈라 이구에라〉이야기의 새로운 소식, 세부 사항, 핵심을 알게 되었는데, 이는 흥미로울 뿐 아니라 교훈적인 것이다.

이 기록들로 우리는 이 게릴라 전사의 육체적 혹은 정신적 자취를 추적할 수 있다. 또 전투 당시의 세부 사항, 매복시 느끼는 긴장, 예상치 못한 죽음이 주는 비극 등을 알 수 있다. 게릴라 대장인 이 사람은 젊은 시절 라틴아메리카 여행에서 선택한 그 길에 연속해 있다. 시에라 마에스트라 고지에서 굳건해졌고, 국가 건설자로서 자신의 사명이 확립되었으며, 뛰어난 지성과 고결한 인품이 한껏 빛났던 국제적 논쟁의 석상에서 드러났다.

그는 목격자로서의 자신의 시각과 임무에도 충실했다. 세계와 민중들의 삶을 개선하기 위해 단호하게 주변 사람들과 자신을 분석하면서.

이 장은 전쟁이 주는 긴장감과 고통 속에서 탄생한 평가들을 포함하고 있다. 체는 두 명의 전사에 대해 평가를 하고, 볼리비아 땅에서 게릴라로서 지낸 첫 한 달을 분석하는 글을 썼다.

'우울한 하루'라는 글은 채 끝맺지 못한 일기의 울림을 담고 있다. '작고 용감한 대위'의 이미지는 연애 기간이든 전쟁 시기든 늘 그를 떠나지 않았던 시적 정서를 강화한다. 은신 장소로 이동할 때에도 늘 짐 꾸러미 속에 들어가 있었던 책들은 세계를 이해하고 배우려는 그의 강한 의지를 생각나게 한다. 그가 남긴 기록들에 들어 있는, 자신이 읽은 책들에 대한 많은 논평에서 뚜렷이 드러나듯이.

이런 자료들은 사진들, 자필 원고들, 연대기들, 이미지들을 통해 진행하고자 한 우리 여행에서 핵심을 이룬다. 그래서 우리도 그의 글 갈피갈피가 제공해주는 보편적인 기쁨, 가슴 저미는 슬픔, 희망, 꿈을 공유할 수 있다.

여기에 오늘과 내일이 존재한다. 한때 페루 땅에서 경축된 '성 게바라' 날에, 그리고 민중들이 "세상에서 불의가 저질러질 때마다 분노로 떨 줄 아는" 한, 우리는 아직 끝나지 않은 이 여행의 어느 시점에서든 그를 기릴 것이다.

-빅토르 카사우스

14

볼리비아

방패를 들고,
공상의 나래를 펴고

나의 도착은 평탄했다

11월:

한 달 동안에 대한 분석

모든 일이 순조롭게 진행되고 있다.

나의 도착은 평탄했다.

다소 늦어지긴 했지만, 사람들 절반이 별다른 사고 없이 도착했다. 리카르도의 주요 협력자들이 투쟁에 합류해왔다. 만난을 무릅쓰고. 이 외딴 지역의 전반적 상황은 좋아보인다. 우리가 원하기만 한다면, 언제까지나 이곳에 머무를 수 있을 것 같다.

우리의 계획은 일단 여기서 나머지 일행들이 도착하기를 기다려, 적어도 20명까지는 볼리비아 출신의 대원으로 충원하고 그다음 작전을 개시하는 것이다. 우리는 여전히 몬헤의 반응을 살피고, 모이세스 게바라(나중에 게릴라 투쟁에 합류하게 되는 광부 지도자) 사람들이 어떻게 움직일지를 파악해야 한다.

따사로운 아침 햇살이 그 정경을 비추네
(롤란도 일기에서)

1967년 1월 10일

지금 나는 아름다운 곳에서 보초 임무를 수행하고 있다. 이 아름다운 지역을 몇 장의 사진으로나마 남겨둘 수 있는 카메라가 없다는 사실이 안타깝다.

나는 언젠가 영화에서 봤던 것 같은 그림처럼 아름다운 산에 있다. 오른편에는 커다란 바위들 위로 유유히 강물이 흐르고, 그 끝자락에서 우레 같은 소리를 내는 폭포가 된다. 강 저편으로는 산맥이 시작된다. 강물 위로 봉우리들이 거의 수직에 가깝게 우뚝 솟아 있고, 초목으로 빽빽이 덮여 있다. 봉우리 하나하나가 짙은 안개에 싸여 있다. 멀리 아래로 따사로운 아침 햇살이 그 정경을 비추며 책 읽는 것을 방해한다(나는 지금 《파르마의 수도원》을 읽고 있다). 내가 사랑하는 사람들을 하나하나 떠오르게 하고. 아내, 엘레이시토, 마리셀라, 레네스토. 또 어머니가 생각난다. 내가 P와 함께 (…)쪽에서 투쟁하고 있다는 사실을 아버지한테 전해 들었을 때 어머니가 얼마나 놀랐을지….

용감한 대위여, 그대의 작은 시신
(롤란도의 죽음에 부쳐)

1967년 4월 25일

우울한 날.

오전 10시경 보초를 서고 있던 폼보가 돌아와 30명의 군인들이 그 작은 안전가옥으로 접근하고 있다고 보고했다.

이내 적군의 선봉부대가 나타났다. 놀랍게도 독일산 세퍼드 세 마리와 군견병 하나가 포함되어 있었다. 그 짐승들은 불안해하는 듯 보였지만, 우리를 순순히 놔줄 것 같지는 않았다.

어쨌든 그들은 계속 전진해왔으며, 나는 첫 번째 개를 조준해서 방아쇠를 당겼다. 그러나 총알은 빗나갔다. 내가 군견병 뒤로 다가갔는데, 하필 M-2가 작동되지 않았다. 확인할 수는 없었지만, 그때 내가 목격한 바로는 미구엘이 다른 개를 쏘고 있었다. 그 매복 장소로 들어온 다른 사람은 아무도 없었다.

적군의 측면을 따라 간헐적인 총격전이 시작되었다. 총성이 멎었을 때, 나는 우르바노를 보내 철수를 명령했다. 그런데 돌아온 그는 롤란도가 부상을 입었다는 소식을 전해주었다. 잠시 후 부하들이 죽어가는 롤란도를 옮겨왔다. 막 수혈을 하려는 순간, 숨을 거뒀다. 총알 한 방이 그의 대퇴골 하나를 부수고, 전체 신경과 혈관 다발을 모조리 짓이겨 놓은 상태였다. 미처 손쓸 새도 없이, 피를 너무 많이 흘려 숨진 것이다.

우리는 게릴라 부대에서 가장 우수한 대원, 부대를 떠받치는 기둥 가운데 하나를 잃은 것이다. 그는 쿠바 시절부터 나의 동지였다. 아직 앳된 모습을 벗지 못했던 때부터 제4부대 전령 역할을 했고, 조국 진공작전을 거쳐, 이 새로운 혁명적 모험에까지 나를 따라온 것이다. 이 외진 곳에서 예기치 못하게 맞이한 그의 죽음과 관련하여, 언젠가 다가올 가상적 미래를 바라보면서 내가 할 수 있는 유일한 말은 이것이다.

"용감한 대위여, 그대의 조그만 주검의 빛나는 이미지는 알 수 없는 광막한 곳으로 뻗어가네."

롤란도에 대한 평가

롤란도 1966년 11월 20일 (작전 가담)

67년 2월 20일 – 3개월째, 매우 훌륭함
그는 아직 정치적 조직자로서의
역할을 수행한 적은 없으나
부대의 영원한 본보기임.

67년 4월 25일 – 총격전 중 사망.
모범적 태도를 가진 뛰어난 대원이 사라졌다.
게릴라 부대의 큰 기둥 하나가 무너졌다.
죽고 나서
살아서 받은 평가보다 훨씬 큰 찬사를
받을 만하다.
살았을 때는 너무 겸손하여
뛰어난 자질이 잘 드러나지 않았으므로.

우울한 날

(투마의 죽음에 부쳐)

1967년 6월 26일

우울한 날이다.

플로리다 도로에 매복작전에 배치되었던 동지들을 구출하기 위해 5명의 부하를 파견할 때까지만 해도 모든 일이 잘 진행되는 듯 보였다. 그런데 갑자기 총성이 울렸다. 우리는 급히 말에 올라타고 달리다가 기이한 광경과 마주쳤다. 쥐 죽은 듯 조용한 가운데, 강변 모래밭에 4명의 어린 군인들이 주검이 되어 누워 있었다. 그 위로 햇볕이 따갑게 내리쬐고 있었다. 적군의 위치를 알 수 없었기 때문에 그들의 무기를 가져올 수 없었다.

오후 5시.

우리는 무기를 찾아오기 위해 밤이 깊어지기를 기다리고 있었다. 그때 미구엘이 왼쪽에서 나뭇가지 부러지는 소리가 들렸다고 알려주었다. 안토니오와 파초가 거기로 갔다. 나는 무엇인지 확인할 때까지는 사격을 하지 말라고 명령했다. 곧 바로 총성이 터져나왔으며, 이내 양 진영이 본격적인 교전에 들어가게 되었다. 이러한 상황은 우리에게 불리했기 때문에 나는 철수하라고 명령했다. 철수는 곧바로 이루어지지 않았으며, 2명이 부상당했다는 보고가 들어왔다. 폼포가 다리를, 투마가 배를 다쳤던 것이다.

우리는 재빨리 그들을 안전가옥으로 데려와서, 우리가 가진 것을 다 동원해 수술을 했다. 폼포의 부상은 그리 심하지 않았다. 이동하게 되면 약간 골치 아프게 될 정도였다. 그러나 투마는 상황이 달랐다. 간이 파괴되었고, 창자 파열로 몹시 고통스러워했다. 수술 도중에 숨졌다.

그의 죽음으로, 나는 최근 몇 년간을 늘 함께해온 떨어질 수 없는 동지이자 친구 한 명을 잃게 되었다. 그의 충성심은 흔들림이 없었다. 마치 내 자식을 잃은 듯한 슬픔이 느껴진다.

쓰러진 후 그는 주변 사람들에게 자신의 시계를 나에게 전해달라고 했다고 한다. 하지만 그들은 응급조치를 하느라 그럴 여유가 없었기 때문에, 투마는 시계를 벗어서 아르투로에게 주었다. 그는 얼굴조차 보지 못했던 자기 아들에게 그 시계를 주고 싶었던 것이다. 과거에 내가 죽어가던 동지들에게 받은 시계를 그 자식들에게 전해주었다는 것을 그도 알고 있었으므로.

이 전쟁이 끝나는 날까지 나는 그의 시계를 간직할 것이다. 우리는 그의 주검을 말에 실었다. 멀리 가서 묻을 것이다.

투마에 대한 평가

투마 66년 11월 7일 (작전 가담)

67년 2월 7일 – 3개월째
내 비서로서 그의 보조 역할은 완벽함.

67년 5월 7일 – 6개월째, 훌륭함
누구에게나 그런 때가 있듯이
그는 얼마간의 침체기를 보냈고
지금은 그것을 극복했음.

67년 6월 27일 – 전투 중 사망
그의 죽음은 게릴라 부대에게 커다란 손실이다.
특히 나로서는 가장 충성스러운 동지를 잃게 된 것이다.

비스듬하게 누워 있는 그리스도의 이미지도, 해부학 강의실의 분위기도 아니다. 또한 최근 몇 년간 수많은 출판물이 과장해서 그려낸 최후의 연대기적 이미지도 아니다. 이제 책을 덮을 시간이 되었다. 하지만 이 책과 함께 되살아난 미래의 기억은 꿈꾸기, 윤리, 창의성, 희망이라고 부르는 것들을 활짝 열어줄 것이다.

동료들과 환하게 웃거나 그들의 말을 진지하게 귀담아 듣는 체와 함께.

그리고 이 책을 통해 처음 공개되는 시간들 속에서 새로운 모험이 기다리는 또 다른 땅으로 떠날 채비를 하는 체와 함께.

첫 여행을 마친 다음 그가 쓴 그 익살스러운 구절을 더욱 선명하게 하면서.

"'우리의 위대한 아메리카 대륙'을 방랑하는 동안 나는 생각보다 더 많이 변했다."

끝없는 여행 속에서 체득한 그 한마디를 남기며 체는 우리에게 잠시 작별을 고한다.

"이제 나는 여러분을 떠나려 한다. 예전의 나 자신과 함께…."

— 빅토르 카사우스

15
기억 속의 이미지

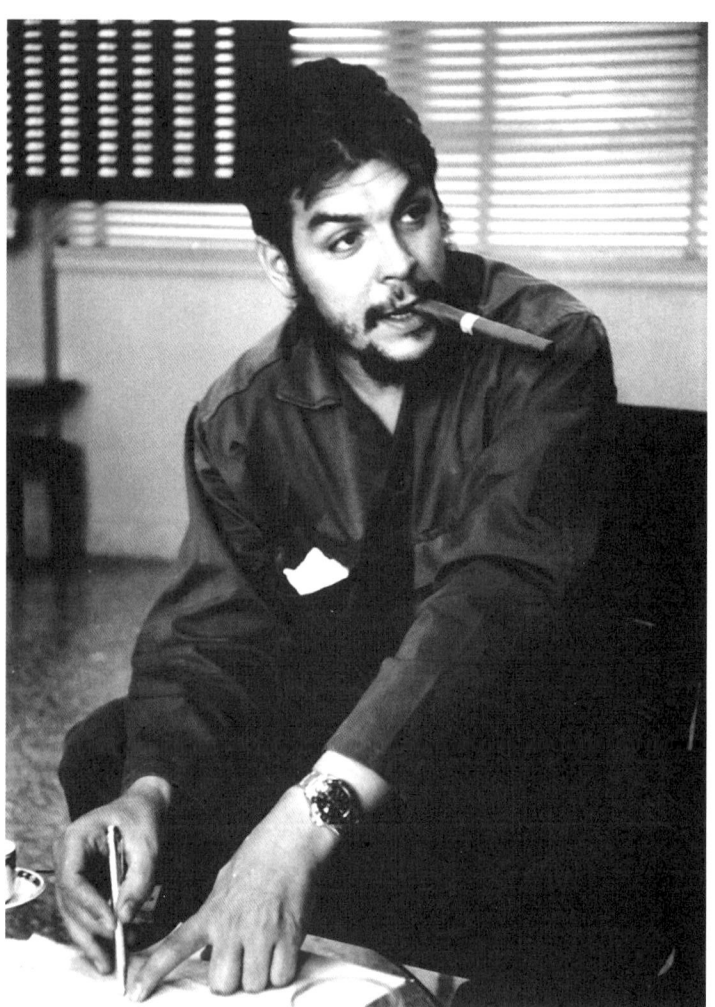

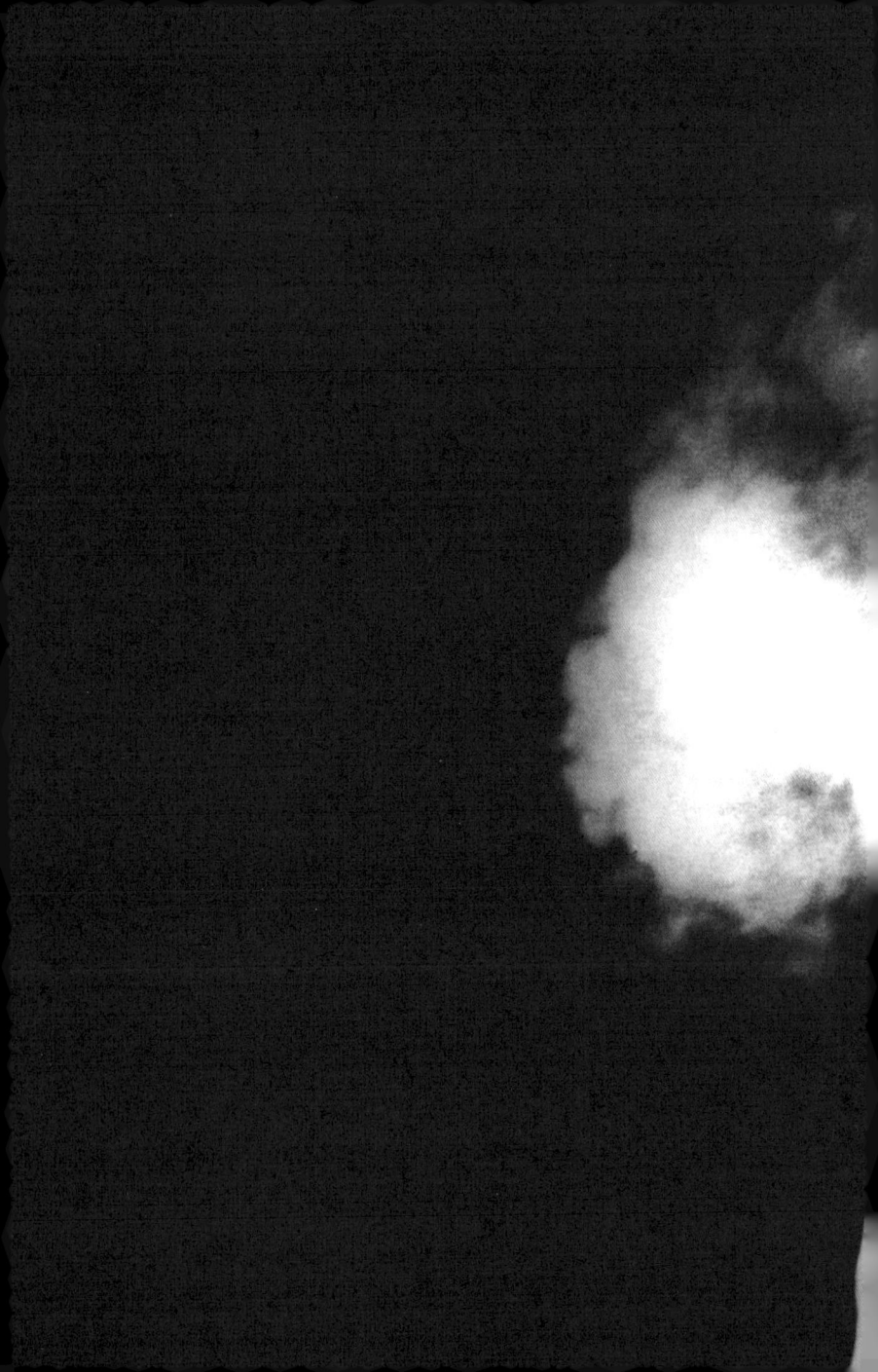

■ 역자후기

꿈을 꾸는 영웅, 체 게바라

박지민

체 게바라가 볼리비아 밀림에서 게릴라 활동을 벌이다가 비극적인 죽음을 맞이한 지 40년 가까운 시간이 흘렀다.

지금까지 인류 역사에는 수많은 영웅이 나타나고 사라졌다. 그런데 게바라는 이런 영웅들 가운데서도 매우 특이한 인물이라는 생각이 든다. 그는 정치적으로 사회주의적 노선을 걸었는데도, 정치적 이념을 떠나서 많은 사람들이 그를 '매력적인' 인물이라고 여기고 있다. 심지어 그가 인류사회에서 없애고자 하였던 자본주의의 '본거지' 미국에서마저도.

사실 이 책을 번역하는 동안 줄곧 내 머릿속에서는 그 비밀이 무엇일까 하는 생각이 맴돌았다.

여기에는 여러 요인이 있을 것이다. 몇 가지를 들어본다.

첫째, 자연에 대한 순수한 감성이다. 이는 젊은 시절 아르헨티나, 라틴아메리카 대륙을 여행하는 데서 잘 드러나고 있으며, 심지어 삶과 죽음을 넘나드는 게릴라 활동 과정에서도 그러하였다. "지금 나는 아름다운 곳에서 보초 임무를 수행하고 있다. 이 아름다운 지역을 몇 장의 사진으로나마 남겨둘 수 있는 카메라가 없다는 사실이 안타깝다. 나는 언젠가 영화에서 봤던 것 같은 그림처럼 아름다운 산에 있다. 오른편에는 커다란 바위들 위로 유유히 강물이 흐르고, 그 끝자락에서는 우레 같은 소리를 내는 폭포가 된다."(제14장에서)

둘째, 진실을 드러내는 솔직한 태도이다. 흔히 정치지도자들은 자기 삶에 대한 과장이나 미화를 좋아한다. 그러나 체는 달랐다. "역사의 진실이 존중되어야 한다고 생각합니다. 변덕스런 날조는 어떤 좋은 결과도 낳지 못합니다. 그런 까닭에―그리고 이 드라마에서 내가 배우 역할을 하였기에―이 비판적인 글을 씁니다."(제9장에서)

셋째, 사람들, 특히 동지들에 대한 끈끈한 사랑이다. "투마는 시계를 벗어서 아르투로에게 주었다. 그는 얼굴조차 보지 못했던 자기 아들에게 그 시계를 주고 싶었던 것이다. 과거에 내가 죽어가던 동지들에게 받은 시계를 그 자식들에게 전해주었다는 것을 그도 알고 있었으므로. 이 전쟁이 끝나는 날까지 나는 그의

시계를 간직할 것이다."(제14장에서)

그밖에도 게바라를 매력적인 인물로 만드는 여러 가지 요소가 있겠으나, 게바라를 게바라답게 하는 핵심은 '불가능하다고 보이기까지 하는 꿈을 이루기 위해 열정적으로 살았던 것'이라고 하겠다. 이것이 게바라의 삶을 꿰뚫고 있는 듯하다.

그는 어떤 정치적 성향을 가진 시절이든, 어떤 지위에 있든 열정적인 삶을 살았다.

그는 아르헨티나에서 태어나서[1928년 6월 14일] 자랐고, 부에노스아이레스에 있는 의과대학에 들어갔다. 이때쯤부터 이미 그 열정이 드러나기 시작한 것 같다. 전동자전거[모터가 달린 자전거로서, 모터를 작동시켜 갈 수도 있고, 보통 자전거처럼 페달을 밟아서 갈 수도 있다]를 타고 아르헨티나 전역을 여행하기 시작한다[1950년]. 이 여행에서 이미 그는 모험가적 기질(?)을 유감없이 보여준다. 자신이 설정한 여행 일정을 맞추기 위해서 트럭 운전사에게 부탁하여 트럭에 줄로 자전거를 연결하여 달리는 장면, 폭포에서 암벽등반을 하면서 일부러 어려운 코스를 선택하는 장면 등.

이런 아르헨티나 여행은 라틴아메리카 여행으로 이어진다. 친구 알베르토 그레나도와 함께 허름한 오토바이를 타고 아르헨티나를 떠나서 칠레, 페루, 볼리비아를 거쳐 베네수엘라에 이르는 '대장정'을 해내는 것이다[1952년. 이 여행 일기가《모터사이클 다이어리》이다]. 웬만한 탐험가라도 해내기 쉽지 않은 여정일 것이다.

이 여행에서 그는 라틴아메리카 대륙의 자연을 보았을 뿐만 아니라, 여러 유적을 통해 역사를 보았고, 사람들을 만나면서 라틴아메리카 대중이 놓여있는 현실을 느꼈다. 나아가 멕시코에서 마젤란해협에 이르는 영토를 가지고, 스페인어를 공용어로 쓰며, 메스티조(백인과 인디오 혼혈인)들이 사는 '라틴아메리카 연방'이라는 원대한 꿈을 무르익힌 것으로 보인다[여기에는 라틴아메리카라는 정체성에 대한 인식, 라틴아메리카인라는 자부심이 깔려있는 것이다. 그런데 아시아에서 건너간 사람들이 라틴아메리카 원주민이 되었다는 것을 알고서 게바라가 느끼는 당혹감은 흥미롭다. "그곳에서 라틴아메리카의 피가 흐르는 제가 인정하고 싶지 않은 사실을 분명히 알게 되었습니다. 우리의 선조는 아시아인이라는 것을요(아버지에게 그들이 곧 아버지로서의 권위를 빼앗을 거라고 말씀해주세요). 그곳에 고대의 힌두 문명들에서 나타나는 것들과 세부 묘사가 완전히 똑같은 부조로 된 부처상이 여러 개 있어요."(제4-2장)]

이 여행을 거치면서, 게바라는 '라틴아메리카 연방' 건설을 자기 삶의 목표로 설정한 듯하다. 이는 이후 행적에서 추론할 수 있다. 먼저, 과테말라에 진보적인 정부가 들어서자 그곳으로 간다[1954년]. 거기서 자신이 가진 의학지식을 활용해 그 정부에 도움을 주고자 하였고, 우익 쿠데타가 일어나자 총을 들고 저항을 시도하였다. 그러다가 체포되었다가, 멕시코로 탈출하게 된다.

이어 멕시코시티에서 쿠바혁명을 준비하던 피델 카스트로를 만나게 된다(1955년). 곧장 쿠바 혁명에 가담하기로 마음을 먹고, 게릴라 부대의 일원으로서 그란마 호를 타고 멕시코에서 쿠바로 '쳐들어간다.'[1956년 11월 25일. 이 장면은 스페인 통치를 뒤집어엎고 쿠바 독립을 이루기 위해 호세 마르티(1853-1895)가 무장 독립군을 이끌고, 1895년에 쿠바에 상륙한 장면을 떠올리게 한다. 다른 점은 마르티는 전투에서 져서 전사하였으나, 카스트로와 게바라는 전투에서 이겼다는 점이다.] 2년 남짓 이 게릴라 부대는 치열한 전투를 벌여서 정부군을 물리치고 쿠바를 장악하게 된다. 그리하여 게바라는 쿠바 정부에서 지도적 역할을 맡게 되었다.

아마 일반적인 영웅이었다면, 이야기는 여기서 '해피 엔딩'으로 끝날 것이다. "그리하여 게바라는 오랫동안 친구 피델 카스트로와 더불어 쿠바를 통치하다가 쿠바 국민들이 슬퍼하는 가운데 삶을 마감하였다"는 식으로.

그러나 게바라는 여기서 멈추지 않았다. 대서양을 건너 콩고로 가서 게릴라 부대를 이끌었다(1965년). 이 일은 게바라가 '라틴아메리카 연방'을 넘어 '세계혁명'을 꿈꾸었다는 것을 말해준다. 그렇지만 이것은 '아직은 너무 먼' 꿈으로 여겼던 것이 아닌가 하고 여겨진다. 곧 라틴아메리카 대륙으로 돌아오기 때문이다. 쿠바로 잠시 돌아왔다가 볼리비아 밀림으로 간 것이다(1965년 12월. 이 장면은 볼리바르(1783-1830)를 떠올리게 한다. 볼리바르는 베네수엘라 카라카스에서 태어나 유럽에서 교육을 받았으나, 스페인에 맞서 라틴아메리카 독립운동을 이끌었다. 현재 콜롬비아, 베네수엘라, 에콰도르, 볼리비아 지역을 해방시켜서 '대콜롬비아공화국'을 수립한다. 비록 그가 이루지는 못했으나 '라틴아메리카 연방'이라는 구상을 제시한 선구자라고 하겠다].

역사의 아이러니라고나 할까? '라틴아메리카 연방'이라는 꿈을 제시한 볼리바르 이름을 따서 나라 이름을 지은 볼리비아에서 삶을 마감하였으니[1967년 10월 8일]! 2년에 가까운 게릴라 활동을 벌이다 미국이 지원하는 볼리비아 정부군에 붙잡혔고, 다음날 살해당했던 것이다(포로를 살해하는 것은 제네바협약 위반이다).

이렇게 체 게바라는 '꿈을 꾸는 영웅'이었다. 아르헨티나에서 태어났으나 아르헨티나인으로 머물지 않고, 라틴아메리카인으로 살았다. 과테말라에 진보적인 정부가 들어서자 이를 도우러 달려갔고, 피델 카스트로를 만나서 힘을 합쳐 쿠바혁명을 승리로 이끌었다. 그러나 여기에 안주(?)하지 않고, 세계혁명을 꿈꾸며 콩고로 달려갔다. 아직 때가 아니라고 판단해서인지 다시 쿠바로 돌아왔다가, (아마도 사회주의적인) '라틴아메리카 연방'을 꿈꾸며 볼리비아 밀림으로 갔다. 거기서 게릴라 활동을 벌이다가 비극적인 죽음을 당했다[게바라가 비극적으로 죽었다는 것은 그를 더욱 매력적인 인물로 만드는 요소일 것이다. 행복하게 죽은 영웅보다는 비극적으로 죽은 영웅이 더 사람들 기억에 깊이 남는 것은 자연스런 현상일 것이다. 죽음을 두고 아름다움을 논하는 것이 '결례'라는 것을 무릅쓰고 말한다면…].

이렇게 게바라는 불가능해보이기까지 하는 꿈을 꾸며 열정적으로 살다가 사라졌다. 그렇지만 그가 꾸던 꿈마저 사라진 것은 아닐 것이다. 그런 꿈을 꾸는 사람들이 남아 있는 한.

옮긴이 박지민
서울대학교 외교학과 졸업
〈초록빛이 사라지고 있다〉 등 번역

체 게바라 자서전

2판 5쇄 발행 2009년 11월 27일
3판 1쇄 인쇄 2012년 6월 12일

지 은 이 체 게바라
옮 긴 이 박지민
펴 낸 이 정정란

펴 낸 곳 도서출판 황매
출판등록 2002년 11월 15일
주   소 서울시 마포구 성산동 52-17 302호
전   화 335-4179(편집부) 335-4121, 4131(영업부 외)
팩   스 335-4158

대표메일 hmbooks@hanmail.net

ISBN 978-89-6386-067-1 03800